职业院校财经商贸类专业"十三五"规划教材

主审　陈以东　罗厚朝

财经法规与会计职业道德

主　编	顾关胜	费　蕾	
副主编	邹小玲	施金花	沈进城
	李建红	刘汉美	魏丽珍
参　编	王惠惠	周　羽	朱　琴
	钱永坤	成玉祥	朱晓兰

苏州大学出版社
Soochow University Press

图书在版编目(CIP)数据

财经法规与会计职业道德 / 顾关胜,费蕾主编. ——苏州:苏州大学出版社,2017.5
职业院校财经商贸类专业"十三五"规划教材
ISBN 978-7-5672-2111-6

Ⅰ.①财… Ⅱ.①顾… ②费… Ⅲ.①财政法－中国－高等职业教育－教材②经济法－中国－高等职业教育－教材③会计人员－职业道德－高等职业教育－教材 Ⅳ.①D922.2②F233

中国版本图书馆 CIP 数据核字(2017)第 088542 号

财经法规与会计职业道德
顾关胜 费 蕾 主编
责任编辑 施小占

苏州大学出版社出版发行
(地址:苏州市十梓街1号 邮编:215006)
常州市武进第三印刷有限公司印装
(地址:常州市武进区湟里镇村前街 邮编:213154)

开本 787 mm×1 092 mm 1/16 印张 16.75 字数 418 千
2017 年 5 月第 1 版 2017 年 5 月第 1 次印刷
ISBN 978-7-5672-2111-6 定价:36.00 元

苏州大学版图书若有印装错误,本社负责调换
苏州大学出版社营销部 电话:0512-65225020
苏州大学出版社网址 http://www.sudapress.com

职业院校财经商贸类专业"十三五"规划教材
编委会

主　任　张建初

编　委（排序不分先后）

陈以东	王登芳	高月玲	蒲　忠
李建红	费　蕾	张志明	沈进城
杭冬梅	周丽萍	王惠惠	陈明可
朱　琴	李　彦	罗厚朝	顾关胜
潘朝中	成玉祥	吴明军	邹小玲
李国松	李玉生	周　羽	魏　涛
范红梅	朱晓兰		

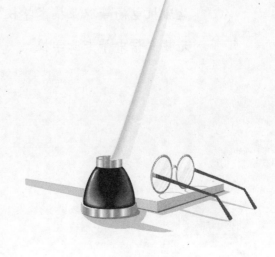

职业院校财经商贸类专业"十三五"规划教材

参加编写学校名单(排序不分先后)

盐城生物工程高等职业技术学校

苏州旅游与财经高等职业技术学校

江苏省大丰中等专业学校

江苏省东台中等专业学校

江苏省吴中中等专业学校

苏州工业园区工业技术学校

江苏省张家港中等专业学校

江苏省相城中等专业学校

江苏省苏州丝绸中等专业学校

江苏省阜宁中等专业学校

盐城交通技师学院

盐城机电高等职业技术学校

无锡立信中等专业学校

前言

《财经法规与会计职业道德》是职业院校财经商贸类专业"十三五"规划教材,本教材是为满足财经商贸类基础平台课程教学和会计学业水平考试需要而编写的。通过对本教材的学习,学生可以从会计法律制度、结算法律制度、税收法律制度、财政法律制度和会计职业道德等方面了解财经商贸工作的基本法律环境,理性认识财经商贸工作人员应具备的基本素养,从思想上树立起法律防范意识。

本教材在内容、体系、实例等方面力求体现以下几点:

(1)内容规范性。本教材以使学生较为全面地树立法律意识、形成道德规范为目的,在内容上力求原汁原味,引用法律条文的原文及有关权威机关的解释,做到表述清楚,解释到位,内容规范。

(2)体系完整性。本教材以为财经商贸类学生学习解惑为目的,完整阐述会计法律制度、结算法律制度、税收法律制度、财政法律制度等法规体系,做到法律、法规、规章、制度解释到位。

(3)案例多样性。本教材各项目的案例从教学、自学、考证多角度出发,分单选题、多选题、判断题、计算分析题、案例分析题,针对不同的知识点,试着运用最适合的案例去诠释对法律制度内涵的理解。

此外,本教材在各项目开始时均对项目任务做了简单的介绍,对每一项任务都明确了目的,用对比分析的方法将容易混淆的知识点呈现给读者,使读者更容易接受该知识。

本教材既可作为中等专业学校、高等职业院校、民办高校财经商贸类专业的公共平台课教材,也可供社会培训机构用作会计培训教材。

由于财经法规体系最近几年变化较大,而且一直在变化过程中,加上编者水平有限,书中难免有不当之处,恳请广大读者不吝指正。

目 录

项目一　会计法律制度 …………………………………… 1
　　任务一　认知会计法律制度的构成 ………………………… 1
　　任务二　了解会计工作管理体制 …………………………… 7
　　任务三　会计核算 ………………………………………… 16
　　任务四　会计监督 ………………………………………… 33
　　任务五　会计机构和会计人员 ……………………………… 44
　　任务六　法律责任 ………………………………………… 54

项目二　结算法律制度 …………………………………… 63
　　任务一　认知现金结算 ……………………………………… 63
　　任务二　支付结算概述 ……………………………………… 69
　　任务三　银行结算账户 ……………………………………… 76
　　任务四　票据结算方式 ……………………………………… 92
　　任务五　银行卡 …………………………………………… 109
　　任务六　其他结算方式 …………………………………… 116
　　任务七　网上支付 ………………………………………… 123

项目三　税收法律制度 …………………………………… 130
　　任务一　认知税收 ………………………………………… 130
　　任务二　区分主要税种 …………………………………… 138
　　任务三　税收征收管理 …………………………………… 178

项目四 财政法律制度 ………………………………… 198
任务一 认知预算法律制度 ……………………………… 198
任务二 政府采购法律制度 ……………………………… 213
任务三 国库集中收付制度 ……………………………… 221

项目五 会计职业道德 ………………………………… 228
任务一 职业道德与会计职业道德 ……………………… 228
任务二 会计职业道德规范的主要内容 ………………… 234
任务三 会计职业道德教育 ……………………………… 246
任务四 会计职业道德建设组织与实施 ………………… 250
任务五 会计职业道德的检查与奖惩 …………………… 254

项目一

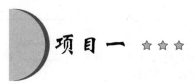

会计法律制度

项目目标

1. 了解会计法律制度的构成;
2. 熟悉会计工作管理体制、会计档案管理、内部控制制度、会计机构的设置;
3. 掌握会计核算的要求、会计工作交接的要求、会计违法行为的法律责任。

任务一 认知会计法律制度的构成

任务介绍

本任务主要目的是从总体框架上了解会计法律制度的构成情况,并能对相关法律制度进行基础性辨别。

任务实施

一、会计法律制度的概念

会计法律制度是指国家权力机关和行政机关制定的,用以调整会计关系的各种法律、法规、规章和规范性文件的总称。

表 1-1-1　　　　　　　　　　　会计法律制度

制定机关		性质	举 例
权力机关	全国人民代表大会及其常务委员会	会计法律	《中华人民共和国会计法》《中华人民共和国注册会计师法》
	省、自治区、直辖市人民代表大会及其常务委员会	地方性会计法规	《四川省会计管理条例》《山东省实施〈中华人民共和国会计法〉办法》
	实行计划单列市、经济特区的人民代表大会及其常务委员会		《深圳市会计条例》
行政机关	国务院	会计行政法规	《总会计师条例》《企业财务会计报告条例》《会计准则》
	财政部门	会计部门规章	《企业会计准则——基本准则》

【例1-1-1·多选题】 下列属于会计法律制度范畴的有(　　)。

A.《中华人民共和国会计法》
B.《企业会计准则应用指南》
C.《江苏省会计从业资格管理实施办法》
D.《深圳市会计条例》

【答案】 ABD

【解析】 会计法律制度是指国家权力机关和行政机关制定的,用以调整会计关系的各种法律、法规、规章和规范性文件的总称。本例中《中华人民共和国会计法》是由全国人民代表大会常务委员会制定并颁布,属于会计法律;《企业会计准则应用指南》是由国务院财政部制定并颁布,属于会计部门规范性文件;《江苏省会计从业资格管理实施办法》是由江苏省财政厅制定并颁布,属于地方财政部门制定的内部规范,不属于会计法律制度;《深圳市会计条例》是由深圳市人民代表大会常务委员会制定并颁布,属于地方性会计法规。因此选项 ABD 正确。

会计关系是指会计机构和会计人员在办理会计事务过程中以及国家在管理会计工作过程中发生的各种经济关系,如图 1-1-1 所示。

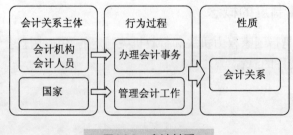

图 1-1-1　会计关系

【例1-1-2·多选题】 下列属于会计关系范畴的有(　　)。

A. 国家财政机关、注册会计师协会、会计师事务所和注册会计师相互之间因开展会计公证(注册会计师审计)、会计咨询和会计服务而形成的关系

B. 单位、单位负责人、会计机构、会计人员之间,在会计工作过程中产生的关系

C. 单位、会计机构、会计人员与金融(人民银行、银行监督、保险监督、证券监督)、审计、财政、税务等国家经济管理机关之间,因会计监督而发生的关系

D. 各单位负责人、会计机构、会计人员之间在会计工作过程中,因行使职权、履行职责、处理会计事务时所发生的关系

【答案】 ABCD

【解析】 选项 A、C 属于国家管理会计工作而形成的管理关系;选项 B、D 属于办理会计事务而形成的会计关系。因此选项 ABCD 均正确。

二、会计法律制度的构成

我国会计法律制度主要包括会计法律、会计行政法规、会计部门规章和地方性会计法规。

(一) 会计法律

会计法律是指由全国人民代表大会及其常务委员会经过一定立法程序制定的有关会计工作的法律。我国目前有两部会计法律:《中华人民共和国会计法》《中华人民共和国注册会计师法》。

1.《中华人民共和国会计法》(以下简称《会计法》)

(1) 地位。在会计法规体系中,《会计法》是调整我国经济生活中会计关系的总规范,是制定其他会计法规的依据,是指导和规范会计工作的最高准则。

(2) 时间。《会计法》于 1985 年 1 月 21 日,经第六届全国人民代表大会常务委员会第九次会议通过,并经 1993 年和 1999 年两次修订。现行《会计法》由第九届全国人民代表大会常务委员会第十二次会议于 1999 年 10 月 31 日修订通过,自 2000 年 7 月 1 日起施行。

(3) 作用。规范会计行为,保证会计资料真实、完整,加强经济管理和财务管理,提高经济效益,维护社会主义市场经济秩序。

(4) 内容。《会计法》共 7 章 52 条,主要内容包括:会计工作总的原则、会计核算、公司和企业会计核算的特别规定、会计监督、会计机构、会计人员、法律责任等。

(5) 适用范围。国家机关、社会团体、公司、企业、事业单位和其他组织都必须依照《会计法》办理会计事务。

拓展提高

《会计法》的适用范围由其调整对象、社会功能所决定。一般而言,包括三方面的涵义,如表 1-1-2 表示。

表1-1-2　　　　　　　　　　　　《会计法》的适用范围

适用范围	具体理解
对人的效力	一是办理会计事务的单位和个人；二是主管机关及有关机关。(不包括个体工商户：《会计法》第五十一条：个体工商户会计管理的具体办法，由国务院财政部门根据本法的原则另行规定。)
空间的效力	一是中华人民共和国领域(不包括港澳台地区)；二是在中国境外设立的中国投资企业，应当执行所在国的法律，不受中国法律的约束，但这些企业在向国内提供财务会计报告和其他会计资料时，应当遵守《会计法》。
时间的效力	从1985年5月1日起,1985年1月21日发布的《会计法》发生法律效力。从2000年7月1日起,1999年10月31日经修订发布的《会计法》发生法律效力,修订前的《会计法》效力终止。修订后的《会计法》对2000年7月1日以前发生的会计行为,没有追溯力。

【例1-1-3·单选题】　下列不受现行《会计法》约束的有(　　)。
A. 飞利浦(中国)投资有限公司　　　　B. 个体工商户
C. 南京汽车集团有限公司　　　　　　D. 江苏省财政厅
【答案】　B
【解析】　《会计法》的适用范围包括：国家机关、社会团体、公司、企业、事业单位和其他组织。AC属于公司，D属于国家机关，而《会计法》第五十一条规定，"个体工商户会计管理的具体办法，由国务院财政部门根据本法的原则另行规定"，因此应当选B选项。

2.《中华人民共和国注册会计师法》
(1)地位。加强对注册会计师的管理,规范会计师事务所及注册会计师行为。
(2)时间。1993年10月31日第八届全国人民代表大会常务委员会第四次会议通过,自1994年1月1日起施行。
(3)作用。发挥注册会计师在社会经济活动中的鉴证和服务作用,加强对注册会计师的管理,维护社会公共利益和投资者的合法权益,促进社会主义市场经济的健康发展。
(4)内容。《中华人民共和国注册会计师法》共7章46条,主要内容包括：注册会计师行业管理体制、注册会计师考试和注册、会计师事务所组织形式和业务范围、法律责任等。

（二）会计行政法规
会计行政法规是指由国务院制定并发布，或者国务院有关部门拟定并经国务院批准发布的调整经济生活中某些方面会计关系的法律规范。
【友情提醒】　会计行政法规可以由国务院制定，也可以由国务院有关部门拟定，但一定是经国务院发布或批准发布的。

表1-1-3　　　　　　　　　　　　我国现行的会计行政法规

名　称	发布时间	备　注
《总会计师条例》	1990年12月31日	国务院发布
《会计准则》	1992年11月30日	国务院批准财政部发布
《企业财务会计报告条例》	2000年6月21日	国务院发布

会计行政法规依据《会计法》制定,不得违反《会计法》;会计行政法规在会计法律制度中属于第二层次,效力仅次于《会计法》。

【例1-1-4·单选题】 下列属于会计行政法规的有( )。

A.《会计法》 B.《注册会计师法》

C.《总会计师条例》 D.《企业会计准则》

【答案】 C

【解析】《会计法》《注册会计师法》属于会计法律;《总会计师条例》属于会计行政法规;《企业会计准则》属于会计部门规章。因此应当选 C 选项。

(三)会计部门规章

会计部门规章是指国家主管会计工作的行政部门即财政部以及其他相关部委根据法律和国务院的行政法规、决定、命令,在本部门的权限范围内制定的、调整会计工作中某些方面内容的国家统一的会计准则制度和规范性文件,包括国家统一的会计核算制度、会计监督制度、会计机构和会计人员管理制度及会计工作管理制度等。

例如,《会计从业资格管理办法》《财政部门实施会计监督办法》《企业会计准则——基本准则》是由国务院财政部制定并以部长令的形式公布的;《企业会计制度》《金融企业会计制度》《小企业会计制度》《企业会计准则——具体准则》《会计基础工作规范》等是由国务院财政部以文件形式印发的;《会计档案管理办法》是由国务院财政部与国家档案局联合发布的。

拓展提高

> 国务院其他部门根据其职责权限制定的会计方面的规范性文件也属于会计部门规章,但必须报财政部审核或者备案。会计部门规章不得与宪法、法律和行政法规相违背,其效力低于宪法、法律和行政法规。
>
> 会计部门规章又可进一步分为部门规章和规范性文件。部门规章由财政部部长签署并发布,而规范性文件不需要财政部长签署而发布。
>
> 区分方法:
>
> 1.带"办法"的都是部门规章,例外:《会计档案管理办法》属于规范性文件;
>
> 2.带"制度""规范""规定""准则"的都是规范性文件,例外:《企业会计准则——基本准则》属于部门规章。

【例1-1-5·多选题】 属于会计部门规章的有( )。

A.《财政部门实施会计监督办法》

B.《会计师事务所审批和监督暂行办法》

C.《注册会计师注册办法》

D.《注册会计师全国统一考试违规行为处理办法》

【答案】 ABCD

【解析】 本题 ABCD 四个选项均属于会计部门规章。

(四)地方性会计法规

地方性会计法规是指由省、自治区、直辖市人民代表大会或常务委员会在同宪法、会计法律、行政法规和国家统一的会计准则制度不相抵触的前提下,根据本地区情况制定发布的关于会计核算、会计监督、会计机构和会计人员以及会计工作管理的规范性文件。

此外,实行计划单列市、经济特区的人民代表大会及其常务委员会,在宪法、法律和行政法规允许的范围内也可制定会计规范性文件。

【例1-1-6·单选题】 地方性会计法规不包括( )。
- A. 经济特区的人民代表大会及其常委会制定的地方性会计规范性文件
- B. 省、自治区、直辖市人民代表大会及其常委会制定的地方性会计法规
- C. 县(市、区)人民代表大会及其常委会制定的地方性会计规范性文件
- D. 计划单列市人民代表大会及其常委会制定的地方性会计规范性文件

【答案】 C

【解析】 地方性会计法规包括:经济特区的人民代表大会及其常委会制定的地方性会计规范性文件;省、自治区、直辖市人民代表大会及其常委会制定的地方性会计法规;计划单列市人民代表大会及其常委会制定的地方性会计规范性文件。故选C。

【小结】 本任务要求了解会计法律制度的构成、各层次典型的会计法律制度。

练一练

根据以下资料,应用所学知识进行分析并解决有关问题。

苏张玲在某职业院校财经专业经过一年的基础课程学习后,准备参加会计从业资格考试。在会计法律制度的学习过程中,阅读了很多法律法规和文件,主要包括全国人民代表大会常务委员会制定的《会计法》《注册会计师法》,国务院制定并颁布的《企业财务会计报告条例》和《中华人民共和国总会计师条例》,国务院财政部制定的《会计从业资格管理办法》和《财政部门实施会计监督办法》,国务院财政部与国家档案管理局共同制定的《会计档案管理办法》,四川省人大常委会制定的《四川省会计管理条例》,中国注册会计师协会制定的《会计师事务所执业质量检查工作廉政规定》,江苏省财政厅制定的《江苏省会计从业资格管理实施办法》等。

1. 苏张玲学习的相关内容中属于会计法律的有( )。
   - A.《中华人民共和国会计法》
   - B.《会计档案管理办法》
   - C.《会计从业资格管理办法》
   - D.《四川省会计管理条例》

2. 苏张玲学习的相关内容中属于地方性会计法规的有( )。
   - A.《财政部门实施会计监督办法》
   - B.《四川省会计管理条例》
   - C.《江苏省会计从业资格管理实施办法》
   - D.《会计师事务所执业质量检查工作廉政规定》

3. 苏张玲学习的相关内容中不属于会计法律制度构成的有( )。
   - A.《财政部门实施会计监督办法》

B. 《会计师事务所执业质量检查工作廉政规定》
C. 《江苏省会计从业资格管理实施办法》
D. 《四川省会计管理条例》

4. 财政部制定的《财政部门实施会计监督办法》属于会计法律制度的有( )。
   A. 会计法律　　　　　　　　B. 会计行政法规
   C. 会计部门规章　　　　　　D. 地方性会计法规

5. 下列对中国注册会计师协会制定的《会计师事务所执业质量检查工作廉政规定》描述正确的有( )。
   A. 属于中国注册会计师协会对会员管理的依据
   B. 属于政府部门规章
   C. 不属于会计行政法规
   D. 不属于会计部门规章

延伸阅读

请查阅有关资料,了解"法律部门"和"法的渊源"相关内容。

任务二　了解会计工作管理体制

任务介绍

了解我国会计工作管理的体制,熟悉国家机关、会计团体、单位在会计工作管理过程中的权限及所起作用。

任务实施

一、会计工作的行政管理

(一)会计工作行政管理体制

我国会计工作行政管理体制实行统一领导、分级管理的原则。

国务院财政部门主管全国的会计工作。县级以上地方各级人民政府财政部门管理本行政区域内的会计工作。

【友情提醒】　国务院财政部门是"主管"全国的会计工作,而不是"管理"全国的会计工作。除国务院财政部门以外,国务院审计、税务、人民银行、银行监管、证券监管、保险监管等部门也可以参与全国会计工作的监督管理。

【例1-2-1·判断题】　国务院财政部门管理全国的会计工作。( )
【答案】　×

【解析】 国务院财政部门是"主管"全国的会计工作,而非"管理"全国的会计工作。故错误。

【例1-2-2·多选题】 下列财政部门可以对本行政区域内的会计工作进行管理的有( )。

  A. 江苏省财政厅　　　　　　　　B. 南京市财政局
  C. 苏州市吴中区财政局　　　　　D. 东兴镇财政所

【答案】 ABC

【解析】 县级以上地方各级人民政府财政部门管理本行政区域内的会计工作。故选ABC。

【牛刀小试·判断题】 我国会计工作的行政管理实行"统一领导、分级管理"原则,国务院主管全国的会计工作,县级以上地方各级人民政府管理本行政区域内的会计工作。( )

【答案】 ×

【解析】 我国会计工作的行政管理实行"统一领导、分级管理"原则,国务院财政部门主管全国的会计工作,县级以上地方各级人民政府财政部门管理本行政区域内的会计工作。

(二) 会计工作行政管理的内容

根据《会计法》《注册会计师法》和国务院对财政部的相关要求,财政部门履行的会计行政管理职能主要有:

1. 会计准则制度及相关标准规范的制定和组织实施

市场经济是法制经济,市场经济活动必须遵循统一的规则。会计准则制度及相关标准规范是市场规则的重要组成部分,是会计监管的重要标准和尺度,是保证会计信息质量、维护社会主义市场经济秩序的重要保证。会计准则制度及相关标准规范的制定和组织实施是财政部门管理会计工作的一项最基本的职能。

《中华人民共和国会计法实施细则》第八条规定:"国家实行统一的会计制度。国家统一的会计制度由国务院财政部门根据本法制定并公布。国务院有关部门可以依照本法和国家统一的会计制度制定对会计核算和会计监督有特殊要求的行业实施国家统一的会计制度的具体办法或者补充规定,报国务院财政部门审核批准。中国人民解放军总后勤部可以依照本法和国家统一的会计制度制定军队实施国家统一的会计制度的具体办法,报国务院财政部门备案。"

【友情提醒】 国务院财政部门主管全国的会计工作,国家统一的会计制度由其制定并公布;国务院其他有关部门参与管理,根据国家统一的会计制度制定具体办法或补充规定并经国务院财政部门审核批准后公布。

表1-2-1　　　　　　　　　　国家统一会计制度制定权限对比

部 门	制定内容	权 限
国务院财政部门	国家统一的会计制度	制定并公布
国务院有关部门	具体办法或补充规定	报国务院财政部门审核批准
中国人民解放军总后勤部	具体办法	报国务院财政部门备案

【例1-2-3·判断题】《会计法》规定,国务院财政部门制定国家统一的会计制度,国务院有关部门制定具体办法或者补充规定。( )

【答案】 ×

【解析】 根据《中华人民共和国会计法实施细则》规定,国务院财政部门制定国家统一的会计制度并公布;国务院有关部门可以依照本法和国家统一的会计制度制定对会计核算和会计监督有特殊要求的行业实施国家统一的会计制度的具体办法或者补充规定,但需报国务院财政部门审核批准。

【牛刀小试·判断题】 中国人民解放军总后勤部可以依照本法和国家统一的会计制度制定军队实施国家统一的会计制度的具体办法,报国务院财政部门审核批准。( )

【答案】 ×

【解析】 中国人民解放军总后勤部可以依照本法和国家统一的会计制度制定军队实施国家统一的会计制度的具体办法,报国务院财政部门备案。

会计准则制度及相关标准规范主要包括:企事业单位会计准则和会计制度、企事业单位内部控制规范和会计信息化标准等。

2. 会计市场管理

会计是一项专业性很强的工作,会计信息质量以及会计师事务所执业质量直接影响到市场秩序,进而关系到国家和社会公众利益。在市场经济条件下,政府必须加强对会计市场的管理。会计市场管理包括以下三方面内容:

(1) 准入管理。指财政部门对"会计从业资格的取得"、"代理记账机构的设立"、"注册会计师资格的取得"及"注册会计师事务所的设立"等所进行的条件设定。

(2) 运行管理。指财政部门对获准进入会计市场的机构和人员是否遵守各项法律法规,依据相关准则、制度和规范执行业务的过程及结果所进行的监督和检查。

(3) 退出管理。财政部门对在执业过程中有违反《会计法》《注册会计师法》行为的机构和个人进行处罚,情节严重的,吊销其执业资格,强制其退出会计市场。

此外,对会计出版市场、培训市场、境外"洋资格"的管理等也属于会计市场管理的职能,财政部门对违反会计法律、行政法规规定,扰乱会计秩序的行为,都有权加以管理,严格规范。

拓展提高

1. 设立会计师事务所,由省级财政部门审批,批准后,报财政部备案。
2. 根据《代理记账管理办法》,申请设立除会计师事务所以外的代理记账机构,应当经所在地的县级以上人民政府财政部门批准,并领取由财政部统一印制的代理记账许可证书。

【例1-2-4·判断题】 张兴要在苏州市吴中区开设代理记账公司,工商管理部门却要求其提供区财政局的代理记账许可证才给办理。这属于财政部门的市场管理范畴。( )

【答案】 √

【解析】 是否发放代理记账许可证是县级以上财政部门对会计市场管理的准入管理内容。故正确。

【牛刀小试·单选题】 财政部门对获准进入会计市场的机构和人员是否遵守各项法律法规,依据相关准则、制度和规范执行业务的过程及结果所进行的监督和检查,称之为会计市场的(　　)。

　　A. 准入管理　　　B. 运行管理　　　C. 退出管理　　　D. 培训管理

【答案】 B

【解析】 会计市场管理包括会计市场准入管理、运行管理、退出管理,而对于财政部门对获准进入会计市场的机构和人员是否遵守各项法律法规,依据相关准则、制度和规范执行业务的过程及结果所进行的监督和检查属于会计市场运行管理,故选B。

3. 会计专业人才评价

会计专业人才的选拔、评价是国家人才战略的重要组成部分,是财政部门的重要职责。针对不同专业水准和能力的会计人才,为不断提高会计人员整体专业素质,我国已经形成阶梯式会计人才评价机制,主要包括初级、中级、高级会计人才评价机制和会计行业领军人才的培养评价等。

(1) 初级、中级、高级会计人才的考试机制。

(2) 正高级会计人才的考评机制。

(3) 会计行业领军人才的培养机制。

正高级会计师和会计行业领军人才是目前我国会计人才领域的两颗明珠。

《会计法》明确规定,对认真执行《会计法》,忠于职守,坚持原则,做出显著成绩的会计人员,给予精神的或物质的奖励。因此,对先进会计工作者的表彰奖励也属于会计人才评价的范畴。此外,为不断提高会计人员的专业胜任能力,促进会计人员整体素质的提高,我国规定会计人员应当参加继续教育。财政部制定的《会计人员继续教育规定》,对继续教育的对象、内容与形式、师资、教材、考核与检查等做了详细规定。

延伸阅读

请查阅有关资料,了解"正高级会计师"和"全国会计领军人才培养项目"。

4. 会计监督检查

会计监督是经济监督体系的重要组成部分,市场经济越发展,越需要加强会计监督。

根据《会计法》,财政部组织实施对全国的会计信息质量检查,并对违法行为实施行政处罚;县级以上财政部门组织实施本行政区域内的会计信息质量检查,并依法对本行政区域内单位或人员的违法会计行为实施行政处罚,构成犯罪的,由司法机关依法追究刑事责任。

根据《注册会计师法》,财政部组织实施全国会计师事务所的执业质量检查,并对违反《注册会计师法》的行为实施行政处罚;省、自治区、直辖市人民政府财政部门组织实施本行政区域内的会计师事务所执业质量检查,并依法对本行政区域内会计师事务所或注册会计师违反《注册会计师法》的行为实施行政处罚。

【例1-2-5·单选题】 财政部门在会计人员管理中的工作职责不包括(　　)。

  A. 会计从业资格管理   B. 会计专业技术职务资格管理
  C. 追究违法会计人员的刑事责任   D. 会计人员继续教育管理

【答案】 C

【解析】 选项 C 是由公安机关负责,不是由财政部门负责。

二、会计工作的自律管理

(一)中国注册会计师协会

中国注册会计师协会是依据《中华人民共和国注册会计师法》(以下简称《注册会计师法》)和《社会团体登记条例》的有关规定于 1988 年 11 月成立,在财政部党组和理事会领导下开展行业管理和服务的法定组织。

(二)中国会计学会

中国会计学会创建于 1980 年 1 月,是财政部所属由全国会计领域各类专业组织,以及会计理论界、实务界会计工作者自愿结成的学术性、专业性、非营利性社会组织。

(三)中国总会计师协会

中国总会计师协会是经财政部审核同意、民政部正式批准,于 1990 年 5 月依法注册登记成立的跨地区、跨部门、跨行业、跨所有制的非营利性国家一级社团组织,是总会计师行业的全国性自律组织。

【例1-2-6·判断题】 苏张玲认为,中国注册会计师协会与中国会计学会都是财政部领导下针对会计人员的社会组织,会计人员都可以申请加入。(　　)

【答案】 ×

【解析】 此观点不正确。因为中国注册会计师协会是注册会计师的行业组织,只有具备注册会计师资格的人员才有加入的可能性,不是所有会计人员都能参加。

【例1-2-7·多选题】 下列关于中国会计学会的业务范围表述正确的有(　　)。
  A. 组织协调全国会计科研力量   B. 组织实施注册会计师全国统一考试
  C. 组织开展中高级会计人员培养   D. 开展会计领域国际学术交流与合作

【答案】 ACD

【解析】 中国会计学会的业务范围是:(1)组织协调全国会计科研力量,开展会计理论研究和学术交流,促进科研成果的推广和运用;(2)总结我国会计工作和会计教育经验,研究和推动会计专业的教育改革;(3)编辑出版会计刊物、专著、资料;(4)发挥学会的智力优势,开展多层次、多形式的智力服务工作,包括组织开展中高级会计人员培养、会计培训和会计咨询与服务等;(5)开展会计领域国际学术交流与合作;(6)发挥学会联系政府与会员的桥梁和纽带作用,接受政府和其他单位委托,组织开展有关工作;(7)其他符合学会宗旨的业务活动。

延伸阅读

请查阅有关资料,了解"中国注册会计师协会"、"中国会计学会"和"中国总会计师协会"。

三、单位内部的会计工作管理

单位内部的会计工作管理主要包括:(1) 单位负责人的职责;(2) 会计机构的设置;(3) 会计人员的选拔任用;(4) 会计人员回避制度。

(一) 单位负责人的职责

《会计法》第四条规定:"单位负责人对本单位的会计工作和会计资料的真实性、完整性负责。"

1. 单位负责人的界定

表1-2-2　　　　　　　　　　单位负责人的界定

单位性质	单位	单位负责人
法人企业、单位	公司制企业	董事长(执行董事或经理)
	国有企业	厂长
	国家机关	最高行政长官
非法人企业、单位	合伙企业	合伙人
	个人独资企业	投资人

2. 单位负责人负责的内容

(1) "单位负责人"对本单位的会计工作和会计资料的"真实性、完整性"负责;

(2) "单位负责人"应当保证会计机构、会计人员依法履行职责;

(3) "单位负责人"不得授意、指使、强令会计机构和会计人员违法办理会计事项。

【例1-2-8·多选题】 下列公司人员中,(　　)应当对本公司的会计工作和会计资料的真实性、完整性负责。

A. 某有限责任公司的董事长　　B. 某个人独资企业的投资人
C. 某有限责任公司的财务总监　　D. 某合伙企业的合伙人

【答案】 ABD

【解析】 单位负责人是本单位法定代表人或者法律、行政法规规定代表单位行使职权的主要负责人,并对本单位的会计工作和会计资料的真实性、完整性负责,故选ABD。

(二) 会计机构的设置

《会计法》第三十六条规定:"各单位应当根据会计业务的需要,设置会计机构,或者在有关机构中设置会计人员并指定会计主管人员;不具备设置条件的,应当委托经批准设立从事会计代理记账业务的中介机构代理记账。"

从事会计代理记账业务的中介机构是指依法从事代理记账业务的会计师事务所、其他代理记账机构。

影响会计机构设置的因素:(1) 单位规模的大小;(2) 经济业务和财务收支的繁简;(3) 经营管理的需要。

【例1-2-9·多选题】 单位是否单独设置会计机构的影响因素有(　　　)。

A. 单位规模的大小　　　　　　B. 经营管理的要求

C. 经济业务的繁简　　　　　　D. 上级主管部门的要求

【答案】　ABC

【解析】　影响单位会计机构设置的因素不包括上级主管部门的要求。故选 ABC。

（三）会计人员的选拔任用

《会计法》第三十八条规定："从事会计工作的人员，必须取得会计从业资格证书。担任单位会计机构负责人（会计主管人员）的，除取得会计从业资格证书外，还应当具备会计师以上专业技术职务资格或者从事会计工作三年以上经历。"

【友情提醒】　担任单位会计机构负责人（会计主管人员），首先应当取得会计从业资格证书，在"会计师以上专业技术职务资格"和"从事会计工作三年以上经历"二者中只需符合一个条件。

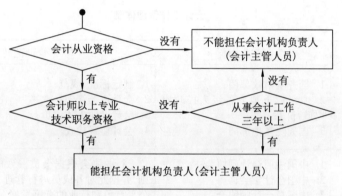

图 1-2-1　会计机构负责人（会计主管人员）任职资格判断图

【例 1-2-10·单选题】　根据《会计法》的规定，担任单位会计机构负责人的，除取得会计从业资格证书外，还应当具备会计师以上专业技术职务资格或者具有一定年限会计工作经历。该年限是（　　）。

A. 一年以上　　B. 二年以上　　C. 三年以上　　D. 四年以上

【答案】　C

【解析】　《会计法》规定，担任单位会计机构负责人（会计主管人员）的，除取得会计从业资格证书外，应当具备会计师以上专业技术资格职务资格或者从事会计工作三年以上经历。

国务院财政部门只对从事会计工作人员的相关资格条件进行统一规定，会计人员取得相关资格或符合有关条件后，能否具体从事相关工作，由所在单位自行决定。

（四）会计人员回避制度

回避制度是指为了保证执法或者执业的公正性，对可能影响其公正性的执法或者执业人员实行"职务回避"和"业务回避"的一种制度。

根据《会计基础工作规范》第十六条规定：

国家机关、国有企业、事业单位任用会计人员应当实行回避制度。

单位领导人的直系亲属不得担任本单位的会计机构负责人、会计主管人员。会计机构负责人、会计主管人员的直系亲属不得在本单位会计机构中担任出纳工作。

需要回避的直系亲属为：夫妻关系、直系血亲关系、三代以内旁系血亲以及配偶亲关系。

【例 1-2-11·判断题】 赵丰为某事业单位的财务经理，他将其女儿安排在本部门担任债务核算会计，他的这一行为违背了会计人员回避制度。( )

【答案】 ×

【解析】 本题考核会计人员回避制度。会计机构负责人、会计主管人员的直系亲属不得在本单位会计机构中担任出纳工作，而非会计工作。

【小结】 本任务主要是熟悉会计工作的管理体制，主要包括会计工作的行政管理、会计工作的自律管理、单位内部的会计工作管理三个方面。

表1-2-3　　　　　　　　　　　会计工作管理体制

管理体制	管理主体	管理范畴
行政管理	1. 国务院财政部门； 2. 县级以上地方各级人民政府财政部门； 3. 国务院其他部门	1. 制定标准、规范； 2. 会计市场管理； 3. 会计专业人才评价； 4. 会计监督检查
自律管理	1. 中国注册会计师协会； 2. 中国会计学会； 3. 中国总会计师协会	行业协会根据会员一致的意愿，自行制定规则，并据此对各成员进行管理，以促进成员之间的公平竞争和行业的有序发展
单位内部管理	各单位	1. 单位负责人的职责； 2. 会计机构的设置； 3. 会计人员的选拔任用； 4. 会计人员回避制度

练一练

一、单选题

1. 根据《中华人民共和国会计法》的规定，行使会计工作管理职能的政府部门是( )。

   A. 财政部门　　B. 税务部门　　C. 审计部门　　D. 金融部门

2. 下列各项中，有权制定国家统一的会计制度的部门是( )。

   A. 国务院证券监管部门　　　　　　B. 国务院财政部门
   C. 国务院审计部门　　　　　　　　D. 国务院税务部门

3. 根据《中华人民共和国会计法》，对本单位的会计工作和会计资料的真实性、完整性承担第一责任的是( )。

   A. 单位总会计师　　　　　　　　　B. 单位负责人
   C. 单位会计机构负责人　　　　　　D. 单位内部审计机构负责人

4. 根据《中华人民共和国会计法》的规定,从事会计工作的人员应当具备的资格证书是(   )。

  A. 经济师资格证书   B. 会计从业资格证书

  C. 高中以上毕业证书   D. 注册会计师资格证书

5. 财政部门对获准进入会计市场的机构和人员是否遵守各项法律法规,依据相关准则、制度和规范执行业务的过程及结果所进行的监督和检查,称之为(   )。

  A. 会计市场退出管理   B. 会计市场运行管理

  C. 会计市场准入管理   D. 会计市场培训管理

二、多选题

1. 根据《会计法》的规定,有权制定国家统一的会计制度的政府部门是(   )。

  A. 国务院财政部门   B. 国务院各业务主管部门

  C. 省级人民政府财政部门   D. 国务院商务部

2. 根据《会计专业职务试行条例》的规定,下列各项中,属于会计专业职务的有(   )。

  A. 助理会计师   B. 会计师

  C. 总会计师   D. 高级会计师

3. 下列属于会计工作的自律管理的有(   )。

  A. 中国注册会计师协会组织实施注册会计师全国统一考试

  B. 中国会计学会编辑出版会计刊物、专著、资料

  C. 某高校开设会计专业学习

  D. 某会计人员在家自学会计专业技术相关知识

4. 下列公司人员中,(   )应当对本公司的会计工作和会计资料的真实性、完整性负责。

  A. 某有限责任公司的总经理   B. 某有限责任公司的董事长

  C. 某有限责任公司的财务总监   D. 某代表合伙企业的合伙人

5. 单位负责人在内部会计监督中的职责,下列表述正确的是(   )。

  A. 单位负责人必须事事参与,严格把关

  B. 单位负责人对本单位会计资料的真实性、完整性负责

  C. 不能授意、指使、强令会计人员办理违法事项

  D. 依法进行会计核算

三、判断题

1. 我国会计从业资格管理实行考试制度。(   )

2. 在我国,会计专业技术资格是指担任会计专业职务的任职资格,包括助理会计师、会计师、高级会计师、注册会计师四个级别。(   )

3. 单位负责人作为法定代表人,依法代表单位行使职权,应当对本单位对外提供财务会计报告的真实性、完整性负责。(   )

任务三　会计核算

任务介绍

掌握法律制度对会计核算提出的基本要求,熟悉会计档案保管的基本流程及要求。

任务实施

会计核算是会计工作的重要组成部分,是会计的基本职能之一。我国会计法律制度对会计信息质量要求、会计资料基本要求以及会计年度、记账本位币、填制会计凭证、登记会计账簿、编制财务会计报告、财产清查、会计档案管理等方面进行了统一规定。

一、总体要求

(一)会计核算依据

各单位必须根据实际发生的经济业务事项进行会计核算,填制会计凭证,登记会计账簿,编制财务会计报告。任何单位不得以虚假的经济业务事项或者资料进行会计核算。

【友情提醒】

1. 以"实际发生"的经济业务事项为依据进行会计核算,是会计核算的重要"前提"。
2. 实际发生的经济业务事项包括"引起或未引起资金增减变化"的经济活动。
3. "并非所有"实际发生的经济业务事项都需要进行会计记录和会计核算(如:签订合同或协议)。

【例1-3-1·判断题】　经济事项又称经济交易,是指单位与其他单位和个人之间发生的各种经济利益交换,如产品销售。(　　)

【答案】　×

【解析】　实际发生的经济业务事项,是指各单位在生产经营或预算执行过程中发生的包括引起或未引起资金增减变化的经济活动。

(二)对会计资料的基本要求

会计资料是指在会计核算过程中形成的,记录和反映实际发生的经济业务事项的会计专业资料,主要包括会计资料、会计账簿、财务会计报告等。

1. 会计资料的生成和提供必须符合国家统一的会计准则制度的规定

会计资料必须符合国家统一的会计制度的规定,要保证会计资料的真实性、完整性;使用电子计算机进行会计核算的,其软件及其生成的会计凭证、会计账簿、财务会计报告和其他会计资料,也必须符合国家统一的会计制度的规定。

2. 提供虚假的会计资料是违法行为

各单位必须保证会计资料的真实性和完整性,不得伪造、变造会计资料,不得提供虚假的财务会计报告。

（1）伪造会计凭证、会计账簿和其他会计资料，指以"虚假"的经济业务事项为前提编造不真实的会计凭证、会计账簿和其他会计资料的行为，即无中生有。

（2）变造会计凭证、会计账簿及其他会计资料，指用涂改、刮擦、挖补、拼接等手段来改变会计凭证、会计账簿等原有真实内容，歪曲事实真相的行为，即篡改事实。

（3）提供虚假的财务会计报告，指通过编造虚假的会计凭证、会计账簿及其他会计资料编制财务会计报告（依据虚假）或直接篡改财务会计报告上的真实数据，使财务会计报告不真实、不完整地反映财务状况、经营成果和现金流量，借以误导、欺骗财务会计报告使用者的行为，即以假乱真。

【例1-3-2·单选题】 A单位会计王某采用涂改手段，将金额为1万元的购货发票改为4万元。根据《中华人民共和国会计法》有关规定，该行为属于（　　）。

　　A. 伪造会计凭证　　　　　　　　B. 变造会计凭证
　　C. 伪造会计账簿　　　　　　　　D. 变造会计账簿

【答案】 B

【解析】 采用涂改手段，将金额为1万元的购货发票（会计凭证）改为4万元的行为属于变造会计凭证的行为。

【例1-3-3·多选题】 某地方财政部门进行执法检查时发现一家单位以虚假的经济事项编造了会计凭证和会计账簿，并据此编制了财务会计报告。对此，财政部门对该单位的违法行为应认定为（　　）。

　　A. 伪造会计凭证行为　　　　　　B. 变造会计凭证和会计账簿行为
　　C. 伪造会计账簿行为　　　　　　D. 提供虚假的财务会计报告行为

【答案】 ACD

【解析】 以虚假的经济业务事项为前提编造不真实的会计凭证、会计账簿和其他会计资料，属于伪造会计凭证、会计账簿和其他会计资料行为。通过编造虚假的会计凭证、会计账簿及其他会计资料或直接篡改财务会计报告上的数据，使财务会计报告不真实、不完整地反映财务状况和经营成果，借以误导、欺骗财务报告使用者的行为，属于提供虚假的财务会计报告行为。

表1-3-1　　　　　　　　　　　　　会计核算的总体要求

核算依据	实际发生的经济业务事项		
对会计资料的基本要求	会计资料	凭证、账簿、报告、其他会计资料	
	基本要求	保证会计资料的真实性和完整性	
	区别伪造与变造	伪造	以假的经济业务为前提（无中生有）
		变造	在原有基础上改变，手段是涂改、挖补
	会计电算化	使用电子计算机进行会计核算，其软件及生成的会计资料，也必须符合国家统一的会计制度的规定	

二、会计凭证

会计凭证是指记录经济业务发生或者完成情况的书面证明,是登记账簿的依据。每个企业都必须按照一定的程序填制和审核会计凭证,根据审核无误的会计凭证进行账簿登记,如实反映企业的经济业务。

会计凭证是会计核算的重要会计资料,填制和审核会计凭证是会计核算的首要环节。会计凭证按照用途和填制程序的不同可分为原始凭证和记账凭证。

(一)原始凭证

原始凭证是在经济业务事项发生或完成时由经办人员直接取得或填制,用于表明某项经济业务事项已经发生或完成情况、明确有关经济责任的一种原始凭据。

1. 原始凭证的内容

原始凭证种类繁多,来源广泛,形式各异,但主要内容必须具备:① 原始凭证名称;② 填制原始凭证的日期;③ 填制原始凭证的单位名称或者填制人员的姓名;④ 接受原始凭证的单位;⑤ 经济业务事项名称;⑥ 经济业务事项的数量、单价和金额。如图1-3-1所示。

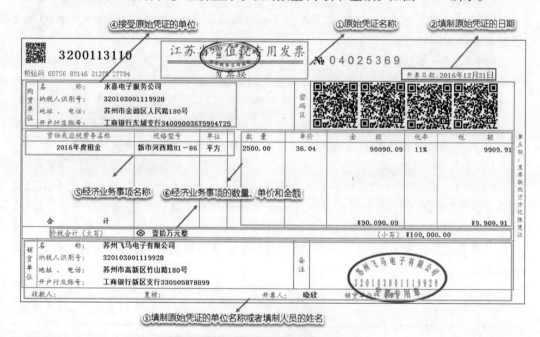

图1-3-1 原始凭证内容示意图

2. 原始凭证的填制和取得

原始凭证的填制必须符合会计法律制度的规定,做到内容真实、项目完整、填制及时、书写清楚。

(1)从外单位取得的原始凭证,必须盖有填制单位的公章;从个人取得的原始凭证,必须有填制人员的签名或盖章。

(2)自制原始凭证必须有经办单位领导人或者其指定人员的签名或盖章。

(3)对外开出的原始凭证必须加盖本单位公章。

3. 原始凭证的审核

会计机构、会计人员必须按照国家统一的会计制度的规定对原始凭证进行审核,对不真实、不合法的原始凭证有权不予接受,并向单位负责人报告;对记载不准确、不完整的原始凭证予以退回,并要求按照国家统一的会计制度的规定重新开具、更正或补充完整。

对原始凭证的审核,具体还应符合以下要求:

(1) 凡填有大写和小写金额的原始凭证,大写与小写金额必须相符;购买实物的原始凭证,必须有验收证明;支付款项的原始凭证,必须有收款单位和收款人的收款证明。

(2) 一式几联的原始凭证,应当注明各联的用途,只能以一联作为报销凭证。一式几联的发票和收据,必须用双面复写纸套写,并连续编号。作废时应当加盖"作废"戳记,连同存根一起保存,不得撕毁。

(3) 发生销货退回时,除填制退货发票外,还必须有退货验收证明;退款时,必须取得对方的收款收据或汇款银行的结算凭证,不得以退货发票代替收据。

(4) 职工因公出差的借款收据,必须附在记账凭证之后。收回借款时,应另开收据或退还借据副本,不得退还原借款收据。

(5) 经上级有关部门批准的经济业务,应当将批准文件作为原始凭证附件;如果批准文件需要单独归档,应当在凭证上注明批准机关名称、日期和文件字号。

4. 原始凭证错误的更正

(1) 原始凭证记载的各项内容均不得涂改。

(2) 原始凭证有错误的,应当由出具单位重开或者更正,更正处应当加盖出具单位印章。

(3) 原始凭证金额有错误的不得在原始凭证上更正,应当由出具单位重开。

【友情提醒】 原始凭证记载的各项内容均不得涂改,而不是不得更正。原始凭证金额有错误,只能重开;原始凭证非金额错误,可以重开,也可以更正。

【例1-3-4·多选题】 有关原始凭证的填制取得及审核,下列说法中正确的有( )。

　　A. 自制原始凭证必须有经办单位负责人或其指定人员的签名或盖章
　　B. 发生销货退回时,需填制退货发票,退款时,若对方收款收据或汇款银行的结算凭证无法取得,可以用退货发票代替
　　C. 凡有大写和小写金额的原始凭证,大写和小写金额必须相符
　　D. 职工借款归还后,应退还其原借款收据

【答案】 AC

【解析】 发生销货退回时,除填制退货发票外,还必须有退货验收证明;退款时,必须取得对方的收款收据或汇款银行的结算凭证,不得以退货发票代替收据。职工因公出差的借款收据,必须附在记账凭证之后。收回借款时,应另开收据或退还借据副本,不得退还原借款收据。

【例1-3-5·单选题】 ABC公司出纳员在审核该公司主任王某购买办公用品的发票时,发现出具发票的商场误将"ABC公司"写成"AB公司",该出纳正确的处理方法是( )。

　　A. 因金额正确,不影响记账,可不必理会
　　B. 不予接受,并向单位负责人报告
　　C. 因错误仅一字之差,可自行更正并加盖出纳印章后入账

D. 将该原始凭证退给王某,并要求其按照国家统一的会计制度的规定进行更正

【答案】 D

【解析】 对于真实、合法、合理但内容不够完整、填写有错误的原始凭证,应退回给经办人员,由其负责将原始凭证补充完整、更正错误或重开后,再办理正式会计手续。

【例1-3-6·多选题】 某地方财政部门进行执法检查时发现一家单位以虚假的经济事项编造了会计凭证和会计账簿,并据此编制了财务会计报告。对此,财政部门对该单位的违法行为应认定为( )。

A. 伪造会计凭证行为　　B. 变造会计凭证和会计账簿行为
C. 伪造会计账簿行为　　D. 提供虚假的财务会计报告行为

【答案】 ACD

【解析】 以虚假的经济业务事项为前提编造不真实的会计凭证、会计账簿和其他会计资料,属于伪造会计凭证、会计账簿和其他会计资料行为。通过编造虚假的会计凭证、会计账簿及其他会计资料或直接篡改财务会计报告上的数据,使财务会计报告不真实、不完整地反映财务状况和经营成果,借以误导、欺骗财务报告使用者的行为,属于提供虚假的财务会计报告行为。

5. 原始凭证的保管

(1)对于数量过多的原始凭证,可以单独装订保管。各种经济合同、存出保证金收据以及涉外文件等重要原始凭证,应当另编目录,单独登记保管,并在有关的记账凭证上相互注明日期和编号。

(2)原始凭证不得外借,其他单位如因特殊原因需要使用原始凭证时,经本单位会计机构负责人、会计主管人员批准,可以复制。向外单位提供的原始凭证复制件,应当在专设的登记簿上登记,并由提供人员和收取人员共同签名或者盖章。

拓展提高

各单位保存的会计档案不得借出。如有特殊需要,经本单位负责人批准,可以提供查阅或者复制,并办理登记手续。

(1)从外单位取得的原始凭证如有遗失,应当取得原开出单位盖有公章的证明,并注明原来凭证的号码、金额和内容等,由经办单位会计机构负责人、会计主管人员和单位负责人批准后,才能代作原始凭证。如果确实无法取得证明的,如火车、轮船、飞机票等凭证,由当事人写出详细情况,由经办单位会计机构负责人、会计主管人员和单位领导人批准后,代作原始凭证。

(2)企业和其他组织的原始凭证保管期限一般为30年。

(二)记账凭证

记账凭证是对经济业务事项按其性质加以归类、确定会计分录,并据以登记会计账簿的凭证。

1. 记账凭证的内容

记账凭证有不同的种类,但其主要内容必须具备:① 填制凭证的日期;② 凭证编号;③ 经济业务摘要;④ 会计科目;⑤ 金额;⑥ 所附原始凭证的张数;⑦ 相关人员签名或者盖章(填制凭证人员、稽核人员、记账人员、会计机构负责人、会计主管人员、收款和付款凭证还应有出纳人员)。

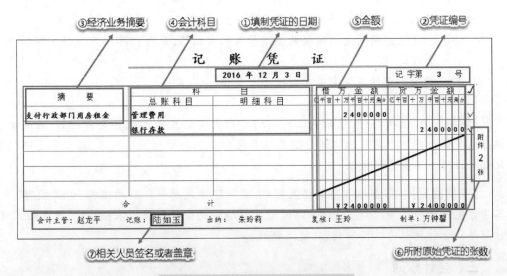

图1-3-2 记账凭证内容示意图

2. 记账凭证的填制

记账凭证应当根据经过审核的原始凭证及有关资料进行编制。

(1) 记账凭证应连续编号。一笔经济业务需要填制两张或两张以上记账凭证的,可以采用分数编号法编写。

(2) 记账凭证可以根据每一张原始凭证填制,或根据若干张同类原始凭证汇总编制,也可以根据原始凭证汇总表填制。但不得将不同内容和类别的原始凭证汇总填制在一张记账凭证上。

(3) 除结账和更正错误的记账凭证可以不附原始凭证外,其他记账凭证必须附有原始凭证。

(4) 一张原始凭证所列的支出需要由几个单位共同负担时,应当由保存该原始凭证的单位开具原始凭证分割单给其他应负担的单位。

(5) 记账凭证填制完经济业务事项后,如有空行,应当自金额栏最后一笔金额数字下的空行处至合计数上的空行处划线注销。

3. 记账凭证的更正

(1) 记账凭证填制时发生错误,应当重新填制。

(2) 已经登记入账的记账凭证,则按照规定的错账更正方法进行更正。

4. 记账凭证的审核

(1) 审核内容主要包括:编制依据是否真实,填写项目是否齐全,金额计算是否正确,书写是否清楚等。

(2) 实行会计电算化的单位,对于机制记账凭证也要认真审核,做到会计科目使用正确,数字准确无误。打印出来的机制记账凭证要加盖制单人员、审核人员、记账人员及会计机构负责人、会计主管人员印章或者签字。

5. 记账凭证的保管

企业和其他组织的记账凭证的保管期限一般为30年。

【例1-3-7·多选题】 下列关于记账凭证填制的基本要求,不正确的是( )。

    A. 记账凭证各项内容必须完整,并且应当连续编号

    B. 填制记账凭证时若发生错误,应当重新填制

    C. 一张发票所列支出需要两个单位共同负担的,应当向其他应负担单位提供发票复印件

    D. 所有的记账凭证都必须附有原始凭证

【答案】 CD

【解析】 C选项,一张原始凭证所列的支出需要由几个单位共同负担时,应当由保存该原始凭证的单位开具原始凭证分割单给其他应负担的单位。D选项,结账和更正错误的记账凭证可以不附原始凭证。

【友情提醒】 在会计信息处理流程中,前一环节是后一环节的依据,但必须有"审核"二字才能判断为正确。如:会计账簿以经过"审核"的会计凭证为依据编制,此说法正确;会计账簿以会计凭证为依据编制,此说法错误。

三、会计账簿

会计账簿是指由一定格式的账页组成的,以经过审核无误的会计凭证为依据,全面、系统、连续地记录各项经济业务的簿籍。

(一)会计账簿的设置

依法设置会计账簿,是单位进行会计核算最基本的要求。《会计法》第十六条规定:"各单位发生的各项经济业务事项应当在依法设置的会计账簿上统一登记、核算,不得违反《会计法》和国家统一的会计制度的规定私设会计账簿登记、核算。"

按照《征收管理办法实施细则》第十七条规定:"从事生产经营的纳税人应当依照税收征管法第十二条规定,自领取营业执照之日起十五日内设置账簿。"

【友情提醒】 依法设置会计账簿的"法",不仅仅是指《会计法》,而是泛指各项法律制度对设置会计账簿的规定或要求。任何单位都不得在法定会计账簿之外私设会计账簿。

《会计法》不仅规定各单位必须依法设账,还对设置会计账簿的种类作出规定:"会计账簿包括总账、明细账、日记账和其他辅助性账簿。"

拓展提高

> 按用途的不同,会计账簿可分为序时账簿、分类账簿和备查账簿
>
> 1. 序时账簿
>
> 序时账簿也称日记账,它是指按照经济业务发生时间的先后顺序逐日逐笔登记的账簿。序时账簿按其记录内容的不同,又可分为普通日记账和特种日记账。 (1)普通日记

账是指用来逐日逐笔记录全部经济业务的序时账簿；(2) 特种日记账是指用来逐日逐笔记录某一类经济业务的序时账簿。目前，在实际工作中为了加强货币资金的管理，每个单位必须设置库存现金日记账和银行存款日记账。库存现金日记账和银行存款日记账必须采用订本账，并逐日结出余额。

2. 分类账簿

分类账簿是指对发生的全部经济业务按照会计科目进行分类并分别进行登记的账簿。分类账簿按其反映内容的详细程度不同，可分为总分类账簿和明细分类账簿。(1) 总分类账簿简称总账，是根据一级会计科目设置的，用以总括反映经济业务的账簿。总账对明细账具有统驭和控制作用。(2) 明细分类账簿简称明细账，是根据明细会计科目设置的，用以详细反映经济业务的账簿。明细账是对总账的补充和具体化。

3. 备查账簿

备查账簿也称辅助账簿，是指对在日记账和分类账中未记录或记录不全的经济业务进行补充登记的账簿。它不是根据会计凭证登记的账簿，同时它也没有固定的格式。在会计实务中主要包括各种租借设备、物资的辅助登记或有关应收、应付款项的备查簿，担保、抵押备查簿等。

（二）会计账簿的登记

依据《会计基础工作规范》(以下简称《规范》)第六十条规定，登记会计账簿的基本要求是：

1. 准确完整

"登记会计账簿时，应当将会计凭证日期、编号、业务内容摘要、金额和其他有关资料逐项记入账内，做到数字准确、摘要清楚、登记及时、字迹工整。"

拓展提高

每一项会计事项，一方面要记入有关的总账，另一方面要记入该总账所属的明细账。账簿记录中的日期，应该填写记账凭证上的日期；以自制的原始凭证，如收料单、领料单等作为记账依据的，账簿记录中的日期应按有关自制凭证上的日期填列。登记账簿要及时，但对各种账簿的登记间隔应该多长，《规范》未做统一规定。一般说来，这要看本单位所采用的具体会计核算形式而定。

2. 注明记账符号

"登记完毕后，要在记账凭证上签名或者盖章，并注明已经登账的符号，表示已经记账。"

【友情提醒】 在记账凭证上设有专门的栏目供注明记账的符号，以免发生重记或漏记。

3. 文字和数字必须整洁清晰，准确无误

在登记书写时，不要滥造简化字，不得使用同音异义字，不得写怪字体；摘要文字紧靠左线;数字要写在金额栏内,不得越格错位、参差不齐;文字、数字字体大小适中,紧靠下线书写,上面要留有适当空距,一般应占格宽的1/2,以备按规定的方法改错。记录金额时,如为没有角分的整数,应分别在角分栏内写上"0",不得省略不写,或以"—"号代替。阿拉伯数字一般可自左向右适当倾斜,以使账簿记录整齐、清晰。为防止字迹模糊,墨迹未干时不要翻动账页;夏天记账时,可在手臂下垫一块软质布或纸板等书写,以防汗浸。

4. 正常记账使用蓝黑墨水

"登记账簿要用蓝黑墨水或者碳素墨水书写,不得使用圆珠笔(银行的复写账簿除外)或者铅笔书写。"在会计的记账书写中,数字的颜色是重要的语素之一,它同数字和文字一起传达出会计信息。如同数字和文字错误会表达错误的信息,书写墨水的颜色用错了,其导致的概念混乱也不亚于数字和文字错误。

5. 特殊记账使用红墨水

在以下几种情况使用红色墨水记账是会计工作中的惯例:(1)按照红字冲账的记账凭证,冲销错误记录;(2)在不设借贷等栏的多栏式账页中,登记减少数;(3)在三栏式账户的余额栏前,如未印明余额方向的,在余额栏内登记负数余额;(4)根据国家统一会计制度的规定可以用红字登记的其他会计记录。

拓展提高

> 财政部会计司编辑的《会计制度补充规定及问题解答(第一辑)》,在解答"应交税费——应交增值税"明细账户的设置方法时,对使用红色墨水登记的情况做了一系列较为详尽的说明:在"进项税额"专栏中用红字登记退回所购货物应冲销的进项税额;在"已交税金"专栏中用红字登记退回多交的增值税额;在"销项税额"专栏中用红字登记退回销售货物应冲销的销项税额;在"出口退税"专栏中用红字登记出口货物办理退税后发生退货或者退关而补交已退的税款。

6. 顺序连续登记

各种账簿按页次顺序连续登记,不得跳行、隔页。如果发生跳行、隔页,更不得随便更换账页和撤出账页,作废的账页也要留在账簿中;如果发生跳行、隔页,应当将空行、空页划线注销,或者注明"此行空白"、"此页空白"字样,并由记账人员签名或者盖章。这对堵塞在账簿登记中可能出现的漏洞,是十分必要的防范措施。

7. 结出余额

凡需要结出余额的账户,结出余额后,应当在借或贷等栏内写明借或者贷等字样。没有余额的账户,应当在借或贷等栏内写平字,并在余额栏内用"0"表示。现金日记账和银行存款日记账必须逐日结出余额。一般说来,对于没有余额的账户,在余额栏内标注的"0"应当放在元位。

【友情提醒】 "凡需要结出余额的账户,……"也表明并不是所有的账簿都需要结出余额。

8. 过次承前

每一账页登记完毕结转下页时,应当结出本页合计数及余额,写在本页最后一行和下页第一行有关栏目内,并在摘要栏内注明"过次页"和"承前页"字样;也可以将本页合计数及金额只写在下页第一行有关栏内,并在摘要栏内注明"承前页"字样。

9. 登记发生错误时,必须按规定方法更正

严禁刮、擦、挖、补,或使用化学药物清除字迹。发现差错必须根据差错的具体情况采用划线更下、红字更正、补充登记等方法更正。

10. 定期打印

实行会计电算化的单位,总账和明细账应当定期打印;发生收款和付款业务的,在输入收款凭证和付款凭证的当天必须打印出现金日记账和银行存款日记账,并与库存现金核对无误。

图1-3-3　会计账簿打印时间示意图

(三) 对账

对账,是指核对账目。为了保证账簿记录的真实、正确、可靠,对账簿和账户所记录的有关数据加以检查和核对就是对账工作。应坚持对账制度,通过对账工作,检查账簿记录内容是否完整,有无错记或漏记,总分类账与明细分类账数字是否相等,以做到账证相符、账账相符、账实相符、账表相符,对账工作每年至少进行一次。

【友情提醒】

1. 总分类账记录与科目汇总表核对属于账证核对;
2. 银行存款日记账与银行对账单核对属于账实核对;
3. 本单位的债权债务与对方单位的债务债权账簿核对属于账实核对。

(四) 结账

结账是为了总结某一个会计期间内的经济活动的财务收支状况,据以编制财务会计报表,而对各种账簿的本期发生额和期末余额进行的计算总结。直观地说,就是结算各种账簿记录,它是在将一定时期内所发生的经济业务全部登记入账的基础上,将各种账簿的记录结算出本期发生额和期末余额的过程。

【友情提醒】

1. 各单位应当按照规定定期结账,不得提前或者延迟;
2. 年度结账日为公历年度的每年12月31日;
3. 半年度、季度和月度结账日分别为公历年度每半年、每季、每月的最后一天。

【例1-3-8·多选题】　关于会计账簿,下列表述正确的有(　　)。

A. 会计账簿登记,必须以经过审核的会计凭证为依据

B. 账目核对的主要内容包括账账核对、账实核对、账证核对、账表核对

C. 会计账簿记录发生错误或者隔页、缺号、跳行的,应当按照国家统一的会计制度

规定的方法更正,并由会计人员和单位负责人在更正处盖章

D. 各单位应当定期将会计账簿与实物、款项实有数相互核对,以保证账实相符

【答案】 AB

【解析】 选项C,会计账簿记录发生错误或者隔页、缺号、跳行的,应当按照国家统一的会计制度规定的方法更正,并由会计人员和"会计机构负责人(会计主管人员)"在更正处盖章。选项D,各单位应当定期将会计账簿"的记录"与实物、款项及有关资料相互核对。

【例1-3-9·多选题】 下列关于会计账簿的说法中错误的有( )。

A. 会计账簿登记必须以会计凭证为依据
B. 各单位应当依法设置的会计账簿包括总账、明细账和日记账
C. 账目核对包括账证核对、账账核对、账实核对、账表核对
D. 各单位应当定期将会计账簿与实物、款项实有数相互核对,以保证账实相符

【答案】 ABD

【解析】 选项A,会计账簿登记必须以经过审核的会计凭证为依据;选项B,各单位应当依法设置的会计账簿包括总账、明细账、日记账和其他辅助账簿;选项D,各单位应当定期将会计账簿的记录与实物、款项实有数相互核对,以保证账实相符。

四、财务会计报告

财务会计报告是对企业财务状况、经营成果和现金流量的结构性表述。财务会计报告至少应当包括资产负债表、利润表、现金流量表、所有者权益(或股东权益)变动表及附注。

财务会计报告由单位负责人、主管会计工作的负责人和会计机构负责人(会计主管人员)签名并盖章。设置总会计师的企业,还应由总会计师签名并盖章。单位负责人应当保证财务会计报告真实、完整。财务会计报告需经注册会计师审计的,注册会计师及其所在的会计师事务所出具的审计报告应随同财务会计报告一并提供。

【友情提醒】 财务会计报告上要求是"签名并盖章",即签名的同时要盖章,不能只有签名或者只有盖章。

【例1-3-10·多选题】 下列各项中,属于财务报表组成部分的有( )。

A. 资产负债表 B. 现金流量表 C. 附注 D. 审计报告

【答案】 ABC

【解析】 企业财务报表包括四表一注,而凭证、账簿、计划、审计报告都不属于财务报表组成部分。

【例1-3-11·单选题】 根据《会计法》的规定,下列有关在财务会计报告上签章的做法中,符合规定的是( )。

A. 签名 B. 盖章 C. 签名或盖章 D. 签名并盖章

【答案】 D

【解析】 对外提供的财务会计报告,应由单位负责人和主管会计工作的负责人、会计机构负责人(会计主管人员)签名并盖章;设置总会计师的单位,还须由总会计师签名并盖章。

【例1-3-12·多选题】 根据《中华人民共和国会计法》的规定,下列人员中,应当在单位财务会计报告上签名并盖章的有( )。

A. 单位负责人　　　　　　　　B. 总会计师
C. 会计机构负责人　　　　　　D. 出纳人员

【答案】 ABC

【解析】 对外提供的财务会计报告,应由单位负责人和主管会计工作的负责人、会计机构负责人(会计主管人员)签名并盖章;设置总会计师的单位,还须由总会计师签名并盖章。

拓展提高

> 对于委托记账单位的财务会计报告应当由单位负责人、代理记账机构负责人签名并盖章后报出。

五、会计档案管理

会计档案是指单位在进行会计核算等过程中接收或形成的,记录和反映单位经济业务事项的,具有保存价值的文字、图表等各种形式的会计资料,包括通过计算机等电子设备形成、传输和存储的会计档案。

各单位对会计凭证、会计账簿、财务会计报告和其他会计核算专业资料应当建立档案,妥善保管。

(一) 会计档案的内容

会计凭证类:原始凭证、记账凭证、汇总凭证、其他会计凭证。
会计账簿类:总账、明细账、日记账、固定资产卡片、辅助账簿、其他会计账簿。
财务报告类:月度、季度、半年度、年度会计报表及相关文字分析材料等。
其他类:银行存款余额调节表、银行对账单、其他应当保存的会计核算专业资料、会计档案移交清册、会计档案保管清册和会计档案销毁清册。

【友情提醒】 各单位的财务预算、计划、制度等文件材料属于文书档案,不属于会计档案。

【例1-3-13·多选题】 下列各项中,属于会计档案的有(　　)。
A. 购货发票　　　　　　　　B. 应收账款明细账
C. 资产负债表　　　　　　　D. 银行存款余额调节表

【答案】 ABCD

【解析】 本题考核会计档案的范围和种类。根据《会计档案管理办法》的规定,会计档案包括会计凭证类、会计账簿类、财务报告类及其他类。购货发票属于原始凭证,应收账款明细账属于会计账簿,资产负债表属于会计报表,而银行存款余额调节表属于其他类会计档案。

【例1-3-14·多选题】 下列各项中,不属于会计档案的有(　　)。
A. 会计档案移交清册　　　　B. 银行对账单
C. 工商营业执照　　　　　　D. 年度工作计划

【答案】 CD

【解析】 工商营业执照属于营业执照,年度工作计划属于文书档案,二者均不属于会计档案。

(二)会计档案管理部门

县级以上各级人民政府财政部门和档案行政管理部门管理本行政区域内的会计档案工作。

(三)会计档案的归档

单位的会计机构或会计人员所属机构(以下统称单位会计管理机构),负责会计资料整理、归档、立卷,编制会计档案保管清册。

采用电子计算机进行会计核算的单位,应当保存打印出的纸质会计档案。

(四)会计档案的移交

1. 单位内部会计档案移交

当年形成的会计档案,在会计年度终了后,可由单位会计管理机构临时保管一年,再移交单位档案管理机构保管。因工作需要确需推迟移交的,应当经单位档案管理机构同意。单位会计管理机构临时保管会计档案最长不超过三年。出纳人员不得监管会计档案。

单位会计管理机构在办理会计档案移交时,应当编制会计档案移交清册,并按照国家档案管理的有关规定办理移交手续。纸质会计档案移交时,应当保持原卷的封装。电子会计档案移交时应当将电子会计档案及其元数据一并移交,特殊格式的电子会计档案应当与其读取平台一并移交。

2. 单位之间会计档案移交

单位之间交接会计档案时,交接双方应当办理会计档案交接手续。交接双方应当按照会计档案移交清册所列内容逐项交接,并由交接双方的单位有关负责人负责监督。交接完毕后,交接双方经办人和监督人应当在会计档案移交清册上签名或盖章。

电子会计档案应当与其元数据一并移交,特殊格式的电子会计档案应该与其读取平台一并移交。

(五)会计档案的查阅、复制和借出

单位应当严格按照相关制度利用会计档案,在进行会计档案查阅、复制、借出时履行登记手续,严禁篡改和损坏。

单位保存的会计档案一般不得对外借出。确因工作需要且根据国家有关规定必须借出的,经本单位负责人批准,可以提供查阅或者复制,并办理登记手续。查阅或者复制会计档案的人员,严禁在会计档案上涂画、拆封和抽换。

【友情提醒】 原始凭证不得外借,其他单位如因特殊原因需要使用原始凭证时,经本单位会计机构负责人(会计主管人员)批准,可以复制。

(六)会计档案的保管期限

会计档案的保管期限分为永久和定期两类。定期保管期限一般分为10年和30年。会计档案的保管期限,从会计年度终了后的第一天算起。

如,某单位2016年8月5日取得一张增值税专用发票,从2016年8月5日至2016年12月31日,该发票属于会计资料(会计凭证类);2017年1月1日起,该发票属于会计档案(会计凭证类)。

表1-3-2　　　　　　　　企业和其他组织的会计档案保管期限表

序号	档案名称	保管期限	备注
一	会计凭证		
1	原始凭证	30年	
2	记账凭证	30年	
二	会计账簿		
1	总账	30年	
2	明细账	30年	
3	日记账	30年	
4	固定资产卡片		固定资产报废清理后5年
5	其他辅助性账簿	30年	
三	财务会计报告		
1	月度、季度、半年度财务会计报告	10年	
2	年度财务会计报告	永久	
四	其他会计资料		
1	银行存款余额调节表	10年	
2	银行对账单	10年	
3	会计档案移交清册	30年	
4	会计档案保管清册	永久	
5	会计档案销毁清册	永久	

（七）会计档案的销毁

单位应当定期对已到保管期限的会计档案进行鉴定。经鉴定,仍需继续保存的会计档案,应当重新规划保管期限;对保管期满、确无保存价值的会计档案,可以销毁。保管期满但未结清的债权债务会计凭证和涉及其他未了事项的会计凭证不得销毁。

1. 编制销毁清册

档案机构和会计机构提出销毁意见,共同进行审查和鉴定,并在此基础上编制会计档案销毁清册,单位负责人对所要销毁的会计档案进行复核后在会计档案销毁清册上签署意见。

2. 专人负责监销

会计档案的销毁应当由专人负责监销。一般单位由档案机构和会计机构共同派员监销;国家机关由档案机构、会计机构、同级政府财政部门、同级政府审计部门共同派员监销;财政部门由档案机构、会计机构、同级政府审计部门共同派员监销。

3. 销毁后

监销人应当在会计档案销毁清册上签章,并将监销情况向本单位负责人报告。

【友情提醒】　不得销毁的会计档案:①保管期满但尚未结清债权债务的原始凭证;②涉及其他未了事项的原始凭证;③保管期满但正在项目建设期间的会计档案。

【例1-3-15·单选题】 各单位保存的会计档案不得借出,如有特殊需要经( )批准,可以提供查阅或者复制。

A. 会计机构负责人　　　　　B. 总会计师
C. 档案部门负责人　　　　　D. 单位负责人

【答案】 D

【解析】 会计档案需经本单位负责人批准可以复制。

【例1-3-16·单选题】 原始凭证不得外借,其他单位如因特殊原因需要使用原始凭证时,经( )批准可以复制。

A. 会计机构负责人　　　　　B. 总会计师
C. 档案部门负责人　　　　　D. 单位负责人

【答案】 A

【解析】 原始凭证不得外借,其他单位如因特殊原因需要使用原始凭证时,经会计机构负责人(会计主管人员)批准可以复制。

【例1-3-17·多选题】 某企业拟销毁一批保管期满的会计档案,其中包括两张未结清的债权债务原始凭证,主管会计工作的副厂长在会计档案销毁清册上签署销毁意见后,由该企业的档案管理部门负责对该批会计档案进行销毁,销毁后遂向单位负责人报告。请问下列各项中,属于该企业在档案销毁过程中错误做法的有( )。

A. 销毁了会计档案中未结清的债权债务原始凭证
B. 销毁会计档案由副厂长在销毁清册上签署意见
C. 会计档案的销毁由档案管理部门负责
D. 会计档案销毁后向单位负责人报告

【答案】 ABC

【解析】 根据《会计档案管理办法》的规定,未结清的债权债务原始凭证不得销毁,应抽出单独装订,待未了事项结清后才能销毁。销毁会计档案应当由单位负责人签署意见,副厂长不是单位负责人,因此无权签署意见。对于一般企业、事业单位和组织,销毁会计档案时,应当由单位档案机构和会计机构双方共同派员监销,而不是仅仅由档案管理机构一方进行销毁;销毁后,应当在会计档案销毁清册上签名盖章,并及时将监销情况向本单位负责人报告。

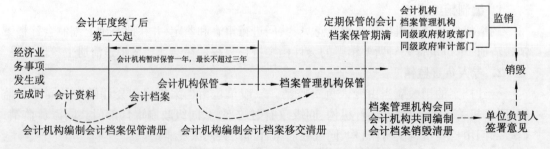

图1-3-4　会计档案保管与销毁流程示意图

【小结】 本任务要求掌握会计核算的基本要求,从总体要求、对会计凭证、会计账簿、财务会计报告和会计档案等具体会计核算程序方面提出要求。

表1-3-3　　　　　　　　　　　会计核算的具体规定汇总表

项目		具 体 规 定
总体要求	核算依据	各单位必须根据实际发生的经济业务事项进行会计核算,填制会计凭证,登记会计账簿,编制财务会计报告
	基本要求	(1) 会计资料的生成和提供必须符合国家统一的会计准则制度的规定; (2) 提供虚假的会计资料是违法行为。各单位必须保证会计资料的真实性和完整性,不得伪造、变造会计资料,不得提供虚假的财务会计报告
会计凭证		会计凭证是记录经济业务发生或者完成情况的书面证明,是登记账簿的依据。每个企业都必须按一定的程序填制和审核会计凭证,根据审核无误的会计凭证进行账簿登记,如实反映企业的经济业务
会计账簿		会计账簿是指由一定格式的账页组成的,以经过审核的会计凭证为依据,全面、系统、连续地记录各项经济业务的簿籍
财务会计报告	内容	财务会计报告是对企业财务状况、经营成果和现金流量的结构性表述。财务会计报告至少应当包括资产负债表、利润表、现金流量表、所有者权益(或股东权益)变动表及附注
	签章要求	财务会计报告由单位负责人、主管会计工作的负责人和会计机构负责人(会计主管人员)签名并盖章。设置总会计师的企业,还应由总会计师签名并盖章
	报送要求	单位负责人应当保证财务会计报告真实、完整。财务会计报告需经注册会计师审计的,注册会计师及其所在的会计师事务所出具的审计报告应随同财务会计报告一并提供
会计档案	会计档案的内容	会计档案是指单位在进行会计核算等过程中接收或形成的,记录和反映单位经济业务事项,具有保存价值的文字、图表等各种形式的会计资料,包括通过计算机等电子设备形成、传输和存储的会计档案
	管理部门	县级以上各级人民政府财政部门和档案行政管理部门管理本行政区域内的会计档案工作
	归档	单位的会计机构或会计人员所属机构(以下统称单位会计管理机构),负责会计资料整理、归档、立卷,编制会计档案保管清册
	移交	当年形成的会计档案,在会计年度终了后,可由单位会计管理机构临时保管一年,再移交单位档案管理机构保管。单位会计管理机构临时保管会计档案最长不超过三年。出纳人员不得监管会计档案
	查阅、复制和借出	单位应当严格按照相关制度利用会计档案,在进行会计档案查阅、复制、借出时履行登记手续,严禁篡改和损坏。单位保存的会计档案一般不得对外借出
	保管期限	保管期限分为永久和定期两类。定期保管期限一般分为10年和30年。会计档案的保管期限,从会计年度终了后的第一天算起
	销毁	对保管期满,确无保存价值的会计档案,可以销毁。保管期满但未结清的债权债务会计凭证和涉其他未了事项的会计凭证不得销毁

一、单选题

1. 《会计法》规定,各单位必须根据实际发生的经济业务事项进行会计核算,填制会计凭证,登记会计账簿,编制财务会计报告。此项规定主要是保证会计资料的(   )。
   A. 真实性　　　B. 合法性　　　C. 准确性　　　D. 完整性

2. 下列关于会计档案管理的要求的说法中,正确的是(   )。
   A. 会计档案工作的指导、监督和检查由各级人民政府财政部门负责
   B. 当年形成的会计档案,在会计年度终了后必须立即移交本单位档案机构统一保管
   C. 采用电子计算机进行会计核算的单位,可以不打印出纸质会计档案,统一在计算机硬盘内存储即可
   D. 出纳人员不可以兼管会计档案

二、多选题

1. 关于会计核算的总体要求,下列表述不正确的有(   )。
   A. 会计核算必须以实际发生的经济业务事项为依据
   B. 所有实际发生的经济业务事项都需要进行会计记录和会计核算
   C. 经济事项又称经济交易,是指单位与其他单位和个人之间发生的各种经济利益交换
   D. 产品销售,属于经济业务事项中的经济事项

2. 下列各项中,属于变造会计凭证行为的有(   )。
   A. 某公司为一客户虚开假发票一张,并按票面金额的10%收取好处费
   B. 某业务员将购货发票上的金额50万元,用"消字灵"修改为80万元报账
   C. 某企业出纳将一张报销凭证上的金额7 000元涂改为9 000元
   D. 购货部门转来一张购货发票,原金额计算有误,出票单位已作更正并加盖出票单位公章

3. 某单位会计人员夏某在填制记账凭证过程中发生了以下事项,错误的有(   )。
   A. 根据若干张原始凭证进行汇总填制记账凭证
   B. 一张更正错误的记账凭证未附原始凭证
   C. 由于一张购货发票涉及了另一单位,发票原件被对方保存,故根据发票复印件填制记账凭证
   D. 填制记账凭证时,因出现文字错误,遂用划线更正法进行了更正

4. 关于会计账簿,下列表述正确的有(   )。
   A. 会计账簿登记,必须以经过审核的会计凭证为依据
   B. 账目核对的主要内容包括账账核对、账实核对、账证核对、账表核对
   C. 会计账簿记录发生错误或者隔页、缺号、跳行的,应当按照国家统一的会计制度规定的方法更正,并由会计人员和单位负责人在更正处盖章
   D. 各单位应当定期将会计账簿与实物、款项实有数相互核对,以保证账实相符

5. 根据《企业会计准则》中关于财务报表的编制规定,下列说法错误的有(   )。

A. 企业对外提供的财务报表应包括报表、附注及财务情况说明书
B. 企业必须编制年度、半年度、季度和月度财务报表
C. 企业可以根据需要提前或者推迟结账
D. 企业在编制年度财务报表前,应当按照规定,全面结清资产、核实债务

6. 下列情况下,不得销毁会计档案的有(　　)。
A. 保管期未满的会计档案
B. 正在项目建设期间的建设单位,其保管期已满的会计档案
C. 未结清的债权债务的原始凭证
D. 涉及未了事项的原始凭证

三、判断题

1. 各单位对外报送的财务报表,应当经过单位负责人、总会计师、会计机构负责人、会计主管人员和经办会计人员签名并盖章。(　　)
2. 国家机关销毁会计档案时应当有上级财政部门和审计部门派人监销。(　　)

任务四　会计监督

任务介绍

了解我国三位一体的会计监督体系具体构成,掌握单位内部会计监督、政府监督和社会监督的内容和实施方法,分别掌握各监督体制在整个监督体系中的地位和作用。

任务实施

我国已形成了三位一体的会计监督体系,包括单位内部会计监督、以政府财政部门为主体的政府监督和以注册会计师为主体的社会监督。

【例1-4-1·多选题】　下列各项中,属于会计监督体系组成部分的有(　　)。
A. 社会舆论监督
B. 单位内部会计监督
C. 以注册会计师为主体的会计工作社会监督
D. 以政府财政部门为主体的会计工作政府监督

【答案】　BCD
【解析】　我国实行的是单位内部会计监督、社会监督和政府监督"三位一体"的会计监督体系。

一、单位内部会计监督

(一)单位内部会计监督的概念

单位内部会计监督是指会计机构、会计人员依照法律的规定,通过会计手段对经济活动

的合法性、合理性和有效性进行的一种监督。各单位应当建立、健全本单位内部会计监督制度。

【友情提醒】 单位内部会计监督的主体是本单位会计机构、会计人员,对象是本单位的经济活动,目的是保证本单位经济活动的合法、合理、有效。

【例1-4-2·判断题】 根据《会计法》的规定,单位内部会计监督的对象是会计机构、会计人员。( )

【答案】 ×

【解析】 单位内部监督的对象是单位的经济活动,而会计机构、会计人员是单位内部监督的主体。

会计机构和会计人员在单位内部会计监督中的职责主要有:

(1)依法开展会计核算和监督 会计机构、会计人员对违反《会计法》和国家统一的会计制度规定的会计事项,有权拒绝办理或者按照职权予以纠正。

(2)对单位内部的会计资料和财产物资实施监督 会计机构、会计人员发现会计账簿记录与实物、款项及有关资料不相符的,按照国家统一的会计准则制度的规定有权自行处理的,应当及时处理;无权自行处理的,应当立即向单位负责人报告,请求查明原因,作出处理。

【例1-4-3·判断题】 会计机构和会计人员发现会计账簿记录与实物、款项及有关资料不相符的,应当立即向本单位负责人报告,请求查明原因,作出处理。( )

【答案】 ×

【解析】 发现会计账簿记录与实物、款项及有关资料不相符的,按照国家统一的会计制度的规定有权自行处理的,应当及时处理;无权处理的,应当立即向单位负责人报告,请求查明原因,作出处理。

(二)单位内部会计监督制度的要求

(1)记账人员与经济业务事项和会计事项的审批人员、经办人员、财务保管人员的职责权限应当明确,并相互分离、相互制约。

(2)重大对外投资、资产处置、资金调度和其他重要经济业务事项的决策和执行的相互监督、相互制约程序应当明确。

(3)财产清查的范围、期限和组织程序应当明确。

(4)对会计资料定期进行内部审计的办法和程序应当明确。

【例1-4-4·多选题】 下列有关单位内部会计监督制度基本要求的表述中,符合规定的有( )。

A. 记账人员与经济业务的审批人员、经办人员、财物保管人员的职责权限应当明确,并相互分离、相互制约

B. 重大对外投资、资产处置、资金调度和其他重要经济业务,应当明确其决策和执行程序,并体现相互监督、相互制约的要求

C. 财产清查的范围、期限和组织程序应当明确

D. 对会计资料定期进行内部审计是单位会计部门的职责所在

【答案】 ABC

【解析】 对会计资料定期进行内部审计是内部审计人员的职责所在。

(三) 内部控制

1. 内部控制的概念与目标

表1-4-1　　　　　　　　企业、事业单位内部控制概念及目标对比表

对比内容	企业	行政事业单位
概念	内部控制是指由企业董事会、监事会、经理层和全体员工实施的、旨在实现控制目标的过程	内部控制是指单位为实现控制目标,通过制定制度、实施措施和执行程序,对经济活动的风险进行防范和管控
目标	合理保证企业经营管理合法合规、资产安全、财务报告及相关信息真实完整,提高经营效率和效果,促进企业实现发展战略	合理保证单位经济活动合法合规、资产安全和使用有效、财务信息真实完整,有效防范舞弊和预防腐败,提高公共服务的效率和效果

2. 内部控制的原则

企业、行政事业单位建立与实施内部控制,均应遵循全面性原则、重要性原则、制衡性原则和适应性原则。此外,企业还应遵循成本效益原则。

(1) 全面性原则。内部控制应当贯穿决策、执行和监督的全过程,覆盖企业及其所属单位的各种业务和事项,实现全过程、全员性控制,不存在内部控制空白点。

(2) 重要性原则。内部控制应当在兼顾全面的基础上,关注重要业务事项和高风险领域,并采取更为严格的控制措施,确保不存在重大缺陷。

(3) 制衡性原则。内部控制应当在治理结构、机构设置及权责分配、业务流程等方面形成相互制约、相互监督的机制,同时兼顾运营效率。制衡性原则要求企业完成某项工作必须经过互不隶属的两个或两个以上的岗位和环节;同时,还要求履行内部控制监督职责的机构或人员具有良好的独立性。

(4) 适应性原则。内部控制应当与企业经营规模、业务范围、竞争状况和风险水平等相适应,并随着情况的变化加以调整。

(5) 成本效益原则。内部控制应当权衡实施成本与预期效益,以适当的成本实现有效控制。

【例1-4-5·多选题】 下列关于内部控制的说法中正确的有( )。

A. 对企业而言,内部控制是指由企业董事会、监事会、经理层和全体员工实施的、旨在实现控制目标的过程
B. 对企业而言内部控制包括五大目标
C. 对企业和事业单位而言,内部控制均需遵循成本效益原则
D. 对企业和事业单位而言,内部控制的方法均包括不相容职务或岗位的分离控制

【答案】 ABD

【解析】 企业需遵循成本效益原则;事业单位不需遵循成本效益原则。

3. 内部控制的责任人

表1-4-2　　　　　　　　　　　内部控制责任人责任对比表

单位性质	责任人	责　任
企业	董事会	负责内部控制的建立健全和有效实施
企业	监事会	对董事会建立与实施内部控制进行监督
企业	经理层	负责组织领导企业内部控制的日常运行
行政事业单位	单位负责人	对本单位内部控制的建立健全和有效实施负责

4. 内部控制的内容

（1）企业内部控制的内容。企业建立与实施有效的内部控制，应当包括内部环境、风险评估、控制活动、信息与沟通、内部监督等要素。

内部环境是企业实施内部控制的基础，一般包括治理结构、机构设置及权责分配、内部审计、人力资源政策、企业文化等；风险评估是企业及时识别、系统分析经营活动中与实现内部控制目标相关的风险，合理确定风险应对策略；控制活动是企业根据风险评估结果，采用相应的控制措施，将风险控制在可承受度之内；信息与沟通是企业及时、准确地收集、传递与内部控制相关的信息，确保信息在企业内部、企业与外部之间进行有效沟通；内部监督是企业对内部控制建立与实施情况进行监督检查，评价内部控制的有效性，发现内部控制缺陷，应当及时加以改进。

（2）行政事业单位内部控制的内容。行政事业单位建立与实施内部控制的具体工作包括：梳理单位各类经济活动的业务流程，明确业务环节，系统分析经济活动风险，确定风险点，选择风险应对策略，在此基础上根据国家有关规定建立健全单位各项内部管理制度并督促相关工作人员认真执行。

5. 企业内部控制的控制措施和方法

（1）企业内部控制措施一般包括不相容职务分离控制、授权审批控制、会计系统控制、财产保护控制、预算控制、运营分析控制和绩效考评控制等。

延伸阅读

《企业内部控制基本规范》规定的企业内部控制措施：

第二十九条　不相容职务分离控制要求企业全面系统地分析、梳理业务流程中所涉及的不相容职务，实施相应的分离措施，形成各司其职、各负其责、相互制约的工作机制。

第三十条　授权审批控制要求企业根据常规授权和特别授权的规定，明确各岗位办理业务和事项的权限范围、审批程序和相应责任。

企业应当编制常规授权的权限指引，规范特别授权的范围、权限、程序和责任，严格控制特别授权。常规授权是指企业在日常经营管理活动中按照既定的职责和程序进行的授权。特别授权是指企业在特殊情况、特定条件下进行的授权。

企业各级管理人员应当在授权范围内行使职权和承担责任。

企业对于重大的业务和事项,应当实行集体决策审批或者联签制度,任何个人不得单独进行决策或者擅自改变集体决策。

第三十一条　会计系统控制要求企业严格执行国家统一的会计准则制度,加强会计基础工作,明确会计凭证、会计账簿和财务会计报告的处理程序,保证会计资料真实完整。

企业应当依法设置会计机构,配备会计从业人员。从事会计工作的人员,必须取得会计从业资格证书。会计机构负责人应当具备会计师以上专业技术职务资格。

大中型企业应当设置总会计师。设置总会计师的企业,不得设置与其职权重叠的副职。

第三十二条　财产保护控制要求企业建立财产日常管理制度和定期清查制度,采取财产记录、实物保管、定期盘点、账实核对等措施,确保财产安全。

企业应当严格限制未经授权的人员接触和处置财产。

第三十三条　预算控制要求企业实施全面预算管理制度,明确各责任单位在预算管理中的职责权限,规范预算的编制、审定、下达和执行程序,强化预算约束。

第三十四条　运营分析控制要求企业建立运营情况分析制度,经理层应当综合运用生产、购销、投资、筹资、财务等方面的信息,通过因素分析、对比分析、趋势分析等方法,定期开展运营情况分析,发现存在的问题,及时查明原因并加以改进。

第三十五条　绩效考评控制要求企业建立和实施绩效考评制度,科学设置考核指标体系,对企业内部各责任单位和全体员工的业绩进行定期考核和客观评价,将考评结果作为确定员工薪酬以及职务晋升、评优、降级、调岗、辞退等的依据。

【例1-4-6·判断题】　某企业为加强内部管理,提高工作效率,决定由总账会计小张兼任财物保管工作。(　　)

【答案】　×

【解析】　本题考核单位内部会计监督。这一决定违反了"不相容职务相互分离"的规定。根据规定,"不相容职务",是指不能同时由一人兼任的职务。财产保管和记账属于不相容职务岗位,因此不能由一人监管。

【牛刀小试·单选题】　下列不属于不相容职务的有(　　)。

A. 出纳与记账　　　　　　　　B. 出纳与现金保管
C. 财务保管与记账　　　　　　D. 业务经办与财务保管

【答案】　B

【解析】　出纳负责现金收付和保管,负责登记库存现金日记账、银行存款日记账,但不得担任稽核、记账和会计档案管理。

(2) 行政事业单位内部控制的控制方法一般包括不相容岗位相互分离、内部授权审批控制、归口管理、预算控制、财产保护控制、会计控制、单据控制、信息内部公开等。

延伸阅读

根据《行政事业单位内部控制规范(试行)》第十二条规定,行政事业单位内部控制的控制方法一般包括:

(一) 不相容岗位相互分离。合理设置内部控制关键岗位,明确划分职责权限,实施相应的分离措施,形成相互制约、相互监督的工作机制。

(二)内部授权审批控制。明确各岗位办理业务和事项的权限范围、审批程序和相关责任,建立重大事项集体决策和会签制度。相关工作人员应当在授权范围内行使职权、办理业务。

(三)归口管理。根据本单位实际情况,按照权责对等的原则,采取成立联合工作小组并确定牵头部门或牵头人员等方式,对有关经济活动实行统一管理。

(四)预算控制。强化对经济活动的预算约束,使预算管理贯穿于单位经济活动的全过程。

(五)财产保护控制。建立资产日常管理制度和定期清查机制,采取资产记录、实物保管、定期盘点、账实核对等措施,确保资产安全完整。

(六)会计控制。建立健全本单位财会管理制度,加强会计机构建设,提高会计人员业务水平,强化会计人员岗位责任制,规范会计基础工作,加强会计档案管理,明确会计凭证、会计账簿和财务会计报告处理程序。

(七)单据控制。要求单位根据国家有关规定和单位的经济活动业务流程,在内部管理制度中明确界定各项经济活动所涉及的表单和票据,要求相关工作人员按照规定填制、审核、归档、保管单据。

(八)信息内部公开。建立健全经济活动相关信息内部公开制度,根据国家有关规定和单位的实际情况,确定信息内部公开的内容、范围、方式和程序。

(四)内部审计

1. 内部审计的概念

内部审计是指单位内部的一种独立客观的监督和评价活动,它通过单位内部独立的审计机构和审计人员审查和评价本部门、本单位财务收支和其他经营活动以及内部控制的适当性、合法性和有效性来促进单位目标的实现。

2. 内部审计的内容及特点

内部审计的内容是一个不断发展变化的范畴,主要包括财务审计、经营审计、经济责任审计、管理审计和风险管理等。

内部审计的内容更侧重于经营过程是否有效、各项制度是否得到遵守与执行。内部审计结果的客观性和公正性较低,并且以建议性意见为主。

3. 内部审计的作用

内部审计在单位内部会计监督中具有预防保护、服务促进以及评价鉴证等作用。

(1)预防保护作用。内部审计机构通过对会计部门工作的在监督,有助于强化单位内部管理控制制度,及时发现问题纠正错误,堵塞管理漏洞,减少损失,保护资产的安全与完整,提高会计资料的真实性、可靠性。

(2)服务促进作用。内部审计机构作为企业内部的一个职能部门,熟悉企业的生产经营活动等情况,工作便利,因此,通过内部审计,可在企业改善管理、挖掘潜力、降低生产成本、提高经济效益等方面起到积极的促进作用。

(3)评价鉴证作用。内部审计是基于受托经济责任的需要而产生和发展起来的,是经营管理分权制的产物。随着企业单位规模的扩大,管理层次增多,对各单位经营业绩的考核与评价是现代管理不可缺少的组成部分。通过内部审计,可以对各部门活动作出客观、公正的审计结论和意见,起到评价和鉴证的作用。

【例1-4-7·多选题】 下列关于内部审计的说法中错误的有( )。

A. 内部审计的内容就是指内部财务审计
B. 审计的内容更侧重于经营过程是否有效、各项制度是否得到遵守与执行
C. 内部审计人员不具有独立性,因此审计结果的客观性和公正性较低
D. 内部审计具有评价鉴证作用

【答案】 AC

【解析】 选项A,内部审计包括内部财务审计,还包括经营效率、效果等;选项C,内部审计并不是不具有独立性,而是独立性相对较弱。

二、会计工作的政府监督

(一)会计工作政府监督的概念

会计工作的政府监督主要是指财政部门代表国家对单位和单位中相关人员的会计行为实施的监督检查,以及对发现的违法会计行为实施的行政处罚。

财政部门是会计工作政府监督的实施主体。除财政部门外,审计、税务、人民银行、银行监管、证券监管、保险监管等部门依照有关法律、行政法规规定的职责和权限,可以对有关单位的会计资料实施监督检查。

表1-4-3　　　　　　　　　　会计工作政府监督主体和对象

会计工作政府监督的主体	会计工作政府监督的对象
县级以上人民政府财政部门	各单位会计工作和相关人员的会计行为
审计、税务、人民银行、银行监管、证券监管、保险监管等部门	有关单位的会计资料

【例1-4-8·多选题】 下列各项中,属于会计工作的政府监督范畴的有( )。

A. 财政部门对各单位会计工作的监督
B. 中国银行对有关金融单位相关会计账簿的监督
C. 证券监管部门对证券公司有关会计资料实施检查
D. 工商机关对纳税人记账凭证的检查

【答案】 AC

【解析】 审计、税务、人民银行、证券监管、保险监管等部门依照有关法律、行政法规规定的职责和权限,可以对有关单位的会计资料实施监督检查。选项BD不属于其中的监管部门。

(二)财政部门会计监督的主要内容

财政部门实施会计监督检查的内容主要包括对单位依法设置会计账簿的检查、对单位会计资料真实性及完整性的检查、对单位会计核算情况的检查、对单位会计人员从业资格和任职资格的检查、对会计师事务所出具的审计报告的程序和内容的检查。

【友情提醒】

1. 对单位依法设置会计账簿的检查:(1)应当设置会计账簿的单位是否设置账簿;

(2)设置会计账簿的情况是否符合法律规定;(3)各单位是否存在账外设账的违法行为。

2. 对单位会计人员从业资格和任职资格的监督检查:(1)从事会计工作的人员是否持有会计从业资格证书;(2)会计机构负责人(会计主管人员)是否具备法律、行政法规和国家统一的会计制度规定的任职资格等。

【例1-4-9·单选题】 下列各项中,有权对各单位会计工作行使监督权,并依法对违法会计行为实施行政处罚的为( )。

　　A. 县级以上财政部门　　　　　B. 县级以上税务部门
　　C. 县级以上审计部门　　　　　D. 县级以上人民银行

【答案】 A

【解析】 根据我国相关会计法律制度的规定,县级以上人民政府财政部门是本行政区域内各单位会计工作的监督检查部门,对各单位会计工作行使监督权,并依法对违法会计行为实施行政处罚。而审计、税务、人民银行等部门虽然也可以对有关单位的会计资料实施监督检查,但监督检查的范围和权限不能超越相关法律的规定。

【牛刀小试·多选题】 根据《中华人民共和国会计法》的规定,下列各项中,属于财政部门实施会计监督检查的内容有( )。

　　A. 是否依法设置会计账簿
　　B. 是否按时进行纳税申报
　　C. 是否按时足额缴纳税款
　　D. 是否按照实际发生的经济业务进行会计核算

【答案】 AD

【解析】 选项BC是税务部门监督检查的内容。

三、会计工作的社会监督

(一)会计工作社会监督的概念

会计工作的社会监督主要是指由注册会计师及其所在的会计师事务所依法对委托单位的经济活动进行审计、鉴证的一种外部监督。此外,单位和个人检举违反《会计法》和国家统一的会计准则制度规定的行为,也属于会计工作社会监督的范畴。

【友情提醒】 对"会计工作社会监督"内测的理解:监督主体是"注册会计师及其所在的会计师事务所"、"任何单位和个人";监督对象是"委托单位的经济活动";监督目的是"审计、鉴证";监督性质是"外部监督"。

【例1-4-10·多选题】 下列说法中属于会计工作的社会监督范畴的有( )。

　　A. 注册会计师及其所在的会计师事务所依法实施的监督
　　B. 审计、税务和人民银行依法实施的监督
　　C. 县级以上财政部门依法实施的监督
　　D. 单位和个人对会计违法行为的检举

【答案】 AD

【解析】 会计工作的社会监督,主要是指由注册会计师及其所在的会计师事务所依法对委托单位的经济活动进行审计、鉴证的一种监督制度。除此之外,单位和个人检举会计违

法行为,也属于会计工作的社会监督范畴。而县级以上财政部门及审计、税务和人民银行依法实施的监督则属于会计工作的政府监督。

【牛刀小试·判断题】 会计工作的社会监督主要是指由注册会计师及其所在的会计师事务所依法对受托单位的经济活动进行审计、鉴证的一种监督制度。(   )

【答案】 ×

【解析】 会计工作的社会监督,主要是指由注册会计师及其所在的会计师事务所依法对委托单位的经济活动进行的审计、鉴证的一种监督制度。

(二)注册会计师审计与内部审计的关系

注册会计师审计是由注册会计师及其所在的会计师事务所依法对委托单位的经济活动进行的审计,是属于外部审计的范畴;内部审计是指由被审计单位内部机构或人员,对其内部控制的有效性、财务信息的真实性和完整性以及经营活动的效率和效果等开展的一种评价活动。二者之间既有联系也有区别:

联系:(1)都是现代审计体系的重要组成部分;(2)都关注内部控制的健全性和有效性;(3)注册会计师审计可能涉及对内部审计成果的利用等。

区别:(1)审计独立性不同;(2)审计方式不同;(3)审计的职责和作用不同;(4)接受审计的自愿程度不同。

表1-4-4　　　　　　　　　　　注册会计师审计与内部审计对比表

区别	注册会计师审计	内部审计
独立性	完全独立于被审计单位	受本部门、本单位直接领导,只具有相对独立性
审计方式	受托审计,必须按照执业准则实施审计	依照单位经营管理需要自行组织实施,具有较大的灵活性
职责和作用	对外出具的审计报告具有鉴证作用	只对本部门本单位负责,不对外公开
接受审计的自愿程度	委托人可自由选择会计师事务所	必须接受

【例1-4-11·单选题】 下列关于注册会计师审计与内部审计的关系表述正确的为(   )。

　　A. 内部审计与注册会计师审计共同构成了我国的现代审计体系
　　B. 注册会计师的独立性强于内部审计人员的独立性,内部审计人员受聘于本单位,因此不具有独立性
　　C. 内部审计报告须对外公开
　　D. 两者的审计方式不同,注册会计师审计是受托进行

【答案】 D

【解析】 选项A,内部审计与注册会计师审计都是我国现代审计体系的重要组成部分;选项B,内部审计并不是不具有独立性,而是独立性相对较弱;选项C,内部审计报告只对本部门本单位负责,不对外公开。

（三）注册会计师的业务范围

注册会计师可以承办审计业务和会计咨询、会计服务业务。

延伸阅读

注册会计师是指依法取得注册会计师证书并接受委托从事审计和会计咨询、会计服务业务的执业人员；会计师事务所是指依法独立承担注册会计师业务的中介服务机构，是由有一定会计专业水平、经考核取得证书的会计师（如中国的注册会计师、美国的执业会计师、英国的特许会计师、日本的公认会计师等）组成的，受当事人委托承办有关审计、会计、咨询、税务等方面业务的组织。中国对从事证券相关业务的会计师事务所和注册会计师实行许可证管理制度。

注册会计师承办业务，由其所在的会计师事务所统一受理并与委托人签订委托合同。会计师事务所对本所注册会计师承办的业务，承担民事责任。

注册会计师及其所在的会计师事务所依法承办审计业务，会计咨询和会计服务业务。其中审计业务包括：

1. 审查企业财务会计报表，出具审计报告；
2. 验证企业资本，出具验资报告；
3. 办理企业合并、分立、清算事宜中的审计业务，出具有关报告；
4. 法律、行政法规规定的其他审计业务。

【例1-4-12·判断题】 注册会计师承办会计咨询、服务业务，包括：代理申请工商登记，拟订合同、章程和其他业务文件；验证企业资本，出具验资报告。（ ）

【答案】 ×

【解析】 "验证企业资本，出具验资报告"属于审计业务。"代理申请工商登记，拟订合同、章程和其他业务文件"属于会计咨询、会计服务业务。

【小结】

表1-4-5　　　　　单位内部会计监督、政府监督和社会监督的关系

区别和联系		单位内部会计监督	政府监督	社会监督
联系		（1）单位内部会计监督是政府监督、社会监督有效进行的基础； （2）政府监督、社会监督是对单位内部会计监督的再监督； （3）政府监督是社会监督有效进行的重要保证		
区别	主体	单位会计机构和会计人员	财政、审计、税务、人民银行、银行监管部门、证券监管部门、保险监管部门等	注册会计师事务所、注册会计师、单位和个人
	性质	单位自我约束机制	政府部门的管理和监督	通过审计、鉴证职能的发挥及单位、个人的检举来实施
	时间	事前、事中和事后监督	事后监督	事后监督
	内容	单位经济活动	单位的会计行为和会计资料	委托单位的经济活动

练一练

一、单选题

1. 下列有关会计监督的说法中,错误的是(　　)。
   A. 会计监督是会计的基本职能之一,是我国经济监督体系的重要组成部分
   B. 有效发挥会计监督职能,对维护财经纪律和社会经济秩序有重要的作用
   C. 在社会主义市场经济条件下,必须强化会计监督
   D. 会计监督可以分为政府监督和社会监督两种

2. 某单位贾某主要负责合同签订、业务经办等事项,按照会计内部控制制度的要求,下列贾某不能兼任的岗位是(　　)。
   A. 合同审批　　　　　　　　　B. 费用收入和支出账目的登记
   C. 商品保管　　　　　　　　　D. 单位负责人

3. 关于会计工作的社会监督下列说法中正确的是(　　)。
   A. 所有会计师事务所均有资格对上市公司和证券期货相关经营机构进行审计
   B. 现代审计体系包括单位内部审计和注册会计师审计
   C. 注册会计师审计与内部审计相比独立性更高,审计目标更高,审计标准更高
   D. 会计师事务所承办会计咨询、服务业务,包括设计会计制度,担任会计顾问,代理纳税申报,提供税务咨询等

二、多选题

1. 关于会计监督的监督主体及对象下列说法错误的有(　　)。
   A. 单位内部会计监督的对象是会计机构和会计人员
   B. 财政部门是会计工作的政府监督的唯一主体
   C. 会计工作政府监督的对象是各单位的会计机构和会计人员
   D. 会计工作社会监督的对象是受托单位的经济活动

2. 为强化单位内部管理、提高工作效率,甲公司于2013年年初制定的如下管理制度中正确的有(　　)。
   A. 为保证会计资料的真实性和完整性,公司决定组建内部审计部门并制定相应的内部审计办法和程序
   B. 为提高工作效率、加速审批流程,公司决定对于重大的对外投资项目由单位负责人直接决策
   C. 为保证对外报出的财务会计报告的及时性、真实性和完整性,公司进一步明确了年终财产清查的期限和范围
   D. 为保证不相容职务相分离,公私明确,经济业务事项或会计事项的审批人员、经办人员及财物保管人员不得由一人兼任

3. 以下属于企业内部控制目标的有(　　)。
   A. 合理保证企业经营管理合法合规
   B. 合理保证企业资产安全
   C. 合理保证企业财务报告及相关信息真实完整

D. 有效防范舞弊和预防腐败
4. 以下属于行政事业单位内部控制应遵循的原则有(　　)。
   A. 全面性　　　B. 重要性　　　C. 制衡性　　　D. 成本效益
5. 下列各项中,属于财政部门实施会计监督检查的内容有(　　)。
   A. 会计机构负责人是否具备相应的资格
   B. 会计核算是否符合会计法和国家统一的会计制度的规定
   C. 营业执照是否在规定时间内进行了年检
   D. 是否按照税法的规定按时足额纳税

三、判断题
注册会计师审计仅对其出具的审计报告负责。(　　)

任务五　会计机构和会计人员

任务介绍

了解影响单位会计机构设置的因素,掌握会计岗位设置的原则,掌握代理记账的相关规定,掌握会计人员交接方法及程序,了解会计从业资格取得方法及管理要求,了解会计专业技术资格的类别及获得方法。

任务实施

一、会计机构的设置

会计机构是指单位内部设置的,专门用来处理会计事项的机构。会计机构的设置要坚持实事求是、精简节约的原则,做到既能保证工作质量,满足工作需要,又能节约人力、物力和财力。各单位应当根据单位规模的大小、经济业务和财务收支的繁简、经营管理的需要等因素考虑本单位的具体组织形式。

(一)办理会计事务的组织方式

按照《会计法》的规定,凡是实行独立核算的企业都要根据会计业务的需要设置会计机构,或者在有关机构中设置会计岗位,并指定会计人员。不具备条件的,可以委托经批准设立的会计咨询、服务机构进行代理记账。各单位办理会计事务的组织方式有三种:

1. 单独设置会计机构

单独设置会计机构是指单位依法设置独立负责会计实务的内部机构,负责进行会计核算,实行跨级监督,拟定本单位办理会计事务的具体办法,参与拟订经济计划、业务计划,考核、分析预算、财务计划的执行情况,办理其他会计事务等。

会计机构内部应当建立稽核制度。稽核,即稽查与复核。会计稽核是在会计机构内部,对于本机构在会计流程中的会计凭证、会计账簿、会计报表及其他会计资料,进行自我检查或者审核的一项工作,是对会计信息的再确认、再监督的过程。

需要说明的是,内部稽核制度不同于内部审计制度,稽核是会计工作流程中的一个阶段,是在会计机构内部进行的自我检查与审核,稽核人员是会计人员,在会计机构负责人或者会计主管人员的领导下工作,因此,内部稽核制度是会计机构内部的一种工作制度。内部审计是本单位在会计机构之外另行设立审计机构,由审计人员对本单位的会计活动进行监督,内部审计机构与其工作人员对本单位的行政领导人或者监督机构负责。

2. 在有关机构中配置专职会计人员并指定主管人员

不具备单位设置会计机构条件的,应当在有关机构中配置专职会计人员,并指定会计主管人员。会计主管人员是指在不单独设置会计机构的单位里,负责组织管理会计事务、行使会计机构负责人职权的负责人。需要说明的是,会计主管人员不同于通常所说的"主管会计"和"主办会计"。

拓展提高

> "会计主管",又称财务主管,是指单位会计机构的负责人或主管单位会计工作的技术负责人,是各单位会计工作的具体领导者和组织者。"主管会计"一般指一个单位负责会计工作或一个岗位会计工作的人员。未设置会计机构的单位主管会计一般又称主办会计,而设置会计机构,财会岗位细分的单位,则指主管某方面财会事务的主办人员。"主办会计"是指对某项会计业务的主要办理人员,"主办会计"又称一人会计,一般指小微企业中独自一人负责全部会计工作的人员。

3. 实行代理记账

没有单独设置会计机构也没有在有关机构中配置会计人员的单位,应当根据《会计法》规定,委托具有代理记账资格的单位进行代理记账。

根据《代理记账管理办法》的要求,代理记账机构是指依法取得代理记账资格,从事代理记账业务的机构,包括会计师事务所及其分支机构、依法或者持有代理记账许可证书的其他代理记账机构。

【例1-5-1·多选题】 根据《会计法》规定,凡是实行独立核算的企业都要根据会计业务的需要设置会计机构,下列( )因素影响会计机构的设置方式。

A. 单位规模的大小 B. 经济业务和财务收支的繁简
C. 经营管理的需要 D. 是否有合适的人选

【答案】 ABC

【解析】 各单位应当根据单位规模的大小、经济业务和财务收支的繁简、经营管理的需要等因素考虑本单位的具体组织形式,所以答案选 ABC。

(二)代理记账

除会计师事务所以外的机构从事代理记账业务应当经县级以上地方人民政府财政部门(以下简称审批机关)批准,领取由财政部统一规定样式的代理记账许可证书。具体审批机关由省、自治区、直辖市、计划单列市人民政府财政部门确定。

1. 代理记账机构的设立条件

会计师事务所及其分所可以依法从事代理记账业务。除会计师事务所以外符合下列条件的机构可以申请代理记账资格：

（1）为依法设立的企业；

（2）持有会计从业资格证书的专职从业人员不少于3名；

（3）主管代理记账业务的负责人具有会计师以上专业技术职务资格且为专职从业人员；

（4）有健全的代理记账业务内部规范。

2. 代理记账机构的业务范围

（1）根据委托人提供的原始凭证和其他相关资料，按照国家统一的会计制度的规定进行会计核算，包括审计原始凭证、填制记账凭证、登记会计账簿、编制财务会计报告等。

【友情提醒】 代理记账机构只负责审计原始凭证，不负责填制原始凭证。

（2）对外提供财务会计报告。

【友情提醒】 对外提供的财务会计报告由委托单位负责人、代理记账机构负责人签名并盖章后对外报送提供。

（3）向税务机关提供税务资料。

（4）委托人委托的其他会计业务。

【例1-5-2·判断题】 根据《代理记账管理办法》规定，代理记账机构根据委托人提供的原始凭证和其他相关资料，按照国家统一的会计制度进行会计核算，其中包括填制和审核会计凭证、登记会计账簿、编制财务会计报告等。

【答案】 ×

【解析】 代理记账机构没有填制原始凭证的义务，只有审计原始凭证的义务，所以，该描述是错误的。

3. 委托人和代理记账机构及其从业人员的义务

表1-5-1　　　　　　委托人和代理记账机构及其从业人员义务对比表

委托人义务	代理记账机构及其从业人员义务
（1）对本单位发生的经济业务事项，应当填制或者取得符合国家统一的会计制度规定的原始凭证	（1）遵守有关法律、法规和国家统一的会计制度的规定，按照委托合同办理代理记账业务
（2）应当配备专人负责日常货币收支和保管	（2）对在执行业务中知悉的商业秘密予以保密
（3）及时向代理记账机构提供真实、完整的原始凭证和其他相关资料	（3）对委托人要求其作出不当的会计处理，提供不实的会计资料，以及其他不符合法律、法规和国家统一的会计制度行为的，予以拒绝
（4）对于代理记账机构退回的，要求按照国家统一的会计制度的规定进行更正、补充的原始凭证，应当及时予以更正、补充	（4）对委托人提出的有关会计处理相关问题予以解释

【友情提醒】 委托人要提供合法的原始凭证，而受托方只负责审计；委托要专人负责日常货币收支和保管，而受托方要负责核算。

二、会计工作岗位设置

会计工作岗位是指单位会计机构内部根据业务分工而设置的从事会计工作、办理会计事项的具体职位。

(一) 会计工作岗位设置的要求

1. 按需设岗

各单位会计工作岗位的设置应与单位业务规模、特点和管理要求相适应,可以一人一岗、一人多岗或者一岗多人。一般而言,小型企业大都"一人一岗"或"一人多岗",而大、中型企业"一岗多人"的情况则比较普遍。

2. 符合内部牵制的要求

会计岗位设置时各岗位应当符合内部牵制的要求。出纳不得监管稽核、会计档案保管和收入、费用、债权债务账目的登记工作;出纳以外的人员不得经管现金、有价证券、票据。

3. 建立岗位责任制

各单位应当建立会计岗位责任制,明确各项具体会计工作的职责范围、具体内容和要求,并落实到每个会计工作岗位或会计人员之中。

4. 建立轮岗制度

会计人员应当定期或不定期地轮换工作岗位。对会计人员的工作岗位要有计划地进行轮岗,定期、不定期地轮换会计人员的工作岗位不仅是会计工作本身的需要,也是加强会计人员队伍建设的需要。

【例1-5-3·多选题】 下列各项中,属于出纳人员不得兼管的工作有(   )。

A. 稽核 B. 会计档案保管
C. 登记银行存款日记账 D. 登记收入总账

【答案】 ABD

【解析】 出纳人员不得兼任稽核、会计档案保管和收入、费用、债权债务账目的登记工作。

【牛刀小试·多选题】 根据《中华人民共和国会计法》的规定,下列各项中,出纳员不得兼任的工作有(   )。

A. 登记收入、支出账目 B. 登记债权、债务账目
C. 登记现金总账 D. 保管人事档案

【答案】 ABC

【解析】 出纳人员不得兼任稽核、会计档案保管和收入、费用、债权债务账目的登记工作。

【牛刀小试·多选题】 2016年8月,公司负责存货明细账登记的会计张某因公外派,财务经理指定由出纳兼任张某的工作,并办理了交接手续。以下正确的是(   )。

A. 不符合规定,设置会计工作岗位的基本原则是一人一岗
B. 不符合规定,出纳人员不得兼管账目登记工作
C. 符合规定,设置会计工作岗位在符合内部牵制制度下可以一人多岗
D. 符合规定,出纳人员可以负责存货明细账的登记工作

【答案】 CD

【解析】 设置会计工作岗位在符合内部牵制制度下可以一人多岗,出纳人员可以负责存货明细账的登记工作。

(二) 主要会计工作岗位

会计工作岗位一般可分为:(1) 总会计师(或行使总会计师职权)岗位;(2) 会计机构负责人或者会计主管人员岗位;(3) 出纳岗位;(4) 稽核;(5) 资本、基金核算;(6) 收入、支出、债权债务核算;(7) 职工薪酬、成本费用、财务成果核算;(8) 财产物资的收发、增减核算;(9) 总账;(10) 财务会计报告编制;(11) 会计机构内会计档案管理;(12) 其他会计工作岗位。

【友情提醒】 (1) 会计机构中对正式移交之前的会计档案进行保管的工作岗位属于会计岗位,即"会计机构内会计档案管理"岗位,但档案管理部门中对正式移交之后的会计档案进行保管的会计档案管理岗位,不再属于会计工作岗位;(2) 单位内部审计、社会审计和政府审计等工作相关的岗位也不属于会计岗位;(3) 医院门诊收费员、住院处收费员、药房收费员、药品库房记账员、商场收款(银)员所从事的工作不属于会计岗位。

【例1-5-4·多选题】 从事下列工作中,属于会计工作岗位的有(   )。

A. 出纳 B. 稽核
C. 药房收费员 D. 审计人员

【答案】 AB

【解析】 选项 AB 属于会计岗位,而 C 选项属于收银员,D 选项属于审计员,故选 AB。

【牛刀小试·多选题】 从事下列工作中,不属于会计工作岗位的有(   )。

A. 财产物资的收发人员 B. 会计档案管理人员
C. 药房收费员 D. 注册会计师

【答案】 ACD

【解析】 根据规定,会计档案管理岗位,在会计档案正式移交之前,属于会计岗位,需要取得会计从业资格证书。

三、会计工作交接

(一) 交接的范围

会计人员工作交接是会计工作中的一项重要内容。《会计法》第四十一条规定:"会计人员调动工作或者离职,必须与接管人员办清交接手续。"除此之外,《会计基础工作规范》作了进一步的规定:

(1) 临时离职或因病不能工作需要接替或代理的,会计机构负责人(会计主管人员)或单位负责人必须指定专人接替或者代理,并办理会计工作交接手续。

(2) 临时离职或因病不能工作的会计人员恢复工作时,应当与接替或代理人员办理交接手续。

(3) 移交人员因病或其他特殊原因不能亲自办理移交手续的,经单位负责人批准,可由移交人委托他人代办交接,但委托人应当对所移交的会计凭证、会计账簿、报告和其他有关资料的真实性、完整性承担法律责任。

【友情提醒】 没有办清工作交接手续的,不得调动或者离职。

【例1-5-5·判断题】 临时离职或因病不能工作的,会计机构负责人(会计主管人员)或单位负责人必须指定专人接替或者代理,并办理会计工作交接手续。(　　)

【答案】　×

【解析】 需要办理交接手续的是"临时离职或因病不能工作"且"需要接替或代理的",而不是只要"临时离职或因病不能工作"就办理交接手续。

做好会计交接工作,可以使会计工作前后衔接,保证会计工作连续进行;做好会计交接工作,可以防止因会计人员的更换出现账目不清、财务混乱等现象;做好会计交接工作,也是分清移交人员和接管人员责任的有效措施。

(二) 交接程序

1. 提出交接申请

(1) 会计人员在向单位或者有关部门提出调动工作或者离职申请时,应当同时向会计机构提出会计交接申请,以便会计机构早作准备,安排其他会计人员接替工作。

(2) 单位或者有关部门在批准其申请前,应当主动与本单位的会计机构负责人沟通,了解该会计人员是否申请办理交接手续,以及会计机构的意见等。

2. 移交前的准备工作

会计人员在办理会计工作交接前,应当按照规定做好交接准备工作。

(1) 对已经受理的经济业务尚未填制会计凭证的,应当填制完毕。

(2) 尚未登记的账目应当登记完毕,结出余额,并在最后一笔余额后加盖经办人员印章。

(3) 整理好应该移交的各项资料,对未了事项和遗留问题要写出书面说明材料。

(4) 编制移交清册。

(5) 会计机构负责人(会计主管人员)移交时,还应将全部财务会计工作、重大财务收支问题和会计人员的情况等,向接替人员介绍清楚。

3. 移交点收

移交人员离职前,必须将本人经管的会计工作,在规定的期限内,全部向接管人员移交清楚。接管人员认真按照移交清册逐项点收。

(1) 现金要根据会计账簿记录余额进行当面点交,不得短缺。如有不一致或白条抵库现象,移交人员应在规定期限内负责查清处理。

(2) 有价证券的数量要与会计账簿记录一致。有价证券面额与发行价不一致时,按照会计账簿余额交接。

(3) 所有会计资料必须完整无缺。如有短缺,必须查明原因,并在移交清册中加以说明,由移交人负责。

(4) 银行存款账户余额要与银行对账单核对一致,如有未达账项,应编制银行存款余额调节表调节相符;各种财产物资和债权债务的明细账户余额要与总账有关账户的余额核对相符;对重要实物要实地盘点;对余额较大的往来账户要与往来单位、个人核对。

(5) 移交人员经管的票据、印章及其他会计用品等,也必须交接清楚。

(6) 实行电算化的单位,交接双方应将有关电子数据在计算机上进行实际操作,确认有关数据正确无误后,方可交接。

4. 专人负责监交

《会计法》第四十一条规定:"一般会计人员办理交接手续,由会计机构负责人(会计主管人员)监交;会计机构负责人(会计主管人员)办理交接手续,由单位负责人监交,必要时主管单位可以派人会同监交。"

拓展提高

"必要时"主要针对以下三种情形:

一是所属单位负责人不能监交,需要由主管单位派人代表主管单位监交。如因单位撤并而办理交接手续等。

二是所属单位负责人不能尽快监交,需要由主管单位派人督促监交。如主管单位责成所属单位撤换不合格的会计机构负责人(会计主管人员),所属单位负责人却以种种借口拖延不办交接手续时,主管单位就应派人督促会同监交等。

三是不宜由所属单位负责人单独监交,而需要主管单位会同监交。如所属单位负责人与办理交接手续的会计机构负责人(会计主管人员)有矛盾,交接时需要主管单位派人会同监交,以防可能发生单位负责人借机刁难等。此外,主管单位认为交接中存在某种问题需要派人监交时,也可派人会同监交。

【友情提醒】 交接工作在结束时还应当注意以下事项:

(1) 会计工作交接完毕后,交接双方和监交人要在移交清册上签名或盖章。

(2) 接管人员应继续使用移交前的账簿,不得擅自另立账簿,以保证会计记录前后衔接,内容完整。

(3) 移交清册一般应填制一式三份,交接双方各执一份,存档一份。

(三) 交接人员的责任

移交人员对其所移交的会计资料的真实性、完整性承担责任。接替人员在交接时因疏忽没有发现所接会计资料在真实性、完整性方面的问题,如事后发现仍由原移交人员负责。

【友情提醒】 移交人员只对其提供资料的真实性、完整性负责,不对合法性负责。

【例1-5-6·单选题】 2016年4月,ABC公司内部机构调整,会计小张调离会计工作岗位,离岗前与接替者小江在财务科长的监督下办理了会计工作交接手续。下列说法正确的有( )。

A. 小张与小江办理会计工作交接时还应该有公司人事部门派人参加监交
B. 小张与小江的会计工作交接不符合规定
C. 小张与小江的会计工作交接符合规定
D. 小张与小江办理会计工作交接时还应该有公司经理在场监交

【答案】 C

【解析】 一般会计人员办理交接手续,由会计机构负责人(会计主管人员)监交。

【牛刀小试·多选题】 关于会计人员工作交接下列说法中正确的有( )。

A. 移交人员办理交接前应做好充分的准备工作,如在本月最后一笔余额后加盖自

己的印章等

B. 接替人员对所接受的相关资料应对照移交清册逐项点收

C. 办理会计工作交接时，必须由专人负责监交

D. 没有办清工作交接手续，不得调动或离职

【答案】 BCD

【解析】 尚未登记的账目应当登记完毕，结出余额，并在经办业务最后一笔余额后加盖经办人印章。

四、会计专业技术资格与职务

（一）会计专业技术资格

会计专业技术资格分为初级资格、中级资格和高级资格。初级、中级资格的取得实行全国统一考试制度。

表1-5-2　　　　　　　　　　　初、中级资格对比表

对比项目	初级资格	中级资格
基本条件	（1）取得会计从业资格证书； （2）高中以上学历	（1）取得会计从业资格证书； （2）大专学历从事会计工作5年；本科学历从事会计工作4年；双学士或研究生从事会计工作2年；硕士从事会计工作1年，博士0年
考试科目	《初级会计实务》和《经济法基础》	《中级会计实务》《财务管理》和《经济法》
考试周期	一年一次性通过	两年为一个周期，单科成绩滚动计算

高级会计师资格的取得实行考试与评审相结合制度，其考试科目为《高级会计实务》，考试成绩合格3年有效。

【友情提醒】 会计专业技术资格的初、中级取得实行全国统一考试制度；会计从业资格的取得实行无纸化考试制度。

会计专业技术资格证书全国范围内有效。对于伪造学历、会计从业资格证书和资历证明，或者在考试期间有违纪行为的，由会计考试管理机构吊销其会计专业技术资格，由发证机关收回其会计专业技术资格证书，2年内不得再参加会计专业技术资格考试。

【例1-5-7·多选题】 下列人员不能报名参加中级会计专业技术资格考试的为（　　）。

A. 赵某大专毕业取得注册会计师资格，从事会计工作满4年，目前为某上市公司主办会计

B. 钱某从事会计工作满4年，刚刚取得自考本科学历，目前为某公司出纳

C. 孙某研究生毕业，从事会计工作满5年，但3年前因参加中级会计专业技术资格考试作弊被记录在案

D. 李某博士毕业，之前从未接触过会计知识

【答案】 AD

【解析】 选项A，取得大学专科学历，从事会计工作满5年才可以参加中级会计专业技术资格考试；选项D，参加中级资格考试应该有会计从业资格证，李某之前从未接触过会计

知识,可见其没有会计从业资格证。

【友情提醒】 会计专业职务不包括总会计师,也不包括注册会计师。总会计师属于行政职务,注册会计师是执业资格。

(二) 会计专业职务

会计专业职务分为正高级会计师、高级会计师、会计师、助理会计师、会计员。其中,正高级会计师、高级会计师为高级职务,会计师为中级职务,助理会计师与会计员为初级职务。

【例1-5-8·多选题】 根据《会计专业职务试行条例》的规定,下列各项中属于会计专业职务的有( )。

　　A. 总会计师　　B. 注册会计师　　C. 助理会计师　　D. 会计员

【答案】 CD

【解析】 会计专业职务不包括总会计师,也不包括注册会计师。

【小结】 本任务主要从会计机构和会计人员两方面进行了说明。

表1-5-3　　　　　　　　　　　　　会计机构设置

设置原则	坚持实事求是,精简节约
影响因素	单位规模的大小、经济业务和财务收支的繁简、经营管理的需要
设置方式	(1) 单独设置会计机构;(2) 在有关机构中配置专职会计人员并指定主管人员;(3) 代理记账

表1-5-4　　　　　　　　　　　　　代理记账

项目	具 体 内 容
机构	(1) 会计师事务所及其分支机构;(2) 依法设立的代理记账企业
条件	除会计师事务所外,应当符合以下条件:(1) 为依法设立的企业;(2) 持有会计从业资格证书的专职从业人员不少于3名;(3) 主管代理记账业务的负责人具有会计师以上专业技术职务资格且为专职从业人员;(4) 有健全的代理记账业务内部规范
业务范围	(1) 依法为委托人进行会计核算;(2) 对外提供财务会计报告;(3) 向税务机关提供税务资料;(4) 委托人委托的其他会计业务

表1-5-5　　　　　　　　　　　　　会计工作交接

交接的范围	会计人员调动工作或者离职,需要接替或代理的;临时离职或因病不能工作的会计人员恢复工作时
交接程序	提出交接申请→移交前的准备工作→移交点收→专人负责监交
交接人员的责任	移交人员对其所移交的会计资料的真实性、完整性承担责任

表1-5-6 会计从业资格

门槛	从事会计工作必须取得会计从业资格证书(全国范围有效)	
依据	于2013年7月1日起施行的新《会计从业资格管理办法》	
取得	取得方式	一般情况：考试取得(执行无纸化考试,题库由财政部统一组织建设,要求一次性通过,取消了免试)
		特殊情况：申请取得 (1) 在2013年7月1日前已被聘任为高级会计师或者从事会计工作满20年,且年满50周岁,目前尚在从事会计工作； (2) 取得注册会计师证书,目前尚在从事会计工作
	报名条件	没有学历和工作经历的要求
		(1) 2年内不得参加会计从业资格考试：考试舞弊； (2) 5年内不得重新取得会计从业资格证书：被依法吊销会计从业资格证书的人员； (3) 终身不得取得或者重新取得会计从业资格证书：因有提供虚假财务会计报告,做假账,隐匿或者故意销毁会计凭证、会计账簿、财务会计报告,贪污、挪用公款,职务侵占等与会计职务有关的违法行为,被依法追究刑事责任的人员
证书管理	执行信息化管理	
	调转登记	省内调转：只需办理调入手续
		跨省调转：需先办理调出手续,并自办理调取调出手续之日起3个月内办理调入手续
	换证	6年
	检查	可以撤销：行政机关错误
		应当撤销：行政管理相对人错误
		应当注销：持证人员死亡或丧失行为能力；会计从业资格被依法吊销的
继续教育	对象	所有持有会计从业资格证书的人员
	内容	(1) 会计理论；(2) 政策法规；(3) 业务知识；(4) 技能训练；(5) 职业道德
	方式	(1) 网络远程教育；(2) 面授培训；(3) 在职自学业务
	要求	每年不少于24学分

练一练

一、单选题

1. 下列各项中,属于初级会计专业职务的是(　　)。
   A. 助理会计师　　B. 会计师　　　　C. 注册会计师　　　D. 会计从业资格
2. 下列选项中关于会计工作岗位表述不正确的是(　　)。
   A. 一人一岗　　B. 多岗多人　　　C. 一人多岗　　　　D. 一岗多人

二、多选题

1. 2016年8月,公司负责财产物资收发增减核算的会计张某因公外派,财务经理指定由出纳兼任张某的工作,并办理了交接手续,公司的这一做法(　　)。

A. 不符合规定,违背了单位内部控制的基本要求
B. 不符合规定,出纳人员不得兼管财产物资收发增减核算工作
C. 符合规定,设置会计工作岗位在符合内部牵制制度下可以一人多岗
D. 符合规定,出纳人员可以负责财产物资收发增减核算工作

2. 关于会计人员工作交接下列说法中正确的有( )。
A. 移交人员办理交接前应做好充分的准备工作,如在本月最后一笔余额后加盖自己的印章等
B. 接替人员对所接受的相关资料应对照移交清册逐项点收
C. 办理会计工作交接时,必须由专人负责监交
D. 没有办清工作交接手续,不得调动或离职

三、判断题

1. 参加高级会计师资格评审的人员,参加高级会计实务考试合格后3年内评审合格即可取得相应资格。( )
2. 会计人员临时离职或因病不能工作,会计机构负责人(会计主管人员)或单位负责人必须指定有关人员接替或者代理,并办理会计工作交接手续。( )

任务六 法律责任

任务介绍

了解法律责任的分类及会计法律责任的内容,熟悉会计违法行为的种类,明确违法行为会带来什么样的法律后果,达到警示教育的目的。

任务实施

一、法律责任概述

法律责任是指违反法律规定的行为应当承担的法律后果。法律责任一般分为行政责任、民事责任、刑事责任三种。《会计法》规定的法律责任主要有行政责任和刑事责任。

(一)行政责任

行政责任是指犯有一般违法行为的单位或个人,依照法律、法规的规定应承担的法律责任。行政责任主要有行政处罚和行政处分两种方式。

1. 行政处罚

县级以上人民政府财政部门可依法对违反《会计法》行为的单位和个人作出行政处罚。行政处罚的类别主要有:(1)罚款;(2)责令限期改正;(3)吊销会计从业资格证书等。

2. 行政处分

它是指对国家工作人员故意或者过失侵犯行政相对人的合法权益所实施的法律制裁。行政处分的对象仅限直接负责的国家工作人员。

行政处分的形式主要有：(1) 警告；(2) 记过；(3) 记大过；(4) 降级；(5) 撤职；(6) 开除。

表1-6-1　　　　　　　　　　　　　　行政责任对比表

种类	行政处罚	行政处分
概念	国家行政管理机关对行政管理相对的人违法行为依法作出的制裁	行政处分是国家机关、企业事业单位和社会团体依据行政管理法规、规章、纪律等对其所属人员违规、违纪行为所作的处罚
对象	行政管理相对人	单位内部的国家工作人员
类别	警告、罚款、责令停产停业、暂扣或者吊销许可证、暂扣或者吊销营业执照、没收非法财物、没收违法所得、行政拘留	警告、记过、记大过、降级、降职、撤职、开除留用察看和开除

(二) 刑事责任

刑事责任包括主刑和附加刑两种。主刑分为管制、拘役、有期徒刑、无期徒刑和死刑。附加刑分为罚金、剥夺政治权利、没收财产。对犯罪的外国人，也可以独立或附加适用驱逐出境。

【例1-6-1·多选题】　下列各项中，属于《会计法》规定的行政处罚的形式的有(　　)。
　　A. 责令限期改正　　　　　　　　B. 罚金
　　C. 吊销会计从业资格证书　　　　D. 暂停营业
【答案】　AC
【解析】　属于《会计法》规定的行政处罚的形式有：罚款、责令限期改正、吊销会计从业资格证等。《会计法》中涉及的行政处罚形式包括"责令限期改正"；通报；罚款；吊销会计从业资格证书。其中责令限期改正为行政命令而非行政处罚，但由于考试大纲将其归类于会计法规定的行政处罚形式，因此考试中出现必须要选。

二、不依法设置会计账簿等会计违法行为的法律责任

(一) 违法行为

(1) 不依法设置会计账簿的行为。
(2) 私设会计账簿的行为。
(3) 未按照规定填制、取得原始凭证或者填制、取得的原始凭证不符合规定的行为。
(4) 以未经审核的会计凭证为依据登记会计账簿或者登记会计账簿不符合规定的行为。
(5) 随意变更会计处理方法的行为。
(6) 向不同的会计资料使用者提供的财务会计报告编制依据不一致的行为。
(7) 未按照规定使用会计记录文字或者记账本位币的行为。
(8) 未按照规定保管会计资料，致使会计资料毁损、灭失的行为。
(9) 未按照规定建立并实施单位内部会计监督制度，或者拒绝依法实施的监督，或者不如实提供有关会计资料及有关情况的行为。
(10) 任用会计人员不符合《会计法》规定的行为。

【友情提醒】 不包括违反"税法"的行为。

【例1-6-2·多选题】 下列各项中,属于违反《会计法》规定的有( )。
  A. 以未经审核的会计凭证为依据登记会计账簿的行为
  B. 随意变更会计处理方法的行为
  C. 未在规定期限办理纳税申报的行为
  D. 未按规定建立并实施单位内部会计监督制度的行为
【答案】 ABD
【解析】 选项C是违反税法的行为。

(二)法律责任

有不依法设置会计账簿等会计违法行为的,由县级以上人民政府财政部门责令限期改正,可以对单位并处三千元以上五万元以下的罚款;对其直接负责的主管人员和其他直接责任人员,可以处二千元以上二万元以下的罚款;属于国家工作人员的,还应当由其所在单位或者有关单位依法给予行政处分;构成犯罪的,依法追究刑事责任。

会计人员有不依法设置会计账簿等会计违法行为,情节严重的,由县级以上人民政府财政部门吊销其会计从业资格证书。

【友情提醒】 不依法设置会计账簿等会计违法行为,带来的后果包括以下几点:

1. 责令限期改正

责令限期改正,是指要求违法行为人在一定期限内停止违法行为并回复到合法状态。县级以上人民政府财政部门有权责令违法行为人停止违法行为,限期改正。

2. 罚款

县级以上人民政府财政部门根据违法行为人的违法性质、情节及危害程度,在责令限期改正的同时,可以对单位并处3 000元以上5万元以下的罚款,对其直接负责的主管人员和其他直接责任人员,处2 000元以上2万元以下的罚款。

3. 给予行政处分

对直接负责的主管人员和其他直接责任人员中的国家工作人员,由其所在单位或者有关单位给予行政处分。

4. 吊销会计从业资格证书

会计工作人员有上述所列行为之一,情节严重的,由县级以上人民政府财政部门吊销会计从业资格证书。

5. 依法追究刑事责任

构成犯罪的,依法追究刑事责任。

【例1-6-3·单选题】 根据《会计法》的规定,对随意变更会计处理方法的单位,县级以上人民政府财政部门责令限期改正,并可以处( )。
  A. 2 000元以上2万元以下的罚款   B. 3 000元以上5万元以下的罚款
  C. 4 000元以上5万元以下的罚款   D. 5 000元以上5万元以下的罚款
【答案】 B
【解析】 对随意变更会计处理方法的单位,县级以上人民政府财政部门责令限期改正,并可以处3 000元以上5万元以下的罚款。

【牛刀小试·多选题】 某企业将出售废料的收入 1 万元不纳入企业统一的会计核算,而另设会计账簿进行核算,以解决行政管理部门的福利问题。则该企业及相关人员应承担的法律责任有(   )。

A. 通报批评
B. 责令其限期改正
C. 对该企业并处 3 000 元以上 5 万元以下的罚款
D. 对直接负责的主管人员处 2 000 元以上 2 万元以下的罚款

【答案】 BCD
【解析】 私设会计账簿的行为应承担的法律责任不包括选项 A。

三、其他会计违法行为的法律责任

(一)伪造、变造会计凭证、会计账簿,编制虚假财务会计报告行为的法律责任

1. 刑事责任

(1)根据《中华人民共和国刑法》第二百零一条的规定,纳税人采取伪造、变造账簿、记账凭证,在账簿上多列支出或者不列、少列收入等手段,不缴或者少缴应纳税款,偷税数额占应纳税额的 10% 以上不满 30% 并且偷税数额在 1 万元以上不满 10 万元的,或者因偷税被税务机关给予二次行政处罚又偷税的,处 3 年以下有期徒刑或者拘役,并处偷税数额 1 倍以上 5 倍以下罚金;偷税数额占应纳税额的 30% 以上并且偷税数额在 10 万元以上的,处 3 年以上 7 年以下有期徒刑,并处偷税数额 1 倍以上 5 倍以下罚金。扣缴义务人采取前述手段,不缴或者少缴已扣、已收税款,数额占应缴税额的 10% 以上并且数额在 1 万元以上的,依照前述规定处罚。对多次犯有上述行为,未经处理的,按照累计数额计算。

(2)根据《中华人民共和国刑法》第一百六十一条的规定,公司向股东和社会公众提供虚假的或者隐瞒重要事实的财务会计报告,严重损害股东或者其他人利益的,对其直接负责的主管人员和其他直接责任人员,处 3 年以下有期徒刑或者拘役,并处或者单处 2 万元以上 20 万元以下罚金。

(3)根据《中华人民共和国刑法》第二百二十九条的规定,承担资产评估、验资、验证、会计、审计、法律服务等职责的中介组织的人员故意提供虚假证明文件(包括虚假的财务会计报告),情节严重的,处 5 年以下有期徒刑或者拘役,并处罚金。上述人员索取他人财物或者非法收受他人财物,犯本罪的,处 5 年以上 10 年以下有期徒刑或者拘役,并处罚金。

(4)如果行为人为虚报注册资本、虚假出资、抽逃出资、贪污、挪用公款、侵占企业财产、私分国有资产、私分罚没财物,实施伪造、变造会计凭证、会计账簿或者编制虚假财务会计报告的行为,应当按照《中华人民共和国刑法》的有关规定分别定罪、处罚。

2. 行政责任

伪造、变造会计凭证、会计账簿或者编制虚假财务会计报告,情节较轻,社会危害不大,根据《中华人民共和国刑法》的有关规定,尚不构成犯罪的,应当按照《中华人民共和国会计法》的规定予以处罚。具体包括:

(1)通报由县级以上人民政府财政部门采取通报的方式对违法行为人予以批评、公告。通报决定由县级以上人民政府财政部门送达被通报人,并通过一定的媒介在一定的范围内公布。

(2) 罚款 县级以上人民政府财政部门对违法行为视情节轻重,在予以通报的同时,可以对单位并处5 000元以上10万元以下的罚款,对其直接负责的主管人员和其他直接责任人员,可以处3 000元以上5万元以下的罚款。

(3) 行政处分 对上述所列违法行为直接负责的主管人员和其他直接责任人员中的国家工作人员,应当由其所在单位或者其上级单位或者行政监察部门给予撤职、留用察看直至开除的行政处分。

(4) 吊销会计从业资格证书 对上述所列违法行为中的会计人员,由县级以上人民政府财政部门吊销会计从业资格证书。

(二) 隐匿或者故意销毁依法应当保存的会计凭证、会计账簿、财务会计报告行为的法律责任

隐匿,是指故意转移、隐藏应当保存的会计凭证、会计账簿、财务会计报告的行为。故意销毁,是指故意将依法应当保存的会计凭证、会计账簿、财务会计报告予以毁灭的行为。

1. 刑事责任

《中华人民共和国刑法》第二百零一条规定,纳税人采取隐匿、擅自销毁账簿、记账凭证的手段,不缴或者少缴应纳税款,偷税数额占应纳税额的10%以上不满30%并且偷税数额在1万元以上不满10万元的,或者因偷税被税务机关给予二次行政处罚又偷税的,处3年以下有期徒刑或者拘役,并处偷税数额1倍以上5倍以下罚金;偷税数额占应纳税额的30%以上并且偷税数额在10万元以上的,处3年以上7年以下有期徒刑,并处偷税数额1倍以上5倍以下罚金。扣缴义务人采取前述手段,不缴或者少缴已扣、已收税款,数额占应缴税额的10%以上并且数额在1万元以上的,依照前述规定处罚。对多次从事上述违法行为,未经处理的,按照累计数额计算。如果行为人为贪污、挪用公款、侵占企业财产及其他非法目的,实施隐匿、故意销毁依法应当保存的会计凭证、会计账簿、财务会计报告的行为,构成犯罪的,可以按照《中华人民共和国刑法》的有关规定,分别定罪、处罚。

2. 行政责任

隐匿或者故意销毁依法应当保存的会计凭证、会计账簿、财务会计报告,情节较轻,社会危害不大,根据《中华人民共和国刑法》的有关规定,尚不构成犯罪的,应当根据《中华人民共和国会计法》的规定追究行政责任:通报、罚款、行政处分、吊销会计从业资格证书。追究行政责任的具体形式及标准等,与伪造、编造会计凭证、会计账簿,编制虚假财务会计报告应承担的行政责任相同。

(三) 授意、指使、强令会计机构、会计人员及其他人员伪造、变造会计凭证、会计账簿,编制虚假财务会计报告或者隐匿、故意销毁依法应当保存的会计凭证、会计账簿、财务会计报告的法律责任

1. 行为特征

授意,是指暗示他人按其意思行事。指使,是指通过明示方式,指使他人按其意思行事。强令,是指明知其命令是违反法律的,而强迫他人执行其命令的行为。

2. 法律责任

授意、指使、强令会计机构、会计人员及其他人员伪造、变造会计凭证、会计账簿,编制虚假财务会计报告或者隐匿、故意销毁依法应当保存的会计凭证、会计账簿、财务会计报告的行为,构成犯罪的,依法追究刑事责任;不构成犯罪的,可以处5 000元以上5万元以下的罚

款;属于国家工作人员的,由所在单位或者有关单位依法给予降级、撤职、开除的行政处分。

(四)单位负责人对会计人员实行打击报复的法律责任

单位负责人对依法履行职责的会计人员实行打击报复,构成犯罪的,依法追究刑事责任;尚不构成犯罪的,由其所在单位或者有关单位依法给予行政处分。对受打击报复的会计人员,应当恢复其名誉和原有职务、级别。

1. 刑事责任

构成犯罪的,根据《刑法》规定,处3年以下有期徒刑或者拘役。

2. 行政责任

情节轻微,危害性不大,不构成犯罪的,由其所在单位或者有关单位依法给予行政处分。

3. 对受打击报复的会计人员的补救措施

(1)恢复其名誉。受打击报复的会计人员的名誉受到损害的,其所在单位或者其上级单位及有关部门应当要求打击报复者向遭受打击报复的会计人员赔礼道歉,并澄清事实,消除影响,恢复名誉。

(2)恢复原有职位、级别。会计人员受到打击报复,被调离工作岗位、解聘或者开除的,应当在征得会计人员同意的前提下,恢复其工作;被撤职的,应当恢复其原有职务;被降级的应当恢复其原有级别。

【友情提醒】 只有恢复被打击人员工作需要征得被打击人员同意,其他(恢复原有职务、恢复原有级别)是不需要其同意的。

【例1-6-4·多选题】 某公司由于经营不善,亏损已成定局。为了实现公司提出的当年实现利润100万元的目标,公司负责人钟某指使财务部会计人员余某在会计账簿上做一些"技术处理",余某请示财务经理张某后遵照办理。该公司行为尚未构成犯罪,请问该公司及相关人员应承担的法律责任有(   )。

A. 对公司负责人钟某处以5 000元以上5万元以下的罚款

B. 吊销余某的会计从业资格证书

C. 对财务部经理处以3 000元以上5万元以下的罚款

D. 对该公司予以通报的同时,并处5 000元以上10万元以下的罚款

【答案】 ABCD

【解析】 该行为为伪造、变造会计凭证、会计账簿,编制虚假财务会计报告的行为。

【牛刀小试·多选题】 下列各项中,属于违反会计法行为的有(   )。

A. 隐匿会计档案的行为

B. 随意变更会计处理方法的行为

C. 任用不具有会计从业资格的人员从事会计工作的行为

D. 伪造会计凭证、会计账簿,编制虚假财务会计报告的行为

【答案】 ABCD

【解析】 此题考查违反会计法的行为。

【牛刀小试·单选题】 在采购办公用品过程中,办公室主任李某指使采购员张某伪造购物发票,多报销1 000元。对该行为,县级以上财政部门可以对李某进行的处罚是(   )。

A. 通报,处以2 000元以上2万元以下的罚款

B. 通报,处以3 000元以上3万元以下的罚款

C. 通报,处以5 000元以上1万元以下的罚款

D. 处以5 000元以上5万元以下的罚款

【答案】 D

【解析】 对授意、指使会计人员伪造、变造会计凭证的,由县级以上人民政府财政部门对违法行为人处以5 000元以上5万元以下的罚款。

【牛刀小试·单选题】 对上题中的行为,县级以上财政部门可以对张某进行的处罚是( )。

A. 责令限期改正,处以2 000元以上2万元以下的罚款

B. 责令限期改正,处以3 000元以上5万元以下的罚款

C. 通报,处以2 000元以上2万元以下的罚款

D. 通报,处以3 000元以上5万元以下的罚款

【答案】 D

【解析】 对伪造会计凭证的行为,由县级以上人民政府财政部门采取通报的方式对直接负责的主管人员和其他责任人员予以批评、公告,并对其直接负责人员和其他直接责任人员,可以处3 000元以上5万元以下的罚款。

【牛刀小试·多选题】 对受打击报复的会计人员应采取的补救措施通常有( )。

A. 要求打击报复者赔礼道歉　　　B. 赔偿精神损失费

C. 官复原职　　　　　　　　　　D. 给予经济补偿

【答案】 AC

【解析】 对受打击报复的会计人员的补救措施有:

(1)恢复其名誉(赔礼道歉);

(2)恢复原有职务、级别(前提条件:征得会计人员同意)。

【牛刀小试·判断题】 会计人员受到打击报复,被开除的,应当直接恢复其工作。( )

【答案】 ×

【解析】 应当在征得会计人员同意的情况下才能恢复其工作。

【小结】

表1-6-2　　　　　　　　　　　法律责任的形式

行政责任	行政处罚	行政处罚法:警告,罚款,没收非法所得非法财物,责令停产停业,暂扣或吊销许可证或执照,行政拘留,其他
		会计法:责令限期改正、通报、罚款、吊销从业资格
	行政处分	仅限于国家工作人员,包括警告、记过、记大过、降级、降职、撤职、留用察看和开除
刑事责任	主刑	管制、拘役、有期徒刑、无期徒刑和死刑
	附加刑	罚金、剥夺政治权利、没收财产、驱除出境

表 1-6-3　　　　　　　　　　违法行为的处罚措施

违法行为	行政责任				刑事责任
	单位	直接负责的主管人员和其他直接责任人员	会计人员	国家工作人员	
违反会计制度行为	责令限期改正,并可以给予罚款3 000元以上,5万元以下	可以给予罚款2 000元以上,2万元以下	情节严重,吊销会计从业资格证书	应当由其所在单位或者有关单位依法给予行政处分	构成犯罪的,依法追究刑事责任
伪造、变造会计凭证、会计账簿,编制虚假财务会计报告,隐匿或者故意销毁依法应当保存的会计资料的行为	通报,并可以给予5 000以上10万元以下罚款	可以处3 000元以上5万元以下的罚款	吊销会计从业资格证书	给予撤职、留用察看直至开除的行政处分	构成犯罪的,依法追究刑事责任
授意、指使、强令会计机构、会计人员伪造、变造会计凭证、会计账簿,编制虚假财务会计报告或隐匿、故意销毁应当依法保存的会计资料的行为		可以处5 000元以上5万元以下的罚款	吊销会计从业资格证书	给予降级、撤职、开除的行政处分	构成犯罪的,依法追究刑事责任
对会计人员实施打击报复的行为				依法给予行政处分	构成犯罪的,根据《刑法》规定,处3年以下有期徒刑或者拘役

练一练

案例分析题

2016年5月,财政部门在对某事业单位的检查中发现下列情况:

(1)部分会计凭证与后附发票上的金额不一致,且发票上未填写单位名称,涉及金额重大。

(2)由于人手紧张,会计王某同时兼任该单位出纳。

(3)该会计机构负责人张某是该单位负责人李某的妻子。

(4)该单位设有两套账簿,一套账簿用于向外报送财务数据,另一套账簿用于内部核算。

根据以上情况,请回答下列问题:

1.上述各事项中,违反《中华人民共和国会计法》的规定的有(　　)。

　　A.事项(1)　　　B.事项(2)　　　C.事项(3)　　　D.事项(4)

2. 针对事项(1),下列说法中正确的有( )。
   A. 根据《会计法》的规定,责令限期改正
   B. 对直接负责的主管人员处以2 000元以上2万元以下罚款
   C. 由于情节严重,吊销直接责任人员的会计从业资格证书
   D. 对该单位处以3 000元以上5万元以下罚款
3. 针对事项(2),下列说法中正确的有( )。
   A. 违反了设置会计工作岗位基本原则中的内部牵制制度的要求
   B. 王某同时兼任会计和出纳,不符合设置会计工作岗位的基本原则
   C. 王某不可以同时兼任会计和出纳
   D. 王某可以同时兼任会计和出纳
4. 针对事项(3),下列说法中正确的有( )。
   A. 张某可以担任该单位的会计机构负责人
   B. 张某不得担任该单位的会计机构负责人
   C. 张某不得在该单位担任任何职务
   D. 不符合《会计基础工作规范》中回避制度的相关规定
5. 针对事项(4),下列说法中正确的有( )。
   A. 符合《会计法》的规定
   B. 可对该单位处以5 000元以上5万元以下罚款
   C. 可对该单位处以3 000元以上5万元以下罚款
   D. 属于私设账簿的行为,违反了《会计法》的规定

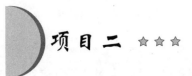

结算法律制度

项目目标

1. 认知支付结算的相关概念及其法律构成；
2. 认知银行结算账户的开立、变更和撤销；
3. 理解票据的相关概念；
4. 理解各银行结算账户的概念、使用范围和开户要求；
5. 熟悉现金管理的基本要求和现金的内部控制；
6. 熟悉票据和结算凭证填写的基本要求；
7. 熟悉支票、商业汇票、银行卡、汇兑结算方式的规定，并能综合分析具体案例。

任务一 认知现金结算

任务介绍

现金是流动性最强的一种资产，也是单位管理的重点，本任务主要了解现金收支管理的相关规定，掌握现金收支的渠道及控制节点，学会规范管理现金，保证资金安全。

任务实施

一、现金结算的概念与特点

（一）现金结算的概念

现金结算是指在商品交易、劳务供应等经济往来中，直接使用现金进行应收应付款结算的一种行为。在我国主要适用于单位与个人之间，以及单位之间结算起点金额以下的零星小额收付。

（二）现金结算的特点

现金结算具有直接便利、不安全性、不易宏观控制和管理、费用较高等特点。

二、现金结算的渠道

现金结算的渠道有：（1）付款人直接将现金支付给收款人；（2）付款人委托银行、非银行金融机构或者非金融机构将现金支付给收款人。

三、现金结算的范围

开户单位可以在下列范围内使用现金：

（1）职工工资、津贴；
（2）个人劳务报酬；
（3）根据国家规定颁发给个人的科学技术、文化艺术、体育等各种奖金；
（4）各种劳保、福利费用以及国家规定的对个人的其他支出；
（5）向个人收购农副产品和其他物资的价款；
（6）出差人员必须随身携带的差旅费；
（7）结算起点以下的零星支出；
（8）中国人民银行确定需要支付现金的其他支出。

【友情提醒】 上述款项结算起点为1 000元。结算起点的调整，由中国人民银行确定，报国务院备案。除上述第(5)、(6)项外，开户单位支付给个人的款项，超过使用现金限额的部分，应当以支票或者银行本票支付；确需全额支付现金的，经开户银行审核后，予以支付现金。

【例2-1-1·多选题】 下列事项中，可以使用现金结算的有（　　）。

A. 发给公司职工陆某800元奖金
B. 支付给公司临时工王某2 000元劳务报酬
C. 向农民收购农产品1万元收购款
D. 出差人员出差随身携带2 000元材料采购款

【答案】 AC

【解析】 开户单位支付给个人的款项，超过使用现金限额的部分，应当以支票或者银行本票支付，确需全额支付现金的，经开户银行审核后，予以支付现金，所以选项B不选；出差人员必须随身携带的差旅费才可以使用现金，而材料采购款超过限额则不能使用现金，所以选项D不选。故正确选项为AC。

四、现金使用的限额

中国人民银行总行是现金管理的主管部门。各级人民银行要严格履行金融主管机关的职责，负责对开户银行的现金管理进行监督和稽核。

开户银行负责现金管理的具体执行，对开户单位的现金收支、使用进行监督管理。

【友情提醒】 中国人民银行监督稽核开户银行，开户银行监督管理开户单位。

一个单位在几家银行开户的，只能在一家银行开设现金结算户，支取现金，并由该家银行负责核定现金库存限额和进行现金管理检查。

库存现金限额应由开户单位提出计划,报开户银行审批。经核定的库存现金限额,开户单位必须严格遵守。

现金使用的限额,由开户行根据单位的实际需要核定,一般按照单位 3 至 5 天日常零星开支所需确定。边远地区和交通不便地区的开户单位的库存现金限额,可按多于 5 天、但不得超过 15 天的日常零星开支的需要确定。经核定的库存现金限额,开户单位必须严格遵守。各开户单位的库存现金限额,由于生产或业务变化,需要增加或减少时,应向开户银行提出申请,经批准后再行调整。

【友情提醒】 影响库存现金限额的因素有二项:一是开户单位的日常零星需要量,二是交通便捷程度。

对没有在银行单独开立账户的附属单位也要实行现金管理,必须保留的现金,也要核定限额,其限额包括在开户单位的库存限额之内。商业和服务行业的找零备用现金也要根据营业额核定定额,但不包括在开户单位的库存现金限额之内。

【例2-1-2·单选题】 负责现金管理的具体实施,对开户单位收支、使用现金进行监督管理的是( )。

  A. 开户银行   B. 国家政策性银行
  C. 中国人民银行各级机构   D. 各级财政机关

【答案】 A

【解析】 现金使用的限额,由开户行根据单位的实际需要核定,一般按照单位 3 至 5 天日常零星开支所需确定。故选 A。

【例2-1-3·多项选择题】 关于现金管理中现金使用的限额,下列表述正确的是( )。

  A. 开户银行应当根据实际需要,核定开户单位 3 天至 5 天的日常零星开支所需的库存现金限额
  B. 边远地区和交通不便地区的开户单位的库存现金限额,可以多于 5 天,但不得超过 10 天
  C. 开户单位需要增加或减少库存现金限额的,应当向开户银行提出申请,由开户银行核定
  D. 商业和服务行业的找零备用现金也要根据营业额核定定额,但不包括在开户单位的库存现金限额之内

【答案】 ACD

【解析】 边远地区和交通不便地区的开户单位的库存现金限额,可按多于 5 天、但不得超过 15 天的日常零星开支的需要确定,选项 B 错误。故正确选项为 ACD。

五、现金收支的基本要求

(1) 开户单位现金收入应于"当日"送存银行;如当日送存确有困难,由"开户银行"确定送存时间。

(2) 开户单位支付现金,可以从本单位库存现金限额中支付或者从开户银行提取,不得从本单位的现金收入中直接支付,即不得"坐支",特殊原因须坐支现金的,要事先报经开户银行审查批准,由开户银行核定坐支范围和限额后方可"坐支"。

(3) 从银行提取现金,应当如实写明用途,由本单位"财会部门负责人"签字盖章,经开

户银行审核后,予以支付现金。

(4)因采购地点不确定等,必须使用现金的,开户单位应当向开户银行提出申请,由本单位"财会部门负责人"签字盖章,经开户银行审核后,予以支付现金。

(5)现金管理"八不准",如表2-1-1所示。

表2-1-1　　　　　　　　　　　　　现金管理"八不准"

序号	规　　定	备注
1	开户单位不准用不符合财务制度的凭证顶替库存现金	不准白条顶库
2	不准单位之间相互借用现金	不准拆借资金
3	不准谎报用途套取现金	不准套取现金
4	不准利用银行账户代其他单位和个人存入或支取现金	不准出租出借账户
5	不准将单位收入的现金以个人名义存入储蓄	不准公款私存
6	不准保留账外公款(即小金库)	不准私设小金库
7	不准未经批准坐支或者未按开户银行核定坐支额度和使用范围坐支现金	不准坐支现金
8	禁止发行变相货币,不准以任何票券代替人民币在市场上流通	不准发行代金券

 拓展提高

1. 各单位购买国家规定的专控商品,一律采用转账方式支付,不得采用现金支付。
2. 实行大额现金支付登记备案制度,开户单位在提取大额现金时,要填写有关大额现金支取登记表格,开户银行要建立台账,实行逐笔登记,并于其后15日内报送中国人民银行当地分支行备案。

【例2-1-4·判断题】　开户单位现金收入应于当日送存银行。(　　)
【答案】　×
【解析】　开户单位现金收入应于当日送存银行。如当日送存确有困难,由"开户银行"确定送存时间。

六、建立健全现金管理的内部控制制度

(1)钱账分管制度——管钱的不管账,管账的不管钱。出纳人员负责办理现金收付业务和现金保管业务,非出纳人员不得经管现金收付业务和现金保管业务;另一方面,出纳人员不得兼管稽核、会计档案保管和收入、费用、债权、债务账目的登记工作。

(2)日清月结制度。

(3)单位负责人对本单位货币资金内部控制的建立健全和有效实施以及货币资金的安全完整负责。

【小结】

表 2-1-2　　　　　　　　　　　现金结算

特点	直接便利、不安全性、不易宏观控制和管理、费用较高
渠道	付款人直接将现金支付给收款人
	付款人委托银行、非银行金融机构或者非金融机构将现金支付给收款人
使用范围	除向个人收购农副产品和其他物资的价款、出差人员随身携带的差旅费外,开户单位使用现金不能超过结算起点(1 000元)
限额	附属单位使用现金→核定→包括在库存现金限额内 找零用备用金→核定→不包括在库存现金限额内
收支基本要求	现金收入→当日送存→当日送存有困难→开户银行确定
	不准"坐支"现金(相对禁止)
	提取现金→写明用途→财会部门负责人签字盖章
	现金管理"八不准"
内部控制制度	管钱不管账,管账不管钱

练一练

一、单选题

1. 开户银行应当根据开户单位的实际需要,核定开户单位(　　)的日常零星开支所需的库存现金限额。
   A. 3~5 天　　　B. 5~10 天　　　C. 3~10 天　　　D. 3~6 天

2. 开户单位可以在一定范围内使用现金,按照有关规定,对于零星支出的结算起点是(　　)。
   A. 1 000 元以下　　　　　　　B. 1 500 元以下
   C. 2 000 元以下　　　　　　　D. 500 元以下

二、多选题

1. 根据《现金管理暂行条例》的规定下列支出可以使用现金的有(　　)。
   A. 支付差旅费 2 000 元　　　　B. 从供销社收购农副产品价值 10 000 元
   C. 购买办公用品 500 元　　　　D. 支付材料款 1 500 元

2. 下列说法正确的有(　　)。
   A. 企业现金收入应于当日送存银行
   B. 企业现金收入当日送存有困难的可以由单位负责人确定送存时间
   C. 企业支付现金可从企业库存现金限额中提取
   D. 企业支付现金可从开户银行提取

3. 根据内部控制制度的要求,符合要求的是(　　)。
   A. 单位不得由一个办理货币资金业务的全过程

B. 可以从本单位的现金收入中支付日常用的现金支出

C. 出纳、记账可以由一人担任

D. 各单位应建立货币资金的岗位责任制

三、案例分析

某供销社地处边远山区,每日现金零星支付需要量为 2 000 元。经开户银行审查批准,该企业可以从自己的收入中坐支现金,坐支的限额是 2 万元。以下是该企业 2016 年 6 月的库存现金日记账。

2016 年		凭证号		对方科目	摘要	收入	付出	结余
月	日	字	号					
6	1	略		略	期初余额			40 000.00
	5				职工出差借款		3 000.00	37 000.00
	8				收到销售给当地个人的销货款	26 000.00		63 000.00
	10				收到销售给当地个人的销货款	1 000.00		64 000.00
	15				购买当地农民的农副产品		25 000.00	39 000.00
	16				收到销售给当地个人的销货款	85 000.00		124 000.00
	25				购买当地农民的农副产品		65 000.00	59 000.00
	26				收到销售给当地个人的销货款	58 000.00		117 000.00
	30				本月合计及期末余额	170 000.00	93 000.00	117 000.00

要求:根据上述资料,回答下列题目:

(1) 根据现金管理的有关规定,该单位的库存现金限额应为(　　)。

　　A. 不超过 40 000 元　　　　　　B. 不超过 30 000 元

　　C. 不超过 20 000 元　　　　　　D. 不超过 10 000 元

(2) 按照现金管理要求,以下说法中正确的有(　　)。

　　A. 6 月 5 日,支付给职工出差借款 3 000 元,超出现金使用限额规定

　　B. 6 月 8 日,销售给当地个人的销货款 26 000 元,不应收取现金

　　C. 6 月 15 日,购买当地农民的农副产品 25 000 元,可以支付现金

　　D. 对现金结算,不可给予比转账结算优惠的待遇

(3) 关于该单位是否坐支现金的问题,以下判断中正确的有(　　)。

　　A. 不存在坐支

　　B. 存在坐支

　　C. 坐支的金额没有超出开户银行规定的坐支限额

　　D. 坐支的金额已经超出开户银行规定的坐支限额

(4) 根据规定,下列事项中,开户单位可以使用现金的有(　　)。

　　A. 超过 1 000 元的职工工资、津贴

　　B. 个人劳务报酬

　　C. 向个人收购农副产品和其他物资的价款

　　D. 出差人员必须随身携带的差旅费

(5) 以下说法中正确的有( )。

A. 2016 年 6 月初,库存现金超过了库存限额

B. 2016 年 6 月末,库存现金超过了库存限额

C. 按照规定,2016 年 6 月 30 日,送存银行的现金不应少于 87 000 元

D. 按照规定,2016 年 6 月 30 日,送存银行的现金不应少于 77 000 元

任务二 支付结算概述

任务介绍

认知支付结算的相关概念及其法律构成,熟悉票据和结算凭证填写的基本要求。

任务实施

一、支付结算的概念与特征

(一) 支付结算的概念

支付结算有广义和狭义之分。广义的支付结算包括现金结算和银行转账结算。狭义的支付结算仅指银行转账结算,即 1997 年 9 月中国人民银行发布的《支付结算办法》中所指的"支付结算"。(注:本教材采用狭义概念。)

支付结算是指单位、个人在社会经济活动中使用票据、信用卡和汇兑、托收承付、委托收款等结算方式进行货币给付及其资金清算的行为,其主要功能是完成资金从一方当事人向另一方当事人的转移。

银行、城市信用合作社、农村信用合作社(以下均简称银行)以及单位(含个体工商户)和个人是办理支付结算的主体。其中,银行是支付结算和资金清算的中介机构。

【例 2-2-1·多选题】 下列各项中,属于办理支付结算主体的有( )。

A. 城市信用合作社　　　　　　B. 农村信用合作社

C. 单位　　　　　　　　　　　D. 个体工商户

【答案】 ABCD

【解析】 银行、信用社(城市信用社和农村信用社)、单位和个人(含个体工商户)是支付结算的主体。

(二) 支付结算的法律特征

支付结算作为一种法律行为,具有以下法律特征:

1. 支付结算必须通过中国人民银行批准的金融机构进行

《支付结算办法》第六条规定:"银行是支付结算和资金清算的中介机构。未经中国人民银行批准的非银行金融机构和其他单位不得作为中介机构经营支付结算业务。但法律、行政法规另有规定的除外。"这一规定明确说明了支付结算不同于一般的货币给付及资金

清算行为,必须通过中国人民银行批准的金融机构或其他机构进行。

【友情提醒】 支付结算必须通过中国人民银行批准的金融机构进行,也就是说并不是所有的金融机构都能办理支付结算业务,只有经人民银行批准的才可以办理相关业务。

2. 支付结算的发生取决于委托人的意志

银行在支付结算中充当中介机构的角色,因此,银行只要以善意且符合规定的正常操作程序审查,对伪造、变造的票据和结算凭证上的签章以及需要交验的个人有效身份证件未发现异常而支付金额的,对出票人或付款人不再承担受委托付款的责任,对持票人或收款人不再承担付款责任。与此同时,当事人对在银行的存款有自己的支配权;银行对单位、个人在银行开立存款账户的存款,除国家法律、行政法规另有规定外,不得为任何单位或个人查询;除国家法律另有规定外,银行不代任何单位或个人冻结、扣款,不得停止单位、个人存款的正常支付。

延伸阅读

目前金融机构协助查询、冻结、扣划企业事业单位、团体、机关存款的范围:

(1) 人民法院、税务机关和海关:查询、冻结和扣划单位及个人存款。

(2) 人民检察院、公安机关、国家安全机关、军队保卫部门、监狱、走私犯罪侦查机关:查询和冻结单位和个人存款,但无权扣划。

(3) 监察机关(包括军队监察机关):查询单位和个人存款,但无权冻结和扣划。

(4) 审计机关、工商行政管理机关和证券监督管理机关:只有权查询单位存款,无其他权利;工商行政管理机关具有类似于冻结措施的对单位和个人存款暂停结算的权利。

除了上述的部门或机关外,其他任何机构和个人都没有权力实施。

3. 支付结算实行集中统一和分级管理相结合的管理体制

(1) 统一领导。中国人民银行总行负责制定统一的支付结算制度,组织、协调、管理、监督全国的支付结算工作,调解、处理银行之间的支付结算纠纷。

(2) 分级管理。中国人民银行省、自治区、直辖市分行根据统一的支付结算制度制定实施细则,报总行备案;根据需要可以制定单项支付结算办法,报经中国人民银行总行批准后执行。中国人民银行分、支行负责组织、协调、管理、监督本辖区的支付结算工作,调解、处理本辖区银行之间的支付结算纠纷。

拓展提高

政策性银行、商业银行总行可以根据统一的支付结算制度,结合本行情况,制定具体管理实施办法,报经中国人民银行总行批准后执行。政策性银行、商业银行负责组织、管理、协调本行内的支付结算工作,调解、处理本行内分支机构之间的支付结算纠纷。

4. 支付结算是一种要式行为

所谓要式行为,是指法律规定必须依照一定形式进行的行为。如果该行为不符合法定的形式要件,即为无效。支付结算行为亦必须符合中国人民银行发布的《支付结算办法》的规定。根据《支付结算办法》第九条规定:"票据和结算凭证是办理支付结算的工具。单位、个人和银行办理支付结算,必须使用按中国人民银行统一规定印制的票据凭证和统一规定的结算凭证","未使用按中国人民银行统一规定格式的结算凭证,银行不予受理"。中国人民银行除了对票据结算凭证的格式有统一的要求外,对于票据和结算凭证的填写也提出了基本要求,例如:票据和结算凭证的金额、出票和签发日期、收款人名称不得更改,更改的票据无效,更改的结算凭证,银行不予受理。

5. 支付结算必须依法进行

支付结算的当事人必须严格依法进行支付结算活动。《支付结算办法》第五条规定:"银行,城市信用合作社,农村信用合作社(以下简称银行)以及单位和个人(含个体工商户),办理支付结算必须遵守国家的法律、行政法规和本办法的各项规定,不得损坏社会公共利益。"

二、支付结算的主要法律依据

支付结算必须依法进行,我国目前在支付结算方面的法律、法规和制度主要包括:《票据法》《票据管理实施办法》《支付结算办法》《现金管理暂行条例》《中国人民银行银行卡业务管理办法》《人民币银行结算账户管理办法》《异地托收承付结算办法》《电子支付指引(第一号)》等。

【例2-2-2·多选题】 我国银行支付结算方面的法律、法规和制度主要包括(   )。

A.《中华人民共和国票据法》　　　B.《支付结算办法》
C.《国内信用证结算办法》　　　　D.《现金管理暂行条例》

【答案】 ABC
【解析】 选项D属于现金结算范畴,不属于银行支付结算范畴。故选ABC。

三、支付结算的基本原则

根据《支付结算办法》第十六条规定:"单位、个人和银行办理支付结算必须遵守下列原则:一、恪守信用,履约付款;二、谁的钱进谁的账,由谁支配;三、银行不垫款。"

1. 恪守信用,履约付款

产生支付结算行为时,结算当事人必须依照双方约定依法承担义务和行使权利,严格遵守信用,履行付款义务,特别是应当按照约定的付款金额和付款日期进行支付。

2. 谁的钱进谁的账,由谁支配

这一原则主要在于维护存款人对存款资金的所有权,保证其对资金支配的自主权。

3. 银行不垫款

银行在办理结算过程中,只负责办理结算当事人之间的款项划拨,不承担垫付任何款项的责任。这一原则主要在于划清银行资金与存款人资金的界限,保护银行资金的所有权和安全,有利于促使单位和个人直接对自己的债权债务负责。

【例2-2-3·多选题】 单位、个人和银行办理支付结算必须遵守的原则有(   )。

A. 恪守信用,履约付款　　　　　B. 谁的钱谁进账,由谁支配

C. 银行不垫款　　　　　　　　D. 银行根据信用状况决定是否垫款

【答案】 ABC

【解析】 银行结算三原则：1.恪守信用，履约付款；2.谁的钱进谁的账，由谁支配；3.银行不垫款。故选 ABC。

四、办理支付结算的要求

(一)办理支付结算的基本要求

(1) 办理支付结算必须使用中国人民银行统一规定的票据和结算凭证，未使用中国人民银行统一规定的票据，票据无效；未使用中国人民银行统一规定的结算凭证，银行不予受理。

(2) 办理支付结算必须按照《人民币银行结算账户管理办法》的规定开立和使用账户。

(3) 填写票据和结算凭证应当全面规范，做到数字正确，要素齐全，不错不漏，字迹清楚，防止涂改。票据和结算凭证金额以中文大写和阿拉伯数字同时记载，二者必须一致。二者不一致的，票据无效；二者不一致的结算凭证，银行不予受理。

(4) 票据和结算凭证上的签章和记载事项必须真实，不得变造伪造。单位、银行在票据上的签章和单位在结算凭证上的签章，为该单位、银行的盖章加其法定代表人或者授权的代理人的签名或者盖章。个人在票据和结算凭证上的签章，为个人本人的签名或者盖章。

【友情提醒】 "伪造"是指无权限人假冒他人或虚构他人名义"签章"的行为；"变造"是指无权更改票据内容的人，对票据上"签章以外"的记载事项加以改变的行为。

拓展提高

伪造人不承担"票据责任"，而应追究其"刑事责任"。

(二)正确填写票据和结算凭证的基本规定

银行、单位和个人填写的各种票据和结算凭证是办理支付结算和现金收付的重要依据，直接关系到支付结算的准确、及时和安全。票据和结算凭证是银行、单位和个人凭以记载账务的会计凭证，是记载经济业务和明确经济责任的一种书面证书。因此，填写票据和结算凭证，必须做到标准化、规范化，要要素齐全、数字正确、字迹清晰、不错漏、不潦草，防止涂改。

(1) 中文大写金额数字应用正楷或行书填写，如壹、贰、叁、肆、伍、陆、柒、捌、玖、拾、佰、仟、万、亿、元、角、分、零、整(正)等字样。不得用一、二(两)、三、四、五、六、七、八、九、十、毛、另(或0)填写，不得自造简化字。如果金额数字书写中使用繁体字，如贰、陆、亿、万、圆的，也应受理。

(2) 中文大写金额数字到"元"为止的，在"元"之后，应写"整"(或"正")字，在"角"之后可以不写"整"(或"正")字。大写金额数字有"分"的，"分"后面不写"整"(或"正")字。

(3) 中文大写金额数字前应标明"人民币"字样，大写金额数字有"分"的，"分"后面不写"整"(或"正")字。

(4) 中文大写金额数字前应标明"人民币"字样，大写金额数字应紧接"人民币"字样填写,不得留有空白。大写金额数字前未印"人民币"字样的,应加填"人民币"三字。在票据和结算凭证大写金额栏内不得预印固定的"仟、佰、拾、万、仟、佰、拾、元、角、分"字样。

(5) 阿拉伯小写金额数字中有"0"时,中文大写应按照汉语语言规律、金额数字构成和防止涂改的要求进行书写。举例如下:

① 阿拉伯数字中间有"0"时,中文大写金额要写"零"字。如"¥1 409.50",应写成"人民币壹仟肆佰零玖元伍角"。

② 阿拉伯数字中间连续几个"0"时,中文大写金额中间可以只写一个"零"字。如"¥6 007.14",应写成"人民币陆仟零柒元壹角肆分"。

③ 阿拉伯金额数字万位或元位是"0",或者数字中间连续有几个"0",万位、元位也是"0",但千位、角位不是"0"时,中文大写金额中可以只写一个零字,也可以不写"零"字。如"¥1 680.32",应写成"人民币壹仟陆佰捌拾元零叁角贰分",或者写成"人民币壹仟陆佰捌拾元叁角贰分";又如"¥107 000.53",应写成"人民币壹拾万柒仟元零伍角叁分",或者写成"人民币壹拾万零柒仟元伍角叁分"。

④ 阿拉伯金额数字角位是"0",而分位不是"0"时,中文大写金额"元"后面应写"零"字。如"¥16 409.02",应写成"人民币壹万陆仟肆佰零玖元零贰分";又如"¥325.04",应写成"人民币叁佰贰拾伍元零肆分"。

(6) 阿拉伯小写金额数字前面,均应填写人民币符号"¥"(或草写:¥)。阿拉伯小写金额数字要认真填写,不得连写分辨不清。

(7) 票据的出票日期必须使用中文大写。为防止变造票据的出票日期,在填写月、日时,月为壹、贰和壹拾的,日为壹至玖和壹拾、贰拾和叁拾的,应在其前加"零";日为拾壹至拾玖的,应在其前面加"壹"。如"1月15日",应写成"零壹月壹拾伍日"。再如"10月20日",应写成"零壹拾月零贰拾日"。

(8) 票据出票日期使用小写填写的,银行不予受理。大写日期未按要求规范填写的,银行可予受理,但由此造成损失的,由出票人自行承担。

【友情提醒】 票据和结算凭证的金额、出票或签发日期、收款人名称不得更改,更改的票据无效;更改的结算凭证,银行不予受理。

【例2-2-4·多选题】 下列各项中,表述正确的有(   )。

A. 票据中的中文大写金额数字应用正楷或行书填写
B. 票据中的中文大写金额数字前应标明"人民币"字样
C. 票据的出票日期可以使用小写填写
D. 票据中的中文大写金额数字到"元"为止的,在"元"之后,应写"整"或"正"字

【答案】 ABD
【解析】 根据《支付结算办法》规定,票据的出票日期必须使用中文大写,票据出票日期使用小写填写的,银行不予受理。大写日期未按要求规范填写的,银行可予受理,但由此造成损失的,由出票人自行承担。故选ABD。

【例2-2-5·单选题】 某票据的出票日期为"2016年3月15日",其规范写法是(   )。

A. 贰零壹年零叁月壹拾伍日　　　　B. 贰零壹陆年叁月壹拾伍日
C. 贰零壹陆年零叁月拾伍日　　　　D. 贰零壹陆年叁月拾伍日

【答案】 B

【解析】 是否加"零"或"壹"是从防止变造的目的出发的,其实无须死背,结合本题:(1) 4 个选项关于年份的表述完全一致,无须考虑;(2)"3 月",如果变造为"13 月"或"31 月"、"32 月",蒙不了人,不必加"壹"或"零",排除选项 AD;(3)"15 日",如果只写为"拾伍日",则非常容易被变造为"贰拾伍日",为了防止变造,应当写为"壹拾伍日"。选项 B 正确。

拓展提高

对"更改"的理解:

(1) 出票金额、出票日期、收款人名称不得更改,更改的票据无效;更改的结算凭证,银行不予受理。

(2) 对票据和结算凭证上的其他记载事项,原记载人可以更改,更改时应当由原记载人在更改处签章证明。

(3) 票据和结算凭证上的签章和其他记载事项应当真实,不得伪造、变造。

① 所谓"伪造"是指无权限人假冒他人或虚构他人名义"签章"的行为(如伪造出票签章、背书签章、承兑签章和保证签章等)。

② 所谓"变造"是指无权更改票据内容的人,对票据上签章以外的记载事项加以改变的行为。

"更改"与"变造"的对比如表 2-2-1 所示。

表 2-2-1　　　　　　　　　　"更改"与"变造"对比表

对比内容	更　　改	变　　造
行为人不同	原记载人进行更改	"无权更改票据内容的人"对票据行为进行改变
手段不同	"光明正大"地改,改动完毕原记载人应在更改处签章证明	"悄悄地"改,通过剪接、挖补、覆盖、涂改等手段,竭力掩盖改造痕迹
辨别的难易程度不同	票面上直接可以判断出来的改动	一般人(没有火眼金睛)无法从票面上判断出来的改动
性质不同	对票据、结算凭证上除出票金额、出票日期、收款人名称以外其他事项的更改是合法的更改	一种非法行为,构成票据欺诈

(4)"更改"与"授权补记"。更改是记载事项已经载入票据,原记载人又将该事项进行更改;而授权补记是将需要记载的相应内容暂时不记载,由有权人员事后补充记载。授权补记事项主要包括:① 支票的金额、收款人名称可以由出票人授权补记;② 背书人未记载被背书人名称即将票据交付他人的,持票人在票据被背书人栏内记载自己的名称与背书人记载具有同等法律效力。

【小结】

表 2-2-2　　　　　　　　　　　　支付结算的基本要求

概念	当事人	单位、个人(含个体工商户)、经人民银行批准的金融机构
	媒介	票据、信用卡和汇兑、托收承付、委托收款等结算方式
	本质	货币给付及其资金清算
法律特征		(1)支付结算必须通过中国人民银行批准的金融机构进行;(2)支付结算的发生取决于委托人的意志;(3)支付结算实行集中统一和分级管理相结合的管理体制;(4)支付结算是一种要式行为;(5)支付结算必须依法进行
结算原则		(1)恪守信用,履约付款;(2)谁的钱进谁的账,由谁支配;(3)银行不垫款

表 2-2-3　　　　　　　　　　　　支付结算的具体要求

办理支付结算的具体要求	1. 必须使用中国人民银行统一规定的票据和结算凭证,否则票据无效;未使用中国人民银行统一规定的结算凭证,银行不予受理。 2. 办理支付结算必须按照《人民币银行结算账户管理办法》的规定开立和使用账户。 3. 填写票据和结算凭证应当全面规范,做到数字正确,要素齐全,不错不漏,字迹清楚,防止涂改。 4. 票据和结算凭证上的签章和记载事项必须真实,不得变造伪造	
	区别伪造变造	伪造	无权限人更改签章
		变造	无权限人更改签章以外的记载事项
		伪造人、被伪造人均不承担"票据责任",但伪造人要承担"刑事责任"	
	填写要求	中文大写金额数字应用正楷或行书填写,不得自造简化字,如果金额数字书写中使用繁体字也应受理	
		票据的出票日期必须使用中文大写。票据出票日期使用小写填写的,银行不予受理。大写日期未按要求规范填写的,银行可予受理,但由此造成损失的,由出票人自行承担	
		中文大写用正楷或行书填写,可以使用繁体字,不得自造简化字	
		中文大写金额到"元"为止的应加"整"(或"正");到"角"的,可以不写"整"(或"正")字;大写金额数字有"分"的,"分"后面不写"整"(或"正")字	
	更正	金额、出票日期、收款人名称不得更改	
		其他记载事项(如用途),原记载人可以更改并在更改处签章	

练一练

一、单选题

1. 单位、个人和银行办理支付结算必须使用(　　　)。

　　A. 各开户银行印制的票据和结算凭证

　　B. 按财政部统一规定印制的票据和结算凭证

C. 按中国人民银行统一规定印制的票据和结算凭证
D. 按国家税务部门统一规定印制的票据和结算凭证

2. 关于现金收支的基本要求,下列表述不正确的是( )。
   A. 开户单位收入现金一般应于当日送存开户银行
   B. 开户单位支付现金,可以从本单位的现金收入中直接支付
   C. 开户单位对于符合现金使用范围规定,从开户银行提取现金的,应写明用途,由本单位财会部门负责人签字盖章,并经开户银行审查批准
   D. 不准单位之间相互借用现金

3. 存款人需要重新开立基本存款账户的,应在撤销其原基本账户后( )日内申请重新开立基本存款账户。
   A. 10   B. 30   C. 45   D. 60

4. 存款人违反规定将单位款项转入个人银行结算账户的,对于经营性的存款人,给予警告并处以( )的罚款。
   A. 1 000 元   B. 1 万元
   C. 5 000 元以上 3 万元以下   D. 1 万元以上 3 万元以下

二、多选题

1. 单位、个人和银行办理支付结算必须遵守的原则是( )。
   A. 恪守信用,履行付款   B. 谁的钱进谁的账,由谁支配
   C. 银行不垫款   D. 一个基本账户原则

2. 支付结算是指单位和个人在社会经济活动中使用( )等方式进行货币给付及资金清算的行为。
   A. 票据   B. 现金
   C. 汇兑   D. 托收承付

3. 下列各项中,符合《支付结算办法》规定的有( )。
   A. 用繁体字书写中文大写金额数字
   B. 中文大写金额数字的"角"之后不写"整"(或"正")字
   C. 阿拉伯小写金额数字前面应填写人民币符号"¥"
   D. 用阿拉伯数字填写票据出票日期

任务三　银行结算账户

任务介绍

本任务要求能区分银行结算账户的种类及使用范围;掌握银行结算的原则;了解银行结算账户的开立、变更与撤销流程;熟悉违反银行结算账户管理规定的法律责任。

任务实施

一、银行结算账户的概念和分类

（一）银行结算账户的概念

1. 概念

银行结算账户是指银行为存款人开立的办理资金收付结算的人民币活期存款账户。

【友情提醒】 存款人，是指在中国境内开立银行结算账户的机关、团体、部队、企业、事业单位、其他组织（以下统称单位）、个体工商户和自然人。"银行"是指在中国境内经中国人民银行批准，经营支付结算业务的政策性银行、商业银行（含外资独资银行、中外合资银行、外国银行分行）、城市信用合作社、农村信用合作社等金融机构。

2. 银行结算账户的特点

银行结算账户与外币账户、储蓄账户、定期存款账户相比有如下特点：

（1）办理人民币业务。这与外币存款账户不同，外币存款账户办理的是外币业务，其开立和使用要遵守国家外汇管理局的有关规定。

（2）办理资金收付结算业务。这是与储蓄账户的明显区别，储蓄的基本功能是存取本金和支取利息，但是不能办理资金的收付。

（3）是活期存款账户。这与单位的定期存款账户不同，单位的定期存款账户不具有结算功能。

（二）银行结算账户的分类

根据不同的分类标准，银行结算账户有着不同的分类，如图 2-3-1 所示。

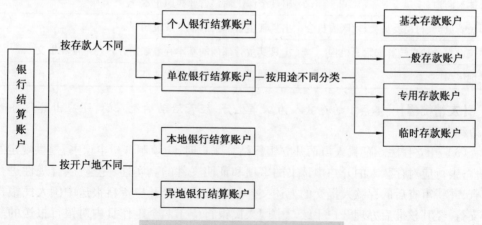

图 2-3-1 银行结算账户的分类图

【友情提醒】 （1）个体工商户凭营业执照以字号或经营者姓名开立的银行结算账户纳入单位银行结算账户管理；（2）邮政储蓄机构办理银行卡业务开立的账户纳入个人银行结算账户管理；（3）中国人民银行是银行结算账户的监督管理部门。

1. 基本存款账户

基本存款账户是存款人因办理日常转账结算和现金收付需要开立的银行结算账户。

(1) 使用范围。基本存款账户是存款人的主办账户,主要办理存款人日常经营活动的资金收付及其工资、奖金和现金的支取。开立基本存款账户是开立其他银行结算账户的前提。

(2) 存款人资格及应提供证明文件,如表2-3-1。

表2-3-1　　　　　　　　　　基本户开户时应提供的证明文件汇总表

可开立基本户的存款人	开户时应提供的证明文件
企业法人	出具企业法人营业执照正本
非法人企业	出具企业营业执照正本
机关、事业单位	机关和实行预算管理的事业单位,应出具政府人事部门或编制委员会的批文或登记证书和财政部门同意其开户的证明;非预算管理的事业单位,应出具政府人事部门或编制委员会的批文或登记证书
团级(含)以上军队、武警部队及分散执勤的支(分)队	出具军队军级以上单位财务部门、武警总队财务部门的开户证明
社会团体	出具社会团体登记证书,宗教组织还应出具宗教事务管理部门的批文或证明
民办非企业组织	出具民办非企业登记证书
异地常设机构	出具其驻在地政府主管部门的批文
外国驻华机构	出具国家有关主管部门的批文或证明;外资企业驻华代表处、办事处应出具国家登记机关颁发的登记证
个体工商户	出具个体工商户营业执照正本
居民委员会、村民委员会、社区委员会	出具其主管部门的批文或证明
单位设立的独立核算的附属机构	出具其主管部门的基本存款账户开户登记证和批文
其他组织	出具政府主管部门的批文或证明

【友情提醒】　本条中的存款人为从事生产、经营活动纳税人的,还应出具税务部门颁发的税务登记证。

(3) 开立程序。存款人申请开立银行结算账户时,应填制开户申请书,提供规定的证明文件;银行应对存款人的开户申请书的事项和证明文件的真实性、完整性、合规性进行认真审查,并将审查后的存款人提交的上述文件和审核意见等开户资料报送中国人民银行当地分支行,经其核准后办理开户手续。中国人民银行应于两个工作日内对银行报送的基本存款账户开户资料的合规性以及唯一性进行审核,符合开户条件的,予以核准;不符合开户条件的,应在开户申请书上签署意见,连同有关证明文件一并退回报送银行。

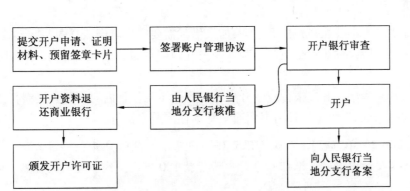

图2-3-2 银行结算账户开立流程图

【友情提醒】 （1）申请人向开户银行提供的材料有：①开户申请书；②营业执照正本原件；③税务登记证正本原件；④法人代表身份证原件；⑤组织机构代码证书原件；⑥②~⑤资料的复印件；⑦预留银行印鉴等。

（2）印鉴卡片上填写的户名必须与单位名称一致，同时要加盖开户单位公章、单位负责人或财务机构负责人、出纳人员三颗图章。

【友情提醒】 基本存款账户可以存取现金；单位职工工资、奖金的发放只能通过基本存款账户；单位信用卡账户的资金只能通过基本存款账户转入。

【例2-3-1·单选题】 下列对象中，不具备开立基本存款账户资格的有（　　）。

A．企业法人　　　　　　　　B．单位实行独立核算的食堂
C．派驻某厂的消防连队　　　D．街道社区居委会

【答案】 C

【解析】 团级（含）以上军队、武警部队及分散执勤的支（分）队才能开立基本存款账户，而派驻某厂的消防连队是不能单独设置基本账户的。

【牛刀小试·多选题】 根据《人民币银行结算账户管理办法》的规定，下列有关存款人申请开立基本存款账户的表述中，正确的有（　　）。

A．非预算管理的事业单位，应出具财政部门同意其开户的证明
B．民办非企业组织，应出具民办非企业登记证书
C．外地常设机构，应出具其驻地政府主管部门的批文
D．独立核算的附属机构，应出具其主管部门的基本存款账户开户登记证和批文

【答案】 BCD

【解析】 非预算管理的事业单位，应出具政府人事部门或编制委员会的批文或登记证书，选项A的描述是错误的。故选BCD。

2．一般存款账户

一般存款账户是存款人因借款或其他结算需要，在基本存款账户开户银行以外的银行营业机构开立的银行结算账户。

（1）使用范围。一般存款账户主要办理借款转存、借款归还和其他结算的资金收付，但不能办理现金支取。

（2）应提供文件。一般存款账户开立时除提供基本存户开户时需要提供的资料外，

还应当提供基本存款账户开户登记证,如果借款需要应出具借款合同,其他结算需要应出具有关证明。一般存款账户是在基本存款账户开户银行以外的银行营业机构开立,没有数量限制。

(3)开立程序。开户银行应于开户之日起5个工作日内向中国人民银行当地分支行备案,自开立之日起3个工作日内书面通知基本存款开户银行。

【例2-3-2·单选题】 宏大有限责任公司基本存款账户开在中国工商银行A市支行,现因经营需要向中国建设银行B分行申请贷款100万元。经审查同意贷款,其应在B分行开设(　　)。

　　A. 基本存款账户　　　　　　B. 一般存款账户
　　C. 专用存款账户　　　　　　D. 临时存款账户

【答案】 B

【解析】 一般存款账户主要办理借款转存、借款归还和其他结算的资金收付,所以选B。

【牛刀小试·多选题】 下列有关一般存款账户的表述中正确的有(　　)。

　　A. 一般存款账户不得办理现金支取,即只收不付
　　B. 一般存款账户没有数量上的限制
　　C. 现金缴存可以通过一般存款账户办理
　　D. 现金支付不能通过一般存款账户办理

【答案】 ABCD

【解析】 根据一般存款账户的概念及使用范围,ABCD选项均正确。

3. 专用存款账户

专用存款账户是存款人按照法律、行政法规和规章,对其特定用途资金进行专项管理和使用而开立的银行结算账户。

(1)使用范围。专用存款账户用于办理各项专用资金的收付。

拓展提高

> 各专用存款账户在使用过程中的一些规定如下:
> 单位银行卡账户的资金必须由其基本存款账户转账存入。该账户不得办理现金收付业务。
> 财政预算外资金、证券交易结算资金、期货交易保证金和信托基金专用存款账户不得支取现金。
> 基本建设资金、更新改造资金、政策性房地产开发资金、金融机构存放同业资金账户需要支取现金的,应在开户时报中国人民银行当地分支行批准。中国人民银行当地分支行应根据国家现金管理的规定审查批准。
> 粮、棉、油收购资金,社会保障基金,住房基金和党、团、工会经费等专用存款账户支取现金应按照国家现金管理的规定办理。

> 收入汇缴账户除向其基本存款账户或预算外资金财政专用存款户划缴款项外,只收不付,不得支取现金。业务支出账户除从其基本存款账户拨入款项外,只付不收,其现金支取必须按照国家现金管理的规定办理。
>
> 银行应按照本条的各项规定和国家对粮、棉、油收购资金使用管理规定加强监督,对不符合规定的资金收付和现金支取,不得办理。但对其他专用资金的使用不负监督责任。

(2)应提供文件。存款人申请开立专用存款账户,应向银行出具其开立基本存款账户规定的证明文件、基本存款账户开户登记证和有关证明文件。有关专项资金类型及应提供的证明文件如表2-3-2所示。

表2-3-2　　　　　　　　专项资金类型及对应证明文件汇总表

专项资金类型	证明文件
基本建设资金、更新改造资金、政策性房地产开发资金、住房基金、社会保障基金	主管部门批文
财政预算外资金	财政部门的证明
粮、棉、油收购资金	主管部门批文
单位银行卡备用金	按照中国人民银行批准的银行卡章程的规定出具有关证明和资料
证券交易结算资金	证券公司或证券管理部门的证明
期货交易保证金	期货公司或期货管理部门的证明
金融机构存放同业资金	金融机构存放同业资金的证明
收入汇缴资金和业务支出资金	基本存款账户存款人有关的证明
党、团、工会设在单位的组织机构经费	该单位或有关部门的批文或证明
其他按规定需要专项管理和使用的资金	有关法规、规章或政府部门的有关文件

【友情提醒】　合格境外机构投资者在境内从事证券投资开立的人民币特殊账户和人民币结算资金账户纳入专用存款账户管理。其开立人民币特殊账户时应出具国家外汇管理部门的批复文件,开立人民币结算资金账户时应出具证券管理部门的证券投资业务许可证。

拓展提高

收入汇缴资金和业务支出资金,是指基本存款账户存款人附属的非独立核算单位或派出机构发生的收入和支出的资金。因收入汇缴资金和业务支出资金开立的专用存款账户,应使用隶属单位的名称。

(3)开立程序。根据《账户管理办法》的有关规定,存款人申请开立专用存款账户时,应填制开户申请书,提供规定的证明文件;银行应对存款人的开户申请书填写的事项和证明文件的真实性、完整性、合规性进行认真审查;如果专用存款账户属于预算单位专用存款账户的,银行应将存款人的开户申请书、相关的证明文件和银行审核意见等开户资料报送中国人民银行当地分支行,经其对申报资料进行合规性审查,并核准后办理开户手续,该核准程序与基本存款账户的核准程序相同;如果属于预算单位专用存款账户之外的其他专用存款账户的,银行应办理开户手续,并于开户之日起 5 个工作日内向中国人民银行当地分支行备案。

银行在办理专用存款账户开户手续时,同时应在其基本存款账户开户登记证上登记账户名称、账号、账户性质、开户银行、开户日期,并签章,自开立专用存款账户之日起 3 个工作日内书面通知基本存款账户开户银行。

【例 2-3-3·多选题】 存款人有( ),可以申请开立专用存款账户。
　　A. 财政预算外资金　　　　　　B. 住房基金
　　C. 基本建设资金　　　　　　　D. 社会保障基金
【答案】 ABCD
【解析】 根据专用存款账户使用范围,选项 ABCD 均在范围内。

4. 临时存款账户

临时存款账户是指存款人因临时经营活动需要开立的账户。

(1)使用范围。存款人可以通过该账户办理转账结算和根据国家现金管理规定办理现金收付。

(2)应提供文件。根据《人民币银行结算账户管理办法》第二十一条规定:存款人申请开立临时存款账户,应向银行出具下列证明文件:① 临时机构,应出具其驻在地主管部门同意设立临时机构的批文;② 异地建筑施工及安装单位,应出具其营业执照正本或其隶属单位的营业执照正本,以及施工及安装地建设主管部门核发的许可证或建筑施工及安装合同;③ 异地从事临时经营活动的单位,应出具其营业执照正本以及临时经营地工商行政管理部门的批文;④ 注册验资资金,应出具工商行政管理部门核发的企业名称预先核准通知书或有关部门的批文。本条第二、三项还应出具其基本存款账户开户登记证。

(3)开立程序。存款人申请开立临时存款账户,应填制开户申请书,提供相应的证明文件,送交盖有存款人印章的印鉴卡片,经银行审核同意后,即可开设此账户。

延伸阅读

《人民币银行结算账户管理办法》对临时存款账户的有关规定:

第三十六条　临时存款账户用于办理临时机构以及存款人临时经营活动发生的资金收付。

临时存款账户应根据有关开户证明文件确定的期限或存款人的需要确定其有效期限。存款人在账户的使用中需要延长期限的,应在有效期限内向开户银行提出申请,并由开户银行报中国人民银行当地分支行核准后办理展期。临时存款账户的有效期最长不得超过 2 年。

临时存款账户支取现金,应按照国家现金管理的规定办理。

第三十七条　注册验资的临时存款账户在验资期间只收不付，注册验资资金的汇缴人应与出资人的名称一致。

第三十八条　存款人开立单位银行结算账户，自正式开立之日起3个工作日后，方可办理付款业务。但注册验资的临时存款账户转为基本存款账户和因借款转存开立的一般存款账户除外。

【例2-3-4·多选题】 下列情形中，存款人可以申请开立临时存款账户的是（　　）。

A．设立临时机构　　　　　　　B．异地建筑施工
C．注册验资　　　　　　　　　D．证券交易结算

【答案】 ABC

【解析】 存款人因异地临时经营活动、设置临时机构、注册验资等需要，可以申请开立临时存款账户；存款人因证券交易结算，可以申请开立专用存款账户。故选ABC。

5．异地银行结算账户

异地银行结算账户是指存款人根据规定的条件在异地（跨省、市、县）开立的银行结算账户。

（1）使用范围。存款人有下列情形之一的，可以在异地开立有关银行结算账户：① 营业执照注册地与经营地不在同一行政区域（跨省、市、县）需要开立基本存款账户的；② 办理异地借款和其他结算需要开立一般存款账户的；③ 存款人因附属的非独立核算单位或派出机构发生的收入汇缴或业务支出需要开立专用存款账户的；④ 异地临时经营活动需要开立临时存款账户的；⑤ 自然人根据需要在异地开立个人银行结算账户的。

（2）应提供文件。根据《人民币银行结算账户管理办法》规定提供相关证明文件。

延伸阅读

根据《人民币银行结算账户管理办法》第二十三条规定：

存款人需要在异地开立单位银行结算账户，除出具本办法第十七条、十八条、十九条、二十一条规定的有关证明文件外，应出具下列相应的证明文件：

（一）经营地与注册地不在同一行政区域的存款人，在异地开立基本存款账户的，应出具注册地中国人民银行分支行的未开立基本存款账户的证明。

（二）异地借款的存款人，在异地开立一般存款账户的，应出具在异地取得贷款的借款合同。

（三）因经营需要在异地办理收入汇缴和业务支出的存款人，在异地开立专用存款账户的，应出具隶属单位的证明。

属本条第二、三项情况的，还应出具其基本存款账户开户登记证。

存款人需要在异地开立个人银行结算账户，应出具本办法第二十二条规定的证明文件。

（3）开立程序。与本地同类账户一致。

【例2-3-5·多选题】 下列可以申请开立异地银行结算账户的有（　　）。

A．存款人注册地与经营地不在同一县市范围内且已在注册地开立基本存款账户的，可以在经营地申请开立基本存款账户

B. 存款人异地借款后,可以在异地借款银行申请开立一般存款账户

C. 存款人因附属的非独立核算单位或派出机构发生的收入汇缴或业务支出需要开立专用存款账户的

D. 存款人异地临时经营活动需要开立临时存款账户

【答案】 BCD

【解析】 根据《人民币银行结算账户管理办法》的规定,存款人注册地与经营地不在同一县市范围之内且在注册地没有开立基本存款账户的,才能在经营地申请开立基本存款账户,选项A的描述是不符合规定的。故应选BCD。

6. 个人银行结算账户

个人银行结算账户是存款人因投资、消费、结算等凭个人身份证件以自然人名称开立的可办理支付结算业务的银行结算账户。

(1) 使用范围:根据《人民币银行结算账户管理办法》的规定,下列款项可以转入个人银行结算账户:① 工资、奖金收入;② 稿费、演出费等劳务收入;③ 债券、期货、信托等投资的本金和收益;④ 个人债权或产权转让收益;⑤ 个人贷款转存;⑥ 证券交易结算资金和期货交易保证金;⑦ 继承、赠与款项;⑧ 保险理赔、保费退还等款项;⑨ 纳税退还;⑩ 农、副、矿产品销售收入;⑪ 其他合法款项。

(2) 应提供文件:根据《人民币银行结算账户管理办法》规定提供相关证明文件。

延伸阅读

根据《人民币银行结算账户管理办法》第二十二条规定:

存款人申请开立个人银行结算账户,应向银行出具下列证明文件:

(一) 中国居民,应出具居民身份证或临时身份证。

(二) 中国人民解放军军人,应出具军人身份证件。

(三) 中国人民武装警察,应出具武警身份证件。

(四) 香港、澳门居民,应出具港澳居民往来内地通行证;台湾居民,应出具台湾居民来往大陆通行证或者其他有效旅行证件。

(五) 外国公民,应出具护照。

(六) 法律、法规和国家有关文件规定的其他有效证件。

银行为个人开立银行结算账户时,根据需要还可要求申请人出具户口簿、驾驶执照、护照等有效证件。

(3) 个人银行结算账户功能:① 活期储蓄功能,可以通过个人结算账户存取存款本金和支取利息;② 普通转账结算功能,通过开立个人银行结算账户,办理汇款,支付水、电、话、气等基本日常费用,代发工资等转账结算服务,使用汇兑、委托收款、借记卡、定期借记、定期贷记、电子钱包(IC卡)等转账支付工具;③ 可以通过个人银行结算账户使用支票、信用卡等信用支付工具。

【友情提醒】 储蓄账户仅限于办理现金存取业务,不得办理转账结算。

【例2-3-6·判断题】 个人银行结算账户与个人银行储蓄账户在功能上是一致的,都

可以办理存取现金业务。（　　）

【答案】　×

【解析】　个人银行结算账户与个人银行储蓄账户都可以办理现金存取业务,但个人银行结算账户还具有转账结算功能,而储蓄账户不得办理转账结算。

二、银行结算账户管理的基本原则

银行结算账户管理的基本原则是：（1）一个基本账户原则；（2）自主选择原则；（3）守法合规原则；（4）存款信息保密原则。

1. 一个基本账户原则

单位银行结算账户的存款人只能在银行开立一个基本存款账户。

【友情提醒】　存款人应在注册地或住所地开立银行结算账户。符合本办法规定可以在异地(跨省、市、县)开立银行结算账户的除外。

拓展提高

> 存款人开立基本存款账户、临时存款账户和预算单位开立专用存款账户实行核准制度,经中国人民银行核准后由开户银行核发开户登记证。但存款人因注册验资需要开立的临时存款账户除外。

2. 自主选择原则

存款人可以自主选择银行开立银行结算账户。除国家法律、行政法规和国务院规定外,任何单位和个人不得强令存款人到指定银行开立银行结算账户。

3. 守法合规原则

银行结算账户的开立和使用应当遵守法律、行政法规,不得利用银行结算账户进行偷逃税款、逃废债务、套取现金及其他违法犯罪活动。

4. 存款信息保密原则

银行应依法为存款人的银行结算账户信息保密。对单位银行结算账户的存款和有关资料,除国家法律、行政法规另有规定外,银行有权拒绝任何单位或个人查询。对个人银行结算账户的存款和有关资料,除国家法律另有规定外,银行有权拒绝任何单位或个人查询。

银行结算账户管理原则与支付结算原则如表2-3-3所示。

表2-3-3　　　　　　　银行结算账户管理原则与支付结算原则对比表

对比项目	支付结算	银行结算账户管理
原则	1. 恪守信用,履约付款原则 2. 谁的钱进谁的账、由谁支配原则 3. 银行不垫款原则	1. 一个基本账户原则 2. 自主选择原则 3. 守法合规原则 4. 存款信息保密原则

【例2-3-7·多选题】 下列描述中属于银行结算账户管理原则的有(   )。

A. 一个基本存款账户

B. 守法合规

C. 谁的钱进谁的账、由谁支配

D. 存款信息保密

【答案】 ABD

【解析】 银行结算账户管理的原则包括：1. 一个基本账户原则；2. 自主选择原则；3. 守法合规原则；4. 存款信息保密原则。选项C属于支付结算原则。故选ABD。

三、银行结算账户的开立、变更和撤销

（一）银行结算账户的开立

存款人开立的银行结算账户，需要核准的，应及时报送中国人民银行当地分支行核准；不需要核准的，应在开户之后的法定期限内向中国人民银行当地分支行备案。

【友情提醒】 根据《人民币银行结算账户管理办法》第二十九条规定：中国人民银行应于2个工作日内对银行报送的基本存款账户、临时存款账户和预算单位专用存款账户的开户资料的合规性予以审核，符合开户条件的，予以核准；不符合开户条件的，应在开户申请书上签署意见，连同有关证明文件一并退回报送银行。

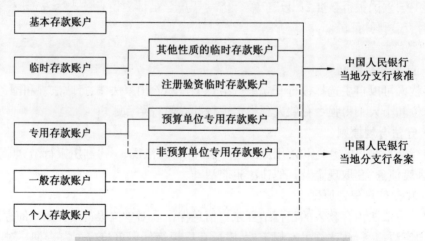

图2-3-3　银行结算账户核准制与备案制示意图

单位银行结算账户自正式开立之日起3个工作后方可对外办理付款业务。

【友情提醒】

1."正式开立之日"的理解：(1) 需要中国人民银行当地分支行核准的，中国人民银行核准之日为正式开立之日；(2) 不需要中国人民银行当地分支行核准而只需要备案的，开户银行批准开立之日为正式开立之日。

2."3日后方可办理付款业务"的理解：(1) 正式批准之日起就可以办理业务，但不能办理付款业务；(2) 注册验资的临时存款账户转为基本存款账户的或因借款而开立的一般存款账户不在约束之列。

【例2-3-8·单选题】 下列银行结算账户需要中国人民银行当地分支行核准的有(   )。

A. 某单位为注册验资而开立的临时账户
B. 某企业的职工年金专项账户
C. 某企业因办理日常资金收付需开立账户
D. 某单位借款而开立的一般账户

【答案】 C

【解析】 选项 A 属于注册验资类的临时存款账户,选项 B 属于非预算单位的专项存款账户,选项 C 属于基本存款账户,选项 D 属于一般存款账户。根据《人民币银行结算账户管理办法》规定,ABD 描述的账户需要开户银行报人民银行当地分支行备案,选项 C 需要报中国人民银行当地分支行核准。故选 C。

(二)银行结算账户的变更

《人民币银行结算账户管理办法》对银行结算账户变更的有关规定如下:

(1) 存款人更改名称,但不改变开户银行及账号的,应于 5 个工作日内向开户银行提出银行结算账户的变更申请,并出具有关部门的证明文件。

(2) 单位的法定代表人或主要负责人、住址以及其他开户资料发生变更时,应于 5 个工作日内书面通知开户银行并提供有关证明。

(3) 银行接到存款人的变更通知后,应及时办理变更手续,并于 2 个工作日内向中国人民银行报告。

【友情提醒】 "存款人更改名称"是向开户行"提出变更申请";"法定代表人"等变更是"书面通知"开户行。

【例 2-3-9 · 判断题】 存款人更改名称,应于 5 个工作日内向开户银行提出银行结算账户的变更申请,并出具有关部门的证明文件。

【答案】 ×

【解析】 存款人更改名称,不改变开户银行及账号的,进行变更申请;如果改变开户银行或账号的,原账号要申请撤销,而不是申请变更。

(三)银行结算账户的撤销

银行结算账户的撤销是指存款人因开户资格或其他原因终止银行结算账户使用的行为。

存款人有"(1) 被撤并、解散、宣告破产或关闭的;(2) 注销、被吊销营业执照的;(3) 因迁址需要变更开户银行的;(4) 其他原因需要撤销银行结算账户的"情形之一的,应向开户银行提出撤销银行结算账户的申请。

存款人有上述第(1)、(2)项情形的,应于 5 个工作日内向开户银行提出撤销银行结算账户的申请。存款人超过规定期限未主动办理撤销银行结算账户手续的,银行有权停止其银行结算账户的对外支付。自撤销之日起 2 个工作日内书面通知其他存款开户银行,其他存款开户银行自收到通知之日起 2 个工作日内通知存款人撤销有关银行结算账户,存款人自收到通知之日起 3 个工作日内办理撤销。

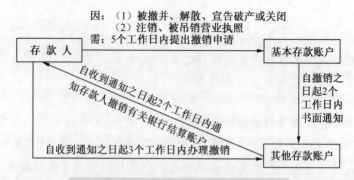

图 2-3-4 银行结算账户撤销示意图

未获得工商行政管理部门核准登记的单位,在验资期满后,应向银行申请撤销注册验资临时存款账户,其账户资金应退还给原汇款人账户。注册验资资金以现金方式存入,出资人需提取现金的,应出具缴存现金时的现金缴款单原件及其有效身份证件。

【友情提醒】 存款人尚未清偿其开户银行债务的,不得申请撤销该账户。

存款人撤销银行结算账户,必须与开户银行核对银行结算账户存款余额,交回各种重要空白票据及结算凭证和开户登记证,银行核对无误后方可办理销户手续。存款人未按规定交回各种重要空白票据及结算凭证的,应出具有关证明,造成损失的,由其自行承担。

银行撤销单位银行结算账户时应在其基本存款账户开户登记证上注明销户日期并签章,同时于撤销银行结算账户之日起 2 个工作日内,向中国人民银行报告。

银行对一年未发生收付活动且未欠开户银行债务的单位银行结算账户,应通知单位自发出通知之日起 30 日内办理销户手续,逾期视同自愿销户,未划转款项列入久悬未取专户管理。

【例 2-3-10·多选题】 下列各项中,存款人可以向其开户银行提出撤销银行结算账户申请的情形有(　　)。

A. 存款人被撤并的　　　　　　B. 存款人被吊销营业执照的
C. 存款人注销的　　　　　　　D. 存款人因迁址需要变更开户银行的

【答案】 ABCD

【解析】 根据《人民币银行结算账户管理办法》规定,存款人有"(1)被撤并、解散、宣告破产或关闭的;(2)注销、被吊销营业执照的;(3)因迁址需要变更开户银行的;(4)其他原因需要撤销银行结算账户的"情形之一的,应向开户银行提出撤销银行结算账户的申请。故选项 ABCD 都正确。

四、违反银行账户管理法律制度的法律责任

(1) 存款人在开立、撤销银行结算账户时有法定违法行为时,非经营性的存款人,给予警告并处以 1 000 元的罚款;经营性的存款人,给予警告并处以 1 万元以上 3 万元以下的罚款;构成犯罪的,移交司法机关依法追究刑事责任。

【友情提醒】 该法定违法行为是指:(1) 违反本办法规定开立银行结算账户;(2) 伪造、变造证明文件欺骗银行开立银行结算账户;(3) 违反本办法规定不及时撤销银行结算账户。

(2) 存款人使用银行结算账户,有违反规定将单位款项转入个人银行结算账户,支取现金,利用开立银行结算账户逃废银行债务,出租、出借银行结算账户,基本存款账户之外的银行结算账户转账存入,将销货收入存入或现金存入单位信用卡账户等行为时,非经营性的存款人,给予警告并处以1 000元罚款;经营性的存款人,给予警告并处以5 000元以上3万元以下的罚款。存款人未在规定期限内将法定代表人或主要负责人、存款人地址以及其他开户资料的变更事项通知银行的,给予警告并处以1 000元的罚款。

　　(3) 伪造、变造、私自印制开户登记证的存款人,属非经营性的处以1 000元罚款;属经营性的处以1万元以上3万元以下的罚款;构成犯罪的,移交司法机关依法追究刑事责任。

　　(4) 银行在银行结算账户的开立中有法定违法行为时,给予警告,并处以5万元以上30万元以下的罚款;对该银行直接负责的高级管理人员、其他直接负责的主管人员、直接责任人员按规定给予纪律处分;情节严重的,中国人民银行有权停止对其开立基本存款账户的核准,责令该银行停业整顿或者吊销经营金融业务许可证;构成犯罪的,移交司法机关依法追究刑事责任。

　　【友情提醒】　该法定违法行为是指:(1) 违反本办法规定为存款人多头开立银行结算账户;(2) 明知或应知是单位资金,而允许以自然人名称开立账户存储。

　　(5) 银行在银行结算账户的使用中有法定违法行为时,给予警告,并处以5 000元以上3万元以下的罚款;对该银行直接负责的高级管理人员、其他直接负责的主管人员、直接责任人员按规定给予纪律处分;情节严重的,中国人民银行有权停止对其开立基本存款账户的核准,构成犯罪的,移交司法机关依法追究刑事责任。

　　【友情提醒】　该法定违法行为是指:(1) 提供虚假开户申请资料欺骗中国人民银行许可开立基本存款账户、临时存款账户、预算单位专用存款账户;(2) 开立或撤销单位银行结算账户,未按本办法规定在其基本存款账户开户登记证上予以登记、签章或通知相关开户银行;(3) 违反本办法第四十二条规定办理个人银行结算账户转账结算;(4) 为储蓄账户办理转账结算;(5) 违反规定为存款人支付现金或办理现金存入;(6) 超过期限或未向中国人民银行报送账户开立、变更、撤销等资料。

　　【例2-3-11·多选题】　根据《人民币银行结算账户管理办法》的规定,非经营性存款人违反规定,伪造、变造、私自印制开户登记证,未构成犯罪的,给予的处罚是( )。

　　A. 警告　　　　　　　　　　　B. 处以3万以下的罚款
　　C. 处以1 000元罚款　　　　　　D. 处以1万以上罚款

　　【答案】　AC

　　【解析】　根据规定,存款人违反规定,伪造、变造、私自印制开户许可证,属非经营性的处以1 000元罚款;属经营性的处以1万元以上3万元以下的罚款;构成犯罪的,移交司法机关依法追究刑事责任。所以BD选项不对。

　　【小结】

　　(1) 单位银行结算账户开户流程。

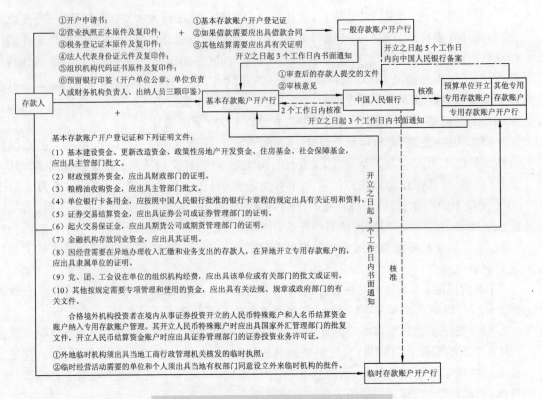

图2-3-5 单位银行结算账户开户流程图

(2) 单位银行结算账户的对比。

表2-3-4　　　　　　　　　　四类单位银行结算账户的比较

账户性质	使用范围	现金收付	人行核准	数量	备注
基本存款	办理存款人日常经营活动的资金收付及其工资、奖金和现金的支取	可以收现,也可以付现	需要人行核准	1个	独立核算的附属机构可以申请开立基本存款,不独立核算不可以申请开基本存款账户
一般存款	办理存款人借款转存、借款归还和其他结算的资金收付	可以办理现金缴存,但不得办理现金支取	不需要人行核准	没有限制	一般存款在基本存款账户开户银行以外的银行营业机构开立
专用存款	办理各项专用资金的收付。针对不同的专用资金,专用存款账户有不同使用范围	根据具体情况确定	只有预算单位的专用存款才需要人行核准	没有限制	注意:单位银行卡账户,不得办理现金收付业务
临时存款	注册验资、办理临时机构以及存款人临时经营活动发生的资金收付	可以收现,也可以付现	需要人行核准,但是注册验资的临时存款例外	临时机构1个 异地临时经营活动1个 建筑施工及安装异地多个项目:不超过合同个数	临时存款账户有效期最长不得超过2年

练一练

1. 下列关于银行结算账户的表述中,错误的有( )。
   A. 基本存款账户主要办理存款人日常经营活动的资金收付及其工资、奖金和现金的支取
   B. 一般存款账户用于办理各项资金的收付
   C. 专用存款账户可以用于办理存款人借款转存、借款归还和其他结算的资金收付
   D. 临时存款账户用于办理临时机构以及存款人临时经营活动发生的资金收付
2. 下列账户在开立时必须经过中国人民银行核准的有( )。
   A. 基本存款账户
   B. 一般存款账户
   C. 临时存款账户(因注册验资和增资验资开立的除外)
   D. 个人银行结算账户
3. 案例分析:

太平洋公司是一家有限责任公司,20×7年,公司发生了下列事项:7月28日,由于向农民收购农副产品急需大量现金,经总经理赵某批准,从公司当日的现金收入中直接支取8万元,从财务部长孙某个人存折上取出属于公司的现金5万元,并向农民开出5万元的借条;10月12日,签发支票一张,填写的出票日期为"零壹拾月壹拾贰日"字样,出票大写金额为"叁万零壹佰伍拾元正"字样。

(1) 下列选项中违反开户单位现金使用规定的有( )。
   A. 用现金向农民收购农副产品
   B. 向农民开出5万元的借条
   C. 将公司自有现金存在孙某个人账户上
   D. 从公司现金收入中坐支现金

(2) 若银行明知孙某所存现金属于公司,根据《账户管理办法》的规定,应对银行处以的罚款为( )。
   A. 5万~30万元   B. 5 000~3万元
   C. 1 000元   D. 1万~3万元

(3) 关于公司支票的填写,下列说法中正确的有( )。
   A. 该支票中的中文大写金额填写错误
   B. 该支票的出票日期正确写法应为"零壹拾月零壹拾贰日"
   C. 该支票的出票日期既可以使用中文大写也可以使用阿拉伯数字填写
   D. 若该支票的出票日期未按规范填写,银行可予受理,但由此造成损失的,由出票人自行承担。

(4) 下列各项中,可以转入个人账户的有( )。
   A. 工资、资金收入
   B. 农、副、矿产品销售收入
   C. 债券、期货、信托等投资的本金和收益

D. 纳税退款

(5) 根据《账户管理办法》的规定,对孙某应处以的罚款为( )。

　　A. 5 000~3 万元　　　　　　　　B. 5 万~30 万元
　　C. 1 万~3 万元　　　　　　　　D. 1 000 元

4. 案例分析:

甲公司 2016 年 1 月 1 日取得公司营业执照,并办理了税务登记证,5 日办理了银行结算账户,15 日公司提取 15 万元用于发放职工工资。甲公司因业务发展需要,取得母公司所在地(异地)银行贷款 1 200 万元。甲公司是高新技术公司,经审核,符合政府专项扶持政策,收到财政部门的政策性扶持资金 50 万元,财政部门要求对此资金专款专用。根据上述事项,请回答下列问题:

(1) 甲公司申请开立基本存款账户需要的资料有( )。

　　A. 营业执照正本　　　　　　　　B. 营业执照副本
　　C. 开户许可证　　　　　　　　　D. 税务登记证

(2) 一般存款账户可以办理下列( )事项。

　　A. 借款转存、归还　　　　　　　B. 结算资金收付
　　C. 现金缴存　　　　　　　　　　D. 支取现金

(3) 甲公司职工工资应通过( )发放。

　　A. 基本存款账户　　　　　　　　B. 一般存款账户
　　C. 专用存款账户　　　　　　　　D. 临时存款账户

(4) 甲公司应在母公司所在地开立( )。

　　A. 基本存款账户　　　　　　　　B. 一般存款账户
　　C. 专用存款账户　　　　　　　　D. 临时存款账户

(5) 甲公司收到的 50 万元扶持资金应存入( )。

　　A. 基本存款账户　　　　　　　　B. 一般存款账户
　　C. 专用存款账户　　　　　　　　D. 临时存款账户

任务四　票据结算方式

任务介绍

理解票据的相关概念,熟悉支票、商业汇票等结算方式的规定,并能综合分析具体案例。

任务实施

一、票据结算概述

(一) 票据的概念

票据是由出票人依法签发的、约定自己或者委托付款人在见票时或指定的日期向收款

人或持票人无条件支付一定金额的有价证券,包括汇票、银行本票和支票。

(二)票据的特征与功能

1. 票据的主要特征

(1)票据是债券凭证。区别于物权证券(提单)和社员权证券(股票)。

(2)票据是设权证券。票据权利是经过出票人的出票行为而产生,即由出票行为设立票据权利。

(3)票据是文义证券。票据上的权利义务只依票据上所记载的文义来确定,票据文义以外的任何事实与证据皆不能用来作为认定票据上的权利和义务的证据。

(4)票据是无因证券。票据上的权利与义务不以任何原因为其有效的条件。

(5)票据是要式证券。票据必须具备法定的格式要件。

2. 票据的功能

(1)支付功能;(2)汇兑功能;(3)信用功能;(4)结算功能;(5)融资功能。

【例2-4-1·多选题】 根据我国票据法的规定,下列属于我国票据法规定的票据范畴的有( )。

　　A. 银行本票　　B. 银行汇票　　C. 支票　　D. 股票

【答案】 ABC

【解析】 我国票据法规定的票据范畴包括汇票、本票和支票,其中汇票又可以分为银行汇票和商业汇票,所以选项ABC是正确的。

【例2-4-2·多选题】 票据的功能包括( )。

　　A. 支付功能　　B. 汇兑功能　　C. 信用功能　　D. 融资功能

【答案】 ABCD

【解析】 票据的功能包括支付功能、汇兑功能、信用功能、结算功能、融资功能。

(三)票据行为

票据行为是指票据当事人以发生票据债务为目的的、以在票据上签名或盖章为权利与义务成立要件的法律行为,包括出票、背书、承兑和保证四种。

(1)出票是指票据创立和交付行为,即出票人依法定格式制作票据,并交付收款人的行为。它包括"作成"和"交付"两种行为。所谓"作成"就是出票人按照法定款式制作票据,在票据上记载法定内容并签名。所谓"交付"是指根据出票人本人的意愿将其交给受款人的行为。

(2)背书是指持票人以转让汇票权利或授予他人一定的汇票权利为目的,在汇票背面或粘单上记载有关事项并签章的票据行为。

【友情提醒】 不得背书转让的票据有:(1)现金支票;(2)填明"现金字样"的银行本票;(3)填明"现金"字样并指定代理付款行的银行汇票;(4)未填明实际结算金额的银行汇票;(5)授权补记的支票在授权补记之前的支票。

(3)承兑即承诺兑付,是付款人在汇票上签章表示承诺将来在汇票到期时承担付款义务的一种行为。承兑行为只发生在远期汇票的有关活动中。

(4)保证是指票据保证人以担保票据债务的履行为目的而进行的票据行为。票据保证的目的是担保其他票据债务的履行,适用于汇票和本票,不适用于支票。

【友情提醒】 出票人在票据上的签章不符合《票据法》等规定的,票据无效;承兑人、保证人在票据上的签章不符合《票据法》等规定的,其签章无效,但不影响其他符合规定签章的效力;背书人在票据上的签章不符合《票据法》等规定的,其签章无效,但不影响其前手符合规定签章的效力。

【例2-4-3·单选题】 A公司签发一张为期3个月的商业汇票给B公司,则A公司的行为属于票据的( )行为。

A. 出票　　　　B. 背书　　　　C. 承兑　　　　D. 保证

【答案】 A公司签发一张为期3个月的商业汇票给B公司的行为属于"出票"行为。故选A。

(四)票据当事人

票据当事人是指票据法律关系中享有票据权利、承担票据义务的当事人,也称票据法律关系主体。票据当事人可分为基本当事人和非基本当事人。

1. 基本当事人

票据基本当事人,是指在票据作成和交付时就已经存在的当事人,包括出票人、付款人和收款人三种。汇票和支票的基本当事人有出票人、付款人与收款人;本票的基本当事人有出票人与收款人。

(1)出票人:指依法定方式签发票据并将票据交付给收款人的人。

(2)收款人:指票据正面记载的到期后有权收取票据所载金额的人。

(3)付款人:指由出票人委托付款或自行承担付款责任的人。

2. 非基本当事人

非基本当事人是指在票据作成并交付后,通过一定的票据行为加入票据关系而享有一定权利、义务的当事人,包括承兑人、背书人、被背书人、保证人等。

(1)承兑人:指接受汇票出票人的付款委托,同意承担支付票款义务的人,是汇票主债务人。

(2)背书人与被背书人:背书人是指在转让票据时,在票据背面或粘单上签字或盖章,并将该票据交付给受让人的票据收款人或持有人。

(3)保证人:是指为票据债务提供担保的人,由票据债务人以外的第三人担当。

【例2-4-4·多选题】 下列各项中,属于票据当事人的有( )。

A. 出票人　　　B. 付款人　　　C. 收款人　　　D. 保证人

【答案】 ABCD

【解析】 票据的当事人分基本当事人和非基本当事人,选项ABC属于票据基本当事人,选项D属于票据非基本当事人。故选ABCD。

拓展提高

票据关系当事人可分为票据权利人(债权人)和票据义务人(债务人)。票据权利人是指持有票据,可依法向票据义务人主张票据权利即要求对方付款的人,又称持票人。票据债务人是指因为作了某种票据行为而依法应当负责或履行票据义务,即按规定向权利人付款的人。票据债务人有主债务人(又称第一债务人)和从债务人(又称第二债务人)之分。主债务人是指发票时的债务人,如汇票的发票人(承兑后为承兑人)、本票和支票的发票人。从债务人指非基本当事人中的债务人,如背书后的背书人等。主债务人和从债务人在履行票据义务(主要是向权利人付款)的次序是不同的。权利人首先应向主债务人请求付款,只有当主债务人拒绝承兑或付款时才向从债务人追索款项。

(五)票据权利与责任

票据权利是指票据持票人向票据债务人请求支付票据金额的权利,包括付款请求权(第一顺序权利,又叫主票据权利)和追索权(第二票据权利,又叫从票据权)。

票据责任是指票据债务人向持票人支付票据金额的义务。票据责任包含了付款责任和担保付款责任双重性质。因此,票据责任就是付款责任或偿还责任。

【例2-4-5·判断题】 票据权利是指票据持票人向票据债务人请求支付票据金额的权利,即付款请求权。(　　)

【答案】 ×

【解析】 票据权利不仅包括付款请求权,还包括追索权。

(六)票据丧失的补救

票据丧失是指票据因灭失、遗失、被盗等原因而使票据权利人脱离其对票据的占有。票据丧失后可以采取挂失止付、公示催告、普通诉讼三种形式进行补救。

1. 挂失止付

挂失止付是依据《票据法》的规定,对可以挂失止付的票据在票据丧失后,失票人及时通知票据的付款人,收到通知的付款人在法定期间内暂停对该票据支付的制度。该制度是票据的权利人在票据丧失后获得的一种救济措施,防止因票据的丧失给权利人造成损失,对保护票据权利人的权利具有重要意义,是我国金融法律制度中的一项重要制度。

已承兑的商业汇票、支票、填明"现金"字样和代理付款人的银行汇票以及填明"现金"字样的银行本票丧失,可以由失票人通知付款人或者代理付款人挂失止付。未填明"现金"字样和代理付款人的银行汇票以及未填明"现金"字样的银行本票丧失,不得挂失止付。

挂失止付是暂时的预防措施,而不是必经途径。

2. 公示催告

公示催告是一种民事诉讼的程序,是票据丧失后失票人保全和恢复其票据权利的重要补救措施。请求法院公告通知,限期申报票据权利,逾期未申报则失效。

公示催告主要具有以下几个方面的功能:(1)维护失票人的合法权益;(2)对利害关系人的合法权益进行救济;(3)确保票据流通的安全。

3. 普通诉讼

失票人在丧失票据后,可以直接向法院提起民事诉讼,请求法院判令票据债务人向其支付票据金额。我国票据法没有对该程序作出详细规定。一般认为,在失票人选择诉讼途径救济自己的票据权利时,应当向法院提供有关的书面证明,证明自己对所丧失的票据享有所有权,同时还应向法院说明所丧失票据上的有关记载事项。此外,失票人在起诉时还应当提供必要的担保,以补偿票据债务人因支付失票人票据款项可能出现的损失。

【例2-4-6·多选题】 票据丧失是指票据因灭失、遗失、被盗等原因而使票据权利人脱离其对票据的占有。票据丧失后失票人可以采取( )形式进行补救。

　　A．作废　　　　B．公示催告　　　　C．普通诉讼　　　　D．声明

【答案】 BC

【解析】 票据丧失后可以采取挂失止付、公示催告、普通诉讼形式进行补救,其中挂失止付不是必经途径。故选BC。

二、支票

(一)支票的概念及适用范围

1．支票的概念

支票是指由出票人签发的、委托办理支票存款业务的银行在见票时无条件支付确定的金额给收款人或者持票人的票据。

2．支票适用范围

单位和个人的各种款项结算,均可以使用支票。2007年7月8日,中国人民银行宣布,支票可以实现全国范围内互通使用。

3．支票的基本当事人

包括出票人、付款人和收款人。支票可以背书转让,但用于支取现金的支票不能背书转让。

表2-4-1　　　　　　　　　　　　支票的基本当事人

基本当事人	出票人	经中国人民银行当地分支行批准办理支票业务的银行机构开立可以使用支票的存款账户的单位和个人	出票人可以在支票上记载自己为收款人
	付款人	出票人的开户银行	
	收款人	票面上填明的收款人,也可以是经背书转让的被背书人	

4．支票特点

以银行或者其他金融机构作为付款人;见票即付。

(二)支票的种类

支票按照支付票款的方式分为现金支票、转账支票和普通支票。现金支票只能用于支取现金;转账支票只能用于转账;普通支票可以用于支取现金,也可用于转账;在普通支票左上角划两条平行线的,为划线支票,划线支票只能用于转账,不能支取现金。

【友情提醒】 (1)能提取现金的支票有:现金支票和普通支票;仅能提取现金的支票有:现金支票。(2)能转账的支票有:转账支票和普通支票;仅能转账的支票有:转账支票和普通支票中的划线支票。(3)既能提现又能转账的支票有:普通支票。

【例2-4-7·多选题】 下列可以用来提取现金的票据有( )。

　　A．现金支票　　B．转账支票　　　　C．普通支票　　　　D．划线支票

【答案】 AC

【解析】 可以用来提取现金的支票有现金支票和普通支票。

(三) 支票的出票

1. 支票的绝对记载事项

支票的绝对记载事项有:(1)表明"支票"的字样;(2)无条件支付的委托;(3)确定的金额;(4)付款人名称;(5)出票日期;(6)出票人签章。其中支票的金额、收款人名称可以由出票人授权补记,未补记前不得背书转让和提示付款。

【友情提醒】 支票是无条件支付的"委托";"金额"、"收款人名称"可以授权补记。

2. 支票的相对记载事项

支票的相对记载事项有:(1)付款地。支票上未记载付款地的,付款人的营业场所为付款地。(2)出票地。支票上未记载出票地的,出票人的营业场所、住所或者经常居住地为出票地。

此外,支票上可以记载非法定记载事项,但这些事项并不发生支票上的效力。

延伸阅读

票据记载事项是指依法在票据上记载票据相关内容的行为。

1. 绝对记载事项:是指《票据法》明文规定必须记载的,如不记载,票据即为无效的事项。包括票据种类的记载,票据金额的记载,票据收款人的记载和年月日的记载。

2. 相对记载事项:是指除了必须记载事项外,《票据法》规定的其他应记载的事项。相对记载事项可以记载,也可以不记载。记载的,按照记载的具体事项履行权利和义务;未记载的,适用法律的统一认定。例如,《票据法》规定背书由背书人签章并记载背书日期;背书未记载日期的,视为在票据到期日前背书。这里的"背书日期"就属于相对记载事项。还有付款地和出票地。

3. 任意记载事项:是不强制当事人必须记载而允许当事人自行选择,不记载时不影响票据效力,记载时则产生票据效力的事项。例如,出票人在汇票上记载"不得转让"字样的,该汇票不得转让,其中的"不得转让"事项即为任意记载事项。

4. 不产生票据法上的效力的记载事项:是指除了绝对记载事项、相对记载事项、任意记载事项外,票据上还可以记载其他一些事项,但这些事项不具有票据效力。

【例 2-4-8·多选题】 下列各项中,属于支票绝对记载事项的有(　　)。

　　A. 表明"支票"的字样　　　　B. 付款地
　　C. 出票地　　　　　　　　　D. 确定的金额

【答案】 AD

【解析】 选项 AD 是支票的绝对记载事项,选项 BC 是支票的相对记载事项。故选 AD。

3. 出票的效力

出票人作成支票并交付之后,出票人必须在付款人处存有足够可处分的资金,以保证支票票款的支付;当付款人对支票拒绝付款或者超过支票付款提示期限的,出票人应向持票人承担付款责任。

(四) 支票的付款

支票限于见票即付,不得另行记载付款日期,另行记载付款日期的,该记载无效。

1. 提示付款期限

支票的持票人应当自出票日起10日内提示付款;异地使用的支票,其提示付款的期限由中国人民银行另行规定。

【友情提醒】 支票超过提示付款期限的,"持票人"应当向"出票人"提示付款,持票人对出票人的权利,自出票日起6个月。

2. 付款

出票人在付款人处的存款足以支付支票金额时,付款人应当在见票当日足额付款。

3. 付款责任的解除

付款人依法支付支票金额的,对出票人不再承担受委托付款的责任,对持票人不再承担付款的责任。但是,付款人以恶意或者有重大过失付款的除外。

(五) 支票的办理要求

1. 签发支票的要求

(1) 签发支票应当使用碳素墨水或墨汁填写,中国人民银行另有规定的除外。

(2) 签发现金支票和用于支取现金的普通支票,必须符合国家现金管理的规定。

(3) 支票的出票人签发支票的金额不得超过付款时在付款人处实有的存款金额。禁止签发空头支票。

(4) 支票的出票人预留银行签章是银行审核支票付款的依据;银行也可以与出票人约定使用支付密码,作为银行审核支付支票金额的条件。

(5) 出票人不得签发与其预留银行签章不符的支票;使用支付密码的,出票人不得签发支付密码错误的支票。

(6) 出票人签发空头支票、签发签章与预留银行签章不符的支票、使用支付密码的地区、支付密码错误的支票,不以骗取财务为目的的,银行应予以退票,由中国人民银行处以票面金额5%但不低于1 000元的罚款,持票人有权要求出票人赔偿支票金额2%的赔偿金。对屡次签发的,银行应停止其签发支票。

【例2-4-9·多选题】 出票人签发下列支票,银行应予以退票,并按票面金额处以5%但不低于1 000元罚款的有(   )。

A. 空头支票

B. 支付密码错误的支票

C. 出票日期未使用中文大写规范填写的支票

D. 签章与其预留银行签章不符的支票

【答案】 ABD

【解析】 根据规定,出票人签发空头支票、签章与预留银行签章不符的支票、使用支付密码地区支付密码错误的支票,银行应予以退票,并按照票面金额处以5%但不低于1 000元的罚款。

2. 兑付支票的要求

(1) 持票人可以委托开户银行收款或直接向付款人提示付款。用于支取现金的支票仅限于收款人向付款人提示付款。

（2）持票人委托开户银行收款时,应作委托收款背书,在支票背面背书人签章栏签章,记载"委托收款"字样、背书日期,在被背书人栏记载开户银行名称,并将支票和填制的进账单送交开户银行。

（3）持票人持用于转账的支票向付款人提示付款时,应在支票背面背书人签章栏签章,并将支票和填制的进账单交送出票人开户银行。

收款人持用于支取现金的支票向付款人提示付款时,应在支票背面"收款人签章"处签章,持票人为个人的,还需交验本人身份证件,并在支票背面注明证件名称、号码及发证机关。

【例2-4-10·多选题】 甲公司为了支付货款,签发了一张以本市的乙银行为付款人、以丙公司为收款人的转账支票。丙公司在出票日之后的第14天向乙银行提示付款。根据票据法律制度的规定,下列表述中正确的有(   )。

A. 如果甲公司在乙银行的存款足以支付支票金额,乙银行应当足额付款
B. 乙银行可以拒绝付款
C. 乙银行应当无条件付款
D. 如果乙银行拒绝付款,甲公司仍应承担票据责任

【答案】 BD
【解析】 转账支票属于支票的一种,其提示付款期为出票日起十天。超过提示付款期,付款人有权拒绝付款,收款人或持票人应于6个月内到出票人处提示付款,出票人应承担票据责任。故选BD。

三、商业汇票

我国的《票据法》第十九条规定:"汇票是出票人签发的,委托付款人在见票时,或者在指定日期无条件支付确定的金额给收款人或者持票人的票据。"汇票是国际结算中使用最广泛的一种信用工具。汇票按付款人不同可以分为商业汇票和银行汇票。

（一）商业汇票的概念和种类

商业汇票是指由出票人签发的,委托付款人在指定日期无条件支付确定金额给收款人或者持票人的票据。商业汇票的付款期限,最长不得超过6个月。

根据承兑人不同,商业汇票分为商业承兑汇票和银行承兑汇票。商业承兑汇票由银行以外的付款人承兑,银行承兑汇票由银行承兑。商业汇票的付款人为承兑人。

（二）商业汇票的出票

1. 出票人的确定

商业汇票的出票人,为在银行开立存款账户的法人以及其他组织,与付款人具有真实的委托付款关系,具有支付汇票金额的可靠资金来源。

2. 商业汇票的绝对记载事项

签发商业汇票必须记载下列事项,欠缺记载下列事项之一的,商业汇票无效:(1)表明商业承兑汇票或银行承兑汇票的字样;(2)无条件支付的委托;(3)确定的金额;(4)付款人名称;(5)收款人名称;(6)出票日期;(7)出票人签章。

3. 商业汇票的相对记载事项

相对记载事项的内容主要包括：(1)汇票上未记载付款日期的,视为见票即付;(2)汇票上未记载付款地的,付款人的营业场所、住所或者经常居住地为付款地;(3)汇票上未记载出票地的,出票人的营业场所、住所或者经常居住地为出票地。

此外,汇票上可以记载非法定记载事项,但这些事项不具有汇票上的效力。

4. 商业汇票出票的效力

(1)对收款人的效力：收款人取得汇票后,即取得票据权利。

(2)对付款人的效力：付款人在对汇票承兑后,即成为汇票上的主债务人。

(3)对出票人的效力：出票人签发汇票后,即承担保证该汇票承兑和付款的责任。

【例2-4-11·多选题】 根据规定,下列属于商业汇票相对记载事项的有(   )。
　　A．出票地　　　B．付款地　　　C．付款人的名称　　D．付款日期
【答案】 ABD
【解析】 选项C"付款人的名称"属于商业汇票的绝对记载事项而非相对记载事项,故选ABD。

(三)商业汇票的承兑

承兑是指汇票付款人承诺在汇票到期日支付汇票金额的票据行为。承兑是汇票特有的制度。商业承兑汇票可以由付款人签发并承兑,也可以由收款人签发交由付款人承兑。

1. 提示承兑

定日付款或者出票后定期付款的汇票,持票人应当在汇票到期日前向付款人提示承兑;见票后定期付款的汇票,持票人应当自出票日起1个月内向付款人提示承兑;汇票未按规定期限提示承兑的,持票人丧失对其前手的追索权;见票即付的汇票无须提示承兑。

2. 承兑的效力

(1)承兑人于汇票到期日必须向持票人无条件地支付汇票上的金额,否则其必须承担迟延付款责任;(2)承兑人必须对汇票上的一切权利人承担责任,该权利人包括付款请求权人和追索权人;(3)承兑人不得以其与出票人之间的资金关系来对抗持票人,拒绝支付汇票金额;(4)承兑人的票据责任不因持票人未在法定期限提示付款而解除。

3. 承兑不得附有条件

付款人承兑商业汇票,不得附有条件;承兑附有条件的,视为拒绝承兑。

(四)商业汇票的付款

商业汇票的付款,是指付款人依据票据文义支付票据金额,以消灭票据关系的行为。

1. 提示付款

持票人应当按照下列法定期限提示付款：(1)见票即付的汇票,自出票日起1个月内向付款人提示付款;(2)定日付款、出票后定期付款或者见票后定期付款的汇票,自到期日起10日内向承兑人提示付款。持票人未按照上述规定期限提示付款的,在作出说明后,承兑人或者付款人仍应当继续对持票人承担付款责任。

2. 支付票款

持票人付款提示后,付款人依法审查无误后必须无条件地在当日按票据金额足额支付给持票人。否则,应承担迟延付款的责任。

3. 付款的效力

付款人依法足额付款后,全体汇票债务人的责任解除。

(五)商业汇票的背书

商业汇票的背书,是指以转让商业汇票权利或者将一定的商业汇票权利授予他人行使为目的,按照法定的事项和方式在商业汇票背面或者粘单上记载有关事项并签章的票据行为。汇票转让只能采取背书方式。若出票人在汇票上记载"不得转让"字样,该汇票不得转让。

1. 背书的形式

背书的形式是持票人在汇票背面或粘单上记载有关事项并签章。

延伸阅读

(1)背书签章和背书日期的记载:背书由背书人签章并记载背书日期。背书未记载日期的,视为在汇票到期日前背书。背书人背书时,必须在票据上签章。

(2)被背书人名称的记载:汇票以背书转让或者以背书将一定的汇票权利授予他人行使时,必须记载背书人名称。背书人未记载被背书人名称即将票据交付他人的,持票人在票据的被背书人栏内记载自己的名称与背书人记载具有同等法律效力。

(3)禁止背书的记载:背书人在汇票上记载"不得转让"字样,其后手再背书转让的,原背书人对后手的被背书人不承担保证责任。

(4)粘单的使用:第一位使用粘单的背书人必须将粘单粘接在票据上,并且在汇票和粘单的粘接处签章。

(5)背书不得记载的内容:背书不得附有条件,背书时附有条件的,所附条件不具有汇票上的效力。

将汇票金额的一部分转让的背书或将汇票金额分别转让给两人以上的背书是无效背书。

2. 背书的连续

背书连续是指在票据转让中,转让汇票的背书人与受让汇票的被背书人在汇票上的签章依次前后衔接。如果背书不连续,付款人可以拒绝向持票人付款,否则付款人应自行承担票据责任。

【例2-4-12·判断题】 背书应当连续,如果伪造背书将影响背书的连续性。(　　)

【答案】 ×

【解析】 伪造的背书不影响背书的连续,它属于形式上有效、实质上无效。

3. 背书的禁止

背书禁止主要包括两个方面,一是"约定禁止",一是"法定禁止"。

(1)约定禁止:背书人在汇票上记载"不得转让"字样,其后手再背书转让的,原背书人对后手的被背书人不承担保证责任。

(2)法定禁止:①汇票被拒绝承兑、被拒绝付款或者超过付款提示期限的,不得背书转让;背书转让的,背书人应当承担票据责任。②填明"现金"字样的银行汇票、银行本票和用于支取现金的支票不得背书转让。

【例2-4-13·多选题】 下列票据类型中,不能背书转让的有( )。

A. 没有承兑的商业汇票   B. 现金支票
C. 划线支票   D. 转账支票

【答案】 AB

【解析】 没有承兑的商业汇票、注明"现金"字样的银行汇票、银行本票、现金支票不能背书转让。故选AB。

(六)商业汇票的保证

保证即为票据债务人以外的第三人,以担保特定债务人履行票据债务为目的,而在票据上所为的一种附属票据行为。

1. 保证的当事人

保证的当事人为保证人与被保证人。保证应由汇票债务人以外的他人承担。

(1)根据《票据法》规定,汇票的债务可以由保证人承担保证责任。保证人由汇票债务人以外的他人担当。

【友情提醒】 已成为票据债务人的,不得再充当票据上的保证人。

(2)保证人应是具有代为清偿票据债务能力的法人、其他组织或者个人;国家机关、以公益为目的的事业单位、社会团体、企业法人的分支机构和职能部门不得为保证人;但是经国务院批准为使用外国政府或者国际经济组织贷款进行转贷,国家机关提供票据保证的,以及企业法人的分支机构在法人书面授权范围内提供票据保证的除外。

(3)票据保证无效的,票据的保证人应当承担与其过错相应的民事责任。

2. 保证的格式

根据《票据法》规定,在办理保证手续时,保证人必须在汇票或粘单上记载下列事项:(1)表明"保证"的字样;(2)保证人名称和住所;(3)被保证人的名称;(4)保证日期;(5)保证人签章。

【友情提醒】 如果另行签订保证合同或者保证条款的,不属于票据保证,人民法院应当适用《担保法》的有关规定。

【例2-4-14·判断题】 票据法上的保证与《担保法》中的担保一样,都是在原有被保证对象之外重新订立合同或保证条款,以达到保证作用。( )

【答案】 ×

【解析】 票据保证必须作成于汇票或粘单之上,而《担保法》中的担保需要另行签订保证合同,所以二者是不一样的。

延伸阅读

(1)票据保证必须作成于汇票或粘单之上。

(2)票据保证记载中绝对应记载事项包括保证文句和保证人签章两项,相对应记载事项包括被保证人的名称、保证日期和保证人住所。① 未记载被保证人的名称的,已承兑的汇票,承兑人为被保证人;未承兑的汇票,出票人为被保证人。② 未记载保证日期的,出票日期为保证日期。③ 未记载保证人住所的,可以推定为保证人的营业场所或住所。

（3）关于保证的记载方法,如果是为出票人、承兑人保证的,则应记载于汇票的正面;如果是为背书人保证,则应记载于汇票的背面或者粘单上。

（4）保证不得附有条件;附有条件的,不影响对汇票的保证责任。

3. 保证的效力

（1）保证人的责任:① 保证人对合法取得汇票的持票人所享有的汇票权利,承担保证责任,但是,被保证人的债务因汇票记载事项欠缺而无效的除外;② 被保证的汇票,保证人应当与被保证人对持票人承担连带责任。汇票到期后得不到付款的,持票人有权向保证人请求付款,保证人应当足额付款;③ 保证人为二人以上的,保证人之间承担连带责任。

（2）保证人的追索权:① 保证人清偿汇票债务后,可以行使持票人对被保证人及其前手的追索权;② 由于承兑人并不因保证人清偿债务而解除责任,承兑人仍是票据上的主债务人,保证人应该享有对承兑人的付款请求权和追索权。

四、银行汇票

（一）银行汇票的概念和适用范围

银行汇票是由出票银行签发的,在见票时按照实际结算金额无条件支付给收款人或者持票人的票据。单位和个人在异地、同城或同一票据交换区域的各种款项结算,均可使用银行汇票。

（二）银行汇票的记载事项

银行汇票必须记载下列事项:表明"银行汇票"的字样;无条件支付的承诺;确定的金额;付款人名称;收款人名称;出票日期;出票人签章。

【友情提醒】 银行汇票是"无条件支付的承诺",商业汇票是"无条件支付的委托"。

【例2-4-15·多选题】 下列属于银行汇票绝对记载事项的有( )。

A. 票据到期日期　　　　　　B. 付款人名称
C. 收款人名称　　　　　　　D. 无条件支付的承诺

【答案】 BCD

【解析】 银行汇票的绝对记载事项中含"出票日期",但没有"到期日期"。故选BCD。

【例2-4-16·判断题】 银行汇票是由出票银行签发的,在见票时按照出票金额无条件支付给收款人或者持票人的票据。( )

【答案】 ×

【解析】 银行汇票是在见票时按照"实际结算金额"无条件支付的,而非"出票金额"。

【牛刀小试·多选题】 下列有关银行汇票结算方式的表述中,符合《支付结算办法》规定的为( )。

A. 签发现金银行汇票,申请人和收款人都必须是个人
B. 实际结算金额超过票面金额的,票据无效
C. 银行汇票未记载付款日期、付款地的,票据无效
D. 银行汇票适用单位和个人在异地、同城的各种款项结算

【答案】 ABD

【解析】 银行汇票是见票即付的票据,所以付款日期不是银行汇票的绝对记载事项。

故选 ABD。

（三）银行汇票的基本规定

（1）银行汇票可以用于转账，标明"现金"字样的银行汇票也可以提取现金。

（2）银行汇票的付款人为银行汇票的出票银行，银行汇票的付款地为代理付款人或出票人所在地。

（3）银行汇票的出票人在票据上的签章，应为经中国人民银行批准使用的该银行汇票专用章加其法定代表人或其授权经办人的签名或者盖章。

（4）银行汇票的提示付款期限自出票日起一个月内。持票人超过付款期限提示付款的，代理付款人（银行）不予受理。

【例2-4-17·判断题】 银行汇票的提示付款期限自出票之日起一个月内，持票人超过付款期限提示付款的，付款行不予受理。

【答案】 ×

【解析】 银行汇票超过提示付款期限的，代理付款人（银行）不予受理，但出票银行（付款行）还是要受理的。

（5）银行汇票可以背书转让，但填明"现金"字样的银行汇票不得背书转让。银行汇票的背书转让以不超过出票金额的实际结算金额为准。未填写实际结算金额或实际结算金额超过出票金额的银行汇票不得背书转让。

（6）填明"现金"字样和代理付款人的银行汇票丧失，可以由失票人通知付款人或者代理付款人挂失止付。

（7）银行汇票丧失，失票人可以凭人民法院出具的其享有票据权利的证明，向出票银行请求付款或退款。

（四）银行汇票申办和兑付的基本规定

收款人受理银行汇票依法审查无误后，应在出票金额以内，根据实际需要的款项办理结算，并将实际结算金额和多余金额填入银行汇票和解讫通知的有关栏内。未填明实际结算金额和多余金额或实际结算金额超过出票金额的，银行不予受理。银行汇票的实际结算金额不得更改，更改实际结算金额的银行汇票无效。

持票人向银行提示付款时，必须同时提交银行汇票和解讫通知，缺少任何一联，银行不予受理。

持票人超过提示付款期限向代理付款银行提示付款不获付款的，必须在票据权利时效内向出票银行作出说明，并提供本人身份证件或单位证明，持银行汇票和解讫通知向出票银行请求付款。

五、银行本票

（一）银行本票的概念

银行本票是出票人签发的，承诺自己在见票时无条件支付确定的金额给收款人或者持票人的票据。

银行本票按照其金额是否固定可分为不定额银行本票和定额银行本票两种。不定额银行本票是指凭证上金额栏是空白的，签发时根据实际需要填写金额（起点金额为100元），并用压数机压印金额的银行本票;定额银行本票是指凭证上预先印有固定面额的银行本票。定额银行本票面额为1 000 元、5 000 元、10 000 元和50 000 元,其提示付款期限自出票日起最长不得超过2个月。

(二)银行本票的适用范围

单位和个人在同一票据交换区域需要支付的各种款项,均可以使用银行本票。银行本票可以用于转账,注明"现金"字样的银行本票可以用于支取现金。

(三)银行本票的记载事项

银行本票必须记载下列事项:表明"银行本票"的字样;无条件支付的承诺;确定的金额;收款人名称;出票日期;出票人签章。

申请人或收款人为单位的,不得申请签发现金银行本票。

(四)银行本票的提示付款期限

银行本票见票即付,提示付款期限自出票日起最长不得超过2个月。持票人超过付款期限提示付款的,代理付款人不予受理。

本票的持票人未按照规定期限提示见票的,丧失对出票人以外的前手的追索权。

延伸阅读

《中华人民共和国票据法》第17条规定,我国票据时效的期间分为三种:2年的期间、6个月的期间、3个月的期间。这三种期间,分别适用于不同的票据权利。

1. 2年的期间

期间2年的时效,有以下三种对象:

(1)汇票的持票人对出票人的权利。汇票的出票人,对持票人负有保证承兑和保证付款的义务,持票人在汇票得不到承兑或者付款时,在2年内对出票人得行使追索权;

(2)汇票的持票人对承兑人的权利。承兑人承兑汇票后,承担到期付款的责任,因此,持票人对承兑人有付款请求权。当不获付款时,持票人在2年内对承兑人有追索权;

(3)本票的持票人对出票人的权利。本票是自付证券,出票人在持票人提示见票时,必须承担付款的责任,持票人未按照本票上规定的期限提示见票请求付款的,丧失对其前手的追索权,在时效期间内对出票人有追索权。本票持票人对出票人的权利,适用2年的时效期间。

2. 6个月的期间

期间6个月的时效,适用以下两种对象:

(1)支票的持票人对出票人的权利。支票是委托证券,出票人对持票人承担保证从付款人处获得付款的责任,自己并不向持票人负担支付票面金额的义务,因此,持票人对出票人无付款请求权。在支票不获付款时,持票人对出票人有追索权。《票据法》第17条第1款第2项所指持票人对支票出票人的权利,为追索权,时效期间为出票日起6个月。支票的付款期限很短,持票人在很短的付款期限内不获付款时,应当尽快行使追索权,使支票关系当事人的财产关系处于确定、安全的状态,为有力促使持票人尽快追索,票据法将支票持票人的追索权时效期间,定为较短的6个月时间。

(2)持票人对前手的追索权。票据以背书转让方式进入流通状态之后,背书人与被背书人之间、最初背书人(也叫"第一背书人")和他之后的任何背书人、被背书人或者持票人之间,形成"前手、后手"关系,各国票据法上都规定,前手对后手承担担保责任,保证转让的汇票能够得到承兑和付款,转让的本票和支票能够得到付款,否则,后手或持票人对前手得行使追索权。持票人对其前手行使追索权的,应当自被拒绝承兑或者被拒绝付款之日起6个月内进行,超过6个月时效期间的,追索权消灭。

3. 3个月的期间

期间为3个月的时效,仅适用于再追索权。

持票人对其前手的再追索权,应当自清偿日或者被提起诉讼之日起3个月内行使。再追索权,是经其他票据权利人追索而清偿了票据债务的票据债务人,取得票据后得行使的向其前手再为追索的权利。

【小结】 票据结算方式对比(表2-4-2)。

表2-4-2　　　　　　　　　　　票据结算方式对比表

结算方式	支票	银行汇票	商业汇票	银行本票
概念	由出票人签发,委托办理支票存款业务的银行在见票时无条件支付确定的金额给收款人或者持票人的票据	出票银行签发,由其在见票时按实际结算金额无条件支付给收款人或者持票人的票据	出票人签发,委托付款人在指定日期无条件支付确定的金额给收款人或者持票人的票据	银行签发,承诺自己在见票时无条件支付确定的金额给收款人或者持票人的票据
种类	现金支票、转账支票、普通支票、划线支票	带有"现金"字样的不能转让,只限于个人使用,可以取现,可以挂失	商业承兑汇票、银行承兑汇票	(1) 定额本票(1千、5千、1万、5万元); (2) 不定额本票(起点5千元)
适用范围	单位和个人的各种款项结算	单位和个人的各种款项结算	企业之间具有真实交易关系或债权债务关系的结算	单位和个人的各种结算
使用区域	同城或异地	同城或异地	同城或异地	同城
绝对记载	(1) 表明"支票"的字样;(2) 无条件支付的委托;(3) 确定的金额;(4) 付款人名称;(5) 出票日期;(6) 出票人签章	(1) 表明"银行汇票"的字样;(2) 无条件支付的承诺;(3) 确定的金额;(4) 付款人名称;(5) 收款人名称;(6) 出票日期;(7) 出票人签章	(1) 表明"商业承兑汇票"或"银行承兑汇票"的字样;(2) 无条件支付的委托;(3) 确定的金额;(4) 付款人名称;(5) 收款人名称;(6) 出票日期;(7) 出票人签章	(1) 表明"银行本票"的字样;(2) 无条件支付的承诺;(3) 确定的金额;(4) 收款人名称;(5) 出票日期;(6) 出票人签章
相对记载	付款地、出票地	付款日期、付款地、出票地	付款日期、付款地、出票地	付款地、出票地
结算起点				定额1千、3千、1万、5万元
付款期限	10天	1个月	最长不超过6个月	2个月
结算特点	方便、灵活	(1) 适用范围广;(2) 票随人走,钱货两清;(3) 信用度高,安全可靠;(4) 使用灵活,适应性强;(5) 结算准确,余款自动退回	有利于商业信用票据化,可贴现	见票即付,信誉高

练一练

一、单选题

1. 下列关于支票的表述中,错误的是(　　)。
   A. 划线支票只能用于支取现金
   B. 普通支票既可用于转账,也可用于支取现金
   C. 转账支票只能用于转账
   D. 现金支票只能用于支取现金

2. 支票出票人在支票上另行记载付款日期的,下列说法正确的是(　　)。
   A. 该记载有效　　　　　　　　B. 经收款人同意,该记载有效
   C. 经付款人同意,该记载有效　　D. 该记载无效

3. A公司签发一张1万元的空头支票,应处以(　　)元的罚款。
   A. 500　　　　B. 1 000　　　　C. 200　　　　D. 800

4. 下列各项中,不属于商业汇票出票时绝对记载事项的是(　　)。
   A. 无条件支付的委托　　　　　B. 付款人名称
   C. 出票日期　　　　　　　　　D. 付款日期

5. 下列关于汇票的承兑的表述中,错误的是(　　)。
   A. 承兑是指汇票付款人承诺在汇票到期日支付汇票金额的票据行为
   B. 承兑是商业汇票特有的制度
   C. 承兑是银行汇票特有的制度
   D. 商业承兑汇票可以由付款人签发并承兑,也可以由收款人签发交由付款人承兑

6. 《票据法》规定,付款人承兑商业汇票附有条件的(　　)。
   A. 所附条件无效,承兑有效　　　B. 视为拒绝承兑
   C. 条件成立时承兑有效　　　　　D. 商业汇票无效

7. A将汇票背书转让给B,并记载"不得转让",而B又将汇票转让给C,那么B对C承担票据责任,而A对C(　　)。
   A. 承担与票据相关的担保责任　　B. 承担部分票据责任
   C. 承担全部票据责任　　　　　　D. 不承担票据责任

8. 保证人是指(　　)为票据债务的履行提供担保而参与票据关系中的行为。
   A. 出票人　　　　　　　　　　　B. 债务人
   C. 票据出票人以外的第三人　　　D. 票据债务人以外的第三人

9. 下列各项中,属于保证人绝对应记载的事项是(　　)。
   A. 被保证人的名称　　　　　　　B. 保证日期
   C. 保证人签章　　　　　　　　　D. 保证人住所

10. 下列各项中,不属于银行汇票的必须记载事项的是(　　)。
    A. 表明"银行汇票"的字样　　　B. 无条件支付的承诺
    C. 付款地　　　　　　　　　　　D. 出票金额

二、多选题

1. 下列有关票据权利不行使而消灭时效的表述中,正确的有( )
   A. 持票人对见票即付的汇票、本票为自出票日起1年
   B. 持票人对支票出票人的权利为自出票日起2年
   C. 持票人对前手的追索权为自被拒绝承兑或者被拒绝付款之日起6个月
   D. 持票人对前手的再追索权为自清偿或者被提起诉讼之日起3个月

2. 下列选项中,关于票据权利的行使说法正确的有( )。
   A. 见票后定期付款的汇票,持票人应当自出票日起3个月内向付款人提示承兑
   B. 支票自出票日起10日内向付款人提示付款
   C. 银行汇票自出票日起1个月内向付款人提示付款
   D. 本票自出票日起6个月内向付款人提示付款

3. 根据《票据法》的规定,下列属于票据债务人承担票据责任的情况有( )。
   A. 汇票承兑人因承兑而应承担付款责任
   B. 本票出票人因出票而承担自己付款的责任
   C. 支票付款人在与出票人有资金关系时承担付款责任
   D. 汇票、本票、支票的出票人,在票据不获承兑或不获付款时的承担清偿责任

4. 下列各项中,可以通过授权补记的方式记载的有( )。
   A. 金额   B. 出票日期   C. 收款人名称   D. 付款地

5. 下列各项中,属于法定禁止背书的情形有( )。
   A. 被拒绝承兑的汇票   B. 被拒绝付款的汇票
   C. 未记载付款日期的汇票   D. 超过付款提示期限的汇票

三、案例分析

1. 甲商场与一空调机生产公司签订一份买卖合同,合同规定该生产公司向商场供应分体空调机5 000台,货款1 500万元,由该商场贴上另一名牌空调机厂的商标对外销售。商场为此开具一张1 500万元的汇票给空调生产公司,空调机生产公司随后将该汇票背书转让给某原料供应商。原料供应商于汇票到期向某商场兑现时,遭商场拒付。理由是商场因冒充某名牌空调机厂商标对外销售而被工商行政管理部门查处。

根据上述情况,回答下列问题:

(1) 下列各项中,属于商业汇票绝对记载事项的有( )。
   A. 收款人名称
   B. 表明"商业承兑汇票"或"银行承兑汇票"的字样
   C. 出票日期
   D. 无条件支付的委托

(2) 商业汇票的提示付款期限是( )。
   A. 自汇票到期日起5日   B. 自汇票到期日起10日
   C. 自汇票到期日起7日   D. 自汇票到期日起3日

(3) 该商业汇票的出票人和持票人分别是( )。
   A. 甲商场和空调机生产公司   B. 空调机生产公司和甲商场
   C. 甲商场和原料供应商   D. 空调机生产公司和原料供应商

(4) 付款人应当自收到提示承兑的汇票之日起（　　）内承兑或者拒绝承兑。
　　A. 7 日　　　　　　　　　　　B. 30 日
　　C. 10 日　　　　　　　　　　D. 3 日
(5) 商业汇票背书记载的事项包括（　　）。
　　A. 背书人签章　　　　　　　B. 被背书人的名称
　　C. 背书日期　　　　　　　　D. 背书人的名称

2. 甲公司为履行与乙公司的买卖合同，签发一张商业汇票，甲公司的开户银行 P 银行按期对该汇票进行了承兑，汇票收款人为乙公司，乙公司背书给丙公司，丁公司对该汇票提供了保证。

根据材料，回答下列问题：
(1) 下列关于 P 银行责任的表达中正确的有（　　）。
　　A. P 银行到期承担无条件付款责任
　　B. 到期甲公司在 P 银行存款不足支付时，P 银行不承担付款责任
　　C. 甲公司在 P 银行的存款满足条件后，P 银行才承担付款责任
　　D. 按甲公司在 P 银行的存款的多少确定 P 银行应承担的付款责任
(2) 关于丙公司行使的票据权利的说法正确的有（　　）。
　　A. 付款请求权　　　　　　　B. 利益返还请求权
　　C. 票据追索权　　　　　　　D. 票据返还请求权
(3) 下列属于票据行为的有（　　）。
　　A. 甲出票给乙　　　　　　　B. 乙背书给丙
　　C. P 银行承兑　　　　　　　D. 丁公司提供保证
(4) 关于票据当事人的说法中正确的有（　　）。
　　A. 基本当事人有出票人甲、收款人乙、付款人 P 银行
　　B. 基本当事人有出票人甲、收款人乙、保证人丁
　　C. 非基本当事人有承兑人 P 银行、背书人乙、被背书人丙、保证人丁
　　D. 非基本当事人有出票人甲、背书人乙、被背书人丙、保证人丁
(5) 下列人员，行使追索权时，对持票人负有付款义务的有（　　）。
　　A. 商业汇票的承兑人　　　　B. 银行本票的背书人
　　C. 商业汇票的出票人　　　　D. 商业汇票的被背书人

任务五　银行卡

任务介绍

认识银行卡概念、分类、申领、注销等业务，对今后开展银行卡业务有一定的帮助。

任务实施

一、银行卡的概念与分类

（一）银行卡的概念

银行卡是指经批准由商业银行（含邮政金融机构）向社会发行的具有消费信用、转账结算、存取现金等全部或部分功能的信用支付工具。

（二）银行卡的分类

（1）按照发行主体是否在境内分为境内卡和境外卡。
（2）按照是否给予持卡人授信额度分为信用卡和借记卡。
（3）按照账户币种的不同分为人民币卡、外币卡和双币种卡。
（4）按信息载体不同分为磁条卡和芯片卡。

延伸阅读

信用卡是指商业银行向个人和单位发行的，凭以向特约单位购物、消费和向银行存取现金，且具有消费信用的特制载体卡片。

信用卡因其具有的携带便利、使用简单、集多功能于一体的特点，在社会经济活动中的应用日益广泛。

信用卡还可以按照是否向发卡银行交存备用金分为贷记卡和准贷记卡。其中，贷记卡是指发卡银行给予持卡人一定的信用额度，持卡人可以在信用额度内先消费后还款的信用卡，它具有透支消费、期限内还款可免息、卡内存款不计付利息等特点。准贷记卡是指持卡人必须先按照发卡银行要求交存一定金额的备用金，当备用金账户余额不足支付时，可以在发卡银行规定的信用额度内透支的信用卡。

借记卡是指先存款后消费（或取现）没有透支功能的银行卡。按其功能的不同，可分为转账卡（含储蓄卡）、专用卡及储值卡。借记卡是一种具有转账结算、存取现金、购物消费等功能的信用工具。借记卡也可以通过 ATM 转账和提款，不能透支。

【例2-5-1·多选题】 银行卡按照是否给予持卡人授信额度分为（　　）。
　　A. 信用卡　　　B. 借记卡　　　C. 贷记卡　　　D. 准贷记卡
【答案】 AB
【解析】 银行卡按照是否给予持卡人授信额度分为信用卡、借记卡。

【牛刀小试·多选题】 下列有关信用卡和借记卡的表述，正确的有（　　）。
　　A. 贷记卡可在信用额度内先消费、后还款
　　B. 准贷记卡需要先存钱、后消费
　　C. 专用卡能够存取现金，不能进行转账结算
　　D. 转账卡具有转账结算、存取现金和消费功能
【答案】 ABD
【解析】 选项 C 专用卡具有转账结算、存取现金的功能。

二、银行卡账户与交易

(一)银行卡交易的基本规定

(1)单位人民币卡可办理商品交易和劳务供应款项的结算,但不得透支。单位卡不得支取现金。

【友情提醒】 单位卡不得用于10万元以上的商品交易和劳务供应款项的结算。

(2)发卡银行对贷记卡的取现应当每笔进行授权,每卡每日累计取现不得超过限定额度。

(3)发卡银行应当依照法律规定遵守信用卡业务风险控制指标。

(4)准贷记卡的透支期限最长为60天。贷记卡的首月最低还款额不得低于其当月透支余额的10%。

(5)发卡银行通过下列途径追偿透支款项和诈骗款项:扣减持卡人保证金、依法处理抵押物和质押物;向保证人追索透支款项;通过司法机关的诉讼程序进行追偿。

【例2-5-2·多选题】 下列关于信用卡的表述中,符合规定的有( )。

A. 信用卡按使用对象分为单位卡和个人卡
B. 单位卡账户的资金一律从其基本存款账户转账存入
C. 单位卡可以支取现金
D. 单位卡用于商品交易结算没有金额的限制

【答案】 AB

【解析】 选项C,单位卡一律不得支取现金;选项D,单位信用卡不得用于10万元以上的商品交易、劳务供应款项的结算,并一律不得支取现金。

【牛刀小试·判断题】 准贷记卡的透支期限最长为60天。贷记卡的首月最低还款额不得低于其当月透支额的10%。( )

【答案】 ×

【解析】 贷记卡的首月最低还款额不得低于其当月透支余额的10%,而不是当月透支额的10%。

(二)银行卡的资金来源

单位卡账户的资金,一律从其基本存款账户转账存入,不得交存现金,不得将销货收入的款项存入其账户。

个人卡在使用过程中,需要向其账户续存资金的,只限于其持有的现金存入和工资性款项以及属于个人的劳务报酬收入转账存入。严禁将单位的款项存入个人卡账户。

【例2-5-3·单选题】 单位银行卡账户的资金一律从其( )账户转账存入,不得交存现金或将销售款直接存入。

A. 基本存款账户 B. 专项存款账户
C. 临时存款账户 D. 一般存款账户

【答案】 A

【解析】 单位卡账户只能从单位基本存款账户转入,不得交存现金或从其他账户转入,不得将销售收入直接存入单位信用卡账户。

(三) 银行卡的计息和收费

1. 计息

（1）发卡银行对准贷记卡及借记卡（不含储值卡）账户内的存款，按照中国人民银行规定的同期同档次存款利率及计息办法计付利息。

（2）发卡银行对储值卡（含 IC 卡的电子钱包）内的币值不计付利息。

（3）贷记卡持卡人非现金交易享受如下优惠条件：

第一，免息还款期待遇。银行记账日至发卡行规定的到期还款日之间为免息还款期。最长为 60 天。

第二，最低还款额待遇。持卡人在到期还款日前偿还所使用全部银行款项有困难的，可按发卡行规定的最低还款额还款。

（4）对信用卡透支利率实行上限和下限管理，透支利率上限为日利率万分之五，透支利率下限为日利率万分之五的 0.7 倍。

【例2-5-4·单选题】 贷记卡持卡人享有一段时间的免息还款期，该期限最长不超过（　）。

　　A. 30天　　　B. 60天　　　C. 90天　　　D. 180天

【答案】 B

【解析】 免息还款期是指两个还款日之间的时间，该段时间最长不超过 60 天。故选 B。

2. 收费

收费是指商业银行办理银行卡收单业务向商户收取结算手续费。

3. 违约金和服务费用

对信用卡持卡人违约逾期未还款的行为，发卡机构应与持卡人通过协议约定是否收取违约金，以及相关收取方式和标准。发卡机构对向持卡人收取的违约金和年费、取现手续费、货币兑换费等服务费用不得计收利息。

4. 信用卡预借现金业务

信用卡预借现金业务包括现金提取、现金转账和现金充值。对其交易限额有如下规定：

（1）持卡人通过 ATM 等自助机具办理现金提取业务，每卡每日累计不得超过人民币 1 万元；

（2）持卡人通过柜面办理现金提取业务、通过各类渠道办理现金转账业务的每卡每日限额，由发卡机构与持卡人通过协议约定；

（3）发卡机构可自主确定是否提供现金充值服务，并与持卡人协议约定每卡每日限额；

（4）发卡机构不得将持卡人信用卡预借现金额度内资金划转至其他信用卡。

5. 非本人授权交易的处理

持卡人提出伪卡交易和账户盗用等非本人授权交易时，发卡机构应及时引导持卡人留存证据，按照相关规则进行差错争议处理，并定期向持卡人反馈处理进度。

(四) 发卡机构的提示义务

（1）发卡机构应在信用卡协议中以显著方式提示信用卡各项与持卡人有重大利害关系的事项，确保持卡人充分知悉并确认接受。

(2) 发卡机构调整信用卡利率标准的,应至少提前 45 个自然日按照约定方式通知持卡人。

(五) 银行卡申领、注销和挂失

1. 银行卡的申领

凡在中国境内金融机构开立基本存款账户的单位,可凭中国人民银行核发的开户许可证申领单位卡。凡具有完全民事行为能力的公民,可凭本人有效身份证件及发卡银行规定的相关证明文件申领个人卡。

2. 银行卡的注销

持卡人在还清全部交易款项、透支本息和有关费用后,有下列情形之一的,可申请办理销户:(1) 信用卡有效期满 45 天后,持卡人不更换新卡的;(2) 信用卡挂失满 45 天后,没有附属卡又不更换新卡的;(3) 信用卡被列入止付名单,发卡银行已收回其信用卡 45 天的;(4) 持卡人死亡,发卡银行已收回其信用卡 45 天的;(5) 持卡人要求销户或担保人撤销担保,并已交回全部信用卡 45 天的;(6) 信用卡账户两年(含)以上未发生交易的;(7) 持卡人违反其他规定,发卡银行认为应该取消资格的。

发卡机构调整信用卡利率标准的,应至少提前 45 天通知持卡人。持卡人有权在新利率标准生效之日前选择销户,并按照已签订的协议偿还相关款项。

【例 2-5-5·判断题】 信用卡有效期满 45 天后,持卡人不更换新卡的持卡人可申请办理销户。

【答案】 ×

【解析】 持卡人有七种情形可以申请办理销户,但其前提条件是"持卡人在还清全部交易款项、透支本息和有关费用后"。

3. 销户时,账户余额的处理

销户时,单位卡账户余额转入其基本存款账户,不得提取现金;个人卡账户可以转账结清,也可以提取现金。

4. 银行卡的挂失

持卡人丧失银行卡,应立即持本人身份证件或其他有效证明,并按规定提供有关情况,向发卡银行或代办银行申请挂失。

【小结】 银行卡结算方式重点提示如表 1-5-1 所示。

表 1-5-1　　　　　　　　　　　　银行卡结算方式总结

项目	内　　容
概念	银行卡是指经批准由商业银行(含邮政金融机构)向社会发行的具有消费信用、转账结算、存取现金等全部或部分功能的信用支付工具
分类	发行主体:境内卡和境外卡　　授信额度:信用卡和借记卡 币种:人民币卡、外币卡和双币种卡　　信息载体:磁条卡和芯片卡
基本规定	单位人民币卡可办理商品交易和劳务供应款项的结算,但不得透支,不得支取现金。准贷记卡透支期限最长为 60 天。贷记卡首月最低还款额不得低于其当月透支余额的 10%

续表

项目	内　　容
资金来源	单位卡账户的资金,一律从其基本存款账户转账存入,不得交存现金,不得将销货收入的款项存入其账户
计息标准	对信用卡透支利率实行上限和下限管理,透支利率上限为日利率万分之五,透支利率下限为日利率万分之五的0.7倍
销户	销户时,单位卡账户余额转入其基本存款账户,不得提取现金;个人卡账户可以转账结清,也可以提取现金

练一练

一、单选题

1. 持卡人在还清信用卡的全部交易款项、透支本息和有关费用后,信用卡有效期满(　　),持卡人不更换新卡的可申请办理销户。
   A. 45天　　　　B. 30天　　　　C. 15天　　　　D. 2个月

2. 贷记卡透支按月记收复利其利率为(　　)。
   A. 日利率万分之五　　　　B. 月利率万分之五
   C. 日利率万分之八　　　　D. 月利率万分之八

3. 发卡银行对贷记卡持卡人未偿还最低还款额和超信用额度用卡的行为,应当分别按最低还款额未还部分、超过信用额度部分的(　　)收取滞纳金和超限费。
   A. 5%　　　　B. 8%　　　　C. 6%　　　　D. 4%

4. 同一持卡人单笔透支发生额,单位卡不得超过(　　)人民币(含等值外币)。
   A. 1万元　　　B. 2万元　　　C. 3万元　　　D. 5万元

5. 贷记卡持卡人非现金交易享受免息还款期待遇,免息还款期最长为(　　)。
   A. 20天　　　B. 30天　　　C. 50天　　　D. 60天

6. 持卡人办理销户时,如果账户内还有余额,属单位卡的,则应将该账户内的余额转入(　　)。
   A. 基本存款账户　　　　B. 一般存款账户
   C. 专用存款账户　　　　D. 临时存款账户

二、多选题

1. 下列有关信用卡和借记卡的表述正确的有(　　)。
   A. 贷记卡可在信用额度内先消费、后还款
   B. 准贷记卡需要先存钱,后消费
   C. 专用卡能够存取现金,不能进行转账结算
   D. 转账卡具有转账结算、存取现金和消费功能

2. 下列关于银行卡交易的基本规定,表述正确的有(　　)。
   A. 单位人民币卡的结算不得用于10万元以上的商品交易、劳务供应款项的结算
   B. 单位人民币卡一律不得支取现金
   C. 贷记卡每卡每日累计取现不得超过1 000元人民币

D. 准贷记卡的透支期限最长不得为30天

三、案例分析

1. 2017年3月10日公民甲在P商业银行申办了一张在银行核定的信用额度内先消费、后还款的信用卡。当月,甲在特约单位乙商场用该信用卡消费1万元。

要求：根据上述资料,分析回答下列问题：

(1) 关于公民甲申办的这张信用卡的种类,下列说法中正确的有(　　)。

  A. 借记卡　　B. 个人卡　　C. 贷记卡　　D. 准贷记卡

(2) 如果公民甲选择首月最低还款额,下列说法中正确的有(　　)。

  A. 首月最低还款额不得低于1 000元　B. 首月最低还款额不得低于500元

  C. 甲不再享受免息还款期待遇　　　　D. 甲仍可享受免息还款期待遇

(3) 关于信用卡的使用,下列说法中正确的有(　　)。

  A. P商业银行应按规定向甲收取结算手续费

  B. P商业银行应按规定向乙收取结算手续费

  C. P商业银行应按规定向甲、乙收取结算手续费

  D. P商业银行只有在甲未按期履行还款义务时才乙收取结算手续费

(4) 下列情形中,甲可以办理销户的有(　　)。

  A. 4月12日,甲要求注销自用的信用卡

  B. 3月11日,甲的信用卡丢失并于当日挂失,4月12日要求注销该丢失的信用卡

  C. 至2012年6月7日,甲的信用卡未发生过任何交易

  D. 至2013年8月30日,甲信用卡未发生过任何交易

(5) 下列关于发卡银行对卡内存款计付利息的说法中正确的有(　　)。

  A. 贷记卡账户内的存款计付利息　　B. 准贷记卡账户内的存款不计付利息

  C. 借记卡账户内的存款不计付利息　D. 贷记卡账户内的存款不计付利息

2. 甲公司2011年发生的有关信用卡的业务如下：

(1) 2月8日,向银行交存备用金,申请信用卡;(2) 甲公司拟将信用卡注销。

根据材料,回答下列问题：

① 关于该公司申领的信用卡种类,下列正确的是(　　)。

  A. 准贷记卡　　B. 借记卡　　C. 单位卡　　D. 贷记卡

② 关于信用卡资金来源,下列表述正确的是(　　)。

  A. 公司可以将资金从基本存款账户转账存入持有的信用卡

  B. 公司持有的信用卡可以交存现金

  C. 公司可以将其销售收入的款项存入持有的信用卡

  D. 公司可以将资金从一般存款账户存入持有的信用卡

③ 办理销户的有(　　)。

  A. 公司要求销户自己交回信用卡30天

  B. 3月11日,信用卡丢失并于当日挂失,4月12日要求注销该丢失的信用卡

  C. 至2012年12月8日,该公司自用的信用卡未发生过任何交易

  D. 至2013年8月30日,该公司自用的信用卡未发生过任何交易

④ 信用卡销户时,下列表述正确的是(　　)。

A. 单位卡账户余额可转入一般存款账户
B. 单位卡账户余额应转入基本存款账户
C. 发卡银行应收回信用卡,有效信用卡无法收回的,应当将其止付
D. 单位卡账户余额可由单位提取现金

⑤ 关于发卡银行给予持卡人一定信用额度,持卡人可以在信用卡额度内消费后还款的信用卡说法正确的是(　　)。

A. 普通卡　　　B. 附属卡　　　C. 贷记卡　　　D. 准贷记卡

任务六　其他结算方式

任务介绍

认识汇兑、托收承付、委托收款、国际信用证概念、分类、办理流程,对会计人员今后运用此类结算方式有一定的帮助。

任务实施

一、汇兑

(一)汇兑的概念和分类

汇兑是汇款人委托银行将其款项支付给收款人的结算方式。汇兑分为电汇和信汇两种。汇兑结算适用于各种经济内容的异地提现和结算。

(二)办理汇兑的程序

1. 签发汇兑凭证

签发汇兑凭证必须记载下列事项:(1)表明"信汇"或"电汇"的字样;(2)无条件支付的委托;(3)确定的金额;(4)收款人名称;(5)汇款人名称;(6)汇入地点、汇入行名称;(7)汇出地点、汇出行名称;(8)委托日期;(9)汇款人签章。

汇款人和收款人均为个人,需要在汇入银行支取现金的,应在信、电汇凭证的汇款金额大写栏,先填写"现金"字样,后填写汇款金额。

延伸阅读

汇兑凭证上记载收款人为个人的,收款人需要到汇入银行领取汇款,汇款人应在汇兑凭证上注明"留行待取"字样。留行待取的汇款,需要指定单位的收款人领取汇款的,应注明收款人的单位名称;信汇凭收款人签章支取的,应在信汇凭证上预留其签章。汇款人确定不得转汇的,应在汇兑凭证备注栏注明"不得转汇"字样。汇款人和收款人均为个人,需要在汇入银行支取现金的,应在信、电汇凭证的"汇款金额"大写栏,先填写"现金"字样,后填写汇款金额。

【例2-6-1·多选题】 根据规定,汇款人签发汇兑凭证时,必须记载的事项有( )。
A. 收款人名称　　　　　　　B. 汇款人名称
C. 汇入地点、汇入行名称　　D. 汇出地点、汇出行名称
【答案】 ABCD
【解析】 根据前述知识,选项ABCD均属于汇兑凭证上的必须记载事项。

2. 银行受理

汇出银行受理汇款人签发的汇兑凭证,经审查无误后,应及时向汇入银行办理汇款,并向汇款人签发汇款回单。汇款回单只能作为汇出银行受理汇款的依据,不能作为该笔汇款已转入收款人账户的证明。

3. 汇入处理

汇入银行对开立存款账户的收款人,应将汇入款项直接转入收款人账户,并向其发出收账通知。收账通知是银行将款项确已收入收款人账户的凭据。

【例2-6-2·判断题】 汇款回单是汇款结算方式中的汇款收款人收款入账的凭据。( )
【答案】 ×
【解析】 汇款回单是汇出银行受理汇款的依据,而收款人收款入账的凭据是汇入银行开出的收账通知。

(三)汇兑的撤销和退汇

1. 撤销

汇款人对汇出银行尚未汇出的款项可以申请撤销。

申请撤销时,应出具正式函件或本人身份证件及原信、电汇回单。汇出银行查明确未汇出款项的,收回原信、电汇回单,方可办理撤销。转汇银行不得受理汇款人或汇出银行对汇款的撤销或退汇。

2. 申请退汇

汇款人对汇出银行已经汇出的款项可以申请退汇。对在汇入银行开立存款账户的收款人,由汇款人与收款人自行联系退汇;对未在汇入银行开立存款账户的收款人,汇款人应出具正式函件或本人身份证件以及原信、电汇回单,由汇出银行通知汇入银行,经汇入银行核实汇款确未支付,并将款项汇回汇出银行,方可办理退汇。汇入银行对于收款人拒绝接受的汇款,应立即办理退汇。向收款人发出取款通知,经过2个月无法交付的汇款,应主动办理退汇。

【例2-6-3·判断题】 汇款人对汇出银行尚未汇出的款项可以申请撤销,对已经汇出的款项均可以通过银行申请退汇。( )
【答案】 ×
【解析】 汇款人对汇出银行已经汇出的款项可以申请退汇,对在汇入银行开立存款账户的收款人,由汇款人与收款人自行联系退汇。

二、委托收款

(一)委托收款的概念

委托收款是指收款人委托银行向付款人收取款项的结算方式。单位和个人凭已承兑的

商业汇票、债券、存单等付款人债务证明办理款项的结算,均可以使用委托收款结算方式,委托收款在同城、异地均可以使用,其结算款项的划回方式分为邮寄和电报两种,由收款人选用。

(二) 委托收款的记载事项

委托收款的记载事项包括:表明"委托收款"的字样;确定的金额;付款人名称;收款人名称;委托收款凭据名称及附寄单证张数;委托日期;收款人签章。

(三) 委托收款的结算规定

1. 委托收款办理方法

(1) 以银行为付款人的,银行应在当日将款项主动支付给收款人。

(2) 以单位为付款人的,银行通知付款人后,付款人应于接到通知当日书面通知银行付款。

银行在办理划款时,付款人存款账户不能足额支付的,应通过被委托银行向收款人发出未付款项通知书。

2. 委托收款的注意事项

(1) 付款人审查有关债务证明后,对收款人委托收取的款项需要拒绝付款的,有权提出拒绝付款。

(2) 收款人收取公用事业费,必须具有收付双方事先签订的经济合同,由付款人向开户银行授权,并经开户银行同意,报经中国人民银行当地分支行批准,可以使用同城特约委托收款。

【例2-6-4·多选题】 下列关于委托收款的注意事项中,表述正确的有(   )。

A. 付款人不可以提出拒绝付款

B. 付款人审查有关债务证明后,对收款人委托收取的款项需要拒绝付款的,有权提出拒绝付款

C. 收款人收取公用事业费,不需要收付双方事先签订的经济合同,但是需要由付款人向开户银行授权,经开户银行同意,报经中国人民银行当地分支行批准,才可以使用同城特约委托收款

D. 收款人收取公用事业费,必须具有收付双方事先签订的经济合同,由付款人向开户银行授权,并经开户银行同意,报经中国人民银行当地分支行批准,可以使用同城特约委托收款

【答案】 BD

【解析】 委托收款的注意事项包括:(1) 付款人审查有关债务证明后,对收款人委托收取的款项需要拒绝付款的,有权提出拒绝付款;(2) 收款人收取公用事业费,必须具有收付双方事先签订的经济合同,由付款人向开户银行授权,并经开户银行同意,报经中国人民银行当地分支行批准,可以使用同城特约委托收款。

三、托收承付

(一) 托收承付的概念

托收承付是指根据购销合同由收款人发货后委托银行向异地付款人收取款项,由付款人向银行承付的结算方式。使用托收承付结算方式的收款单位和付款单位,必须是国有企

业、供销合作社以及经营管理较好并经开户银行审查同意的城乡集体所有制工业企业。办理托收承付结算的款项,必须是商品交易以及因商品交易而产生的劳务供应的款项。代销、寄销、赊销商品的款项不得办理托收承付结算。

托收承付结算每笔的金额起点为1万元,新华书店系统每笔的金额起点为1千元。

【例2-6-5·多选题】 下列可以采用托收承付结算方式的单位有(　　)。

　　A. 国有企业
　　B. 供销合作社
　　C. 城乡集体所有制企业
　　D. 外商投资企业

【答案】 AB

【解析】 允许采用托收承付结算方式的企业不含外商投资企业,而城乡集体所有制企业是有限制的,即"经营管理较好并经开户银行审查同意的"。故选AB。

（二）托收承付的结算规定

托收承付凭证记载事项有:(1)表明"托收承付"的字样;(2)确定的金额;(3)付款人的名称和账号;(4)收款人的名称和账号;(5)付款人的开户银行名称;(6)收款人的开户银行名称;(7)托收附寄单证张数或册数;(8)合同名称、号码;(9)委托日期;(10)收款人签章。

收付双方使用托收承付结算方式必须签有符合《合同法》的购销合同,并在合同上订明使用托收承付结算款项的划回方法,分为邮寄和电报,由收款人选用。

【友情提醒】 汇兑分为信汇和电汇;委托收款分为邮寄和电报;托收承付分为邮寄和电报。

（三）托收承付的办理方法

1. 托收

收款人按照签订的购销合同发货后,应将托收凭证并附发运凭证或其他符合托收承付结算的有关证明和交易单证送交银行。

2. 承付

购货单位承付货款有验单承付和验货承付两种方式。验单承付期为3天,从购货单位开户银行发出通知的次日算起(承付期内遇法定节假日顺延)。验货付款的承付期为10天,从运输部门向付款人发出提货通知的次日算起,付款人在承付期内,未向银行表示拒绝付款,银行即视作承付,在承付期满的次日上午将款项划给收款人。

四、国内信用证

（一）国内信用证的概念

国内信用证(简称信用证)是适用于国内贸易的一种支付结算方式,是开证银行依照申请人(购货方)的申请向受益人(销货方)开出的有一定金额、在一定期限内凭信用证规定的单据支付款项的书面承诺。

> **延伸阅读**

我国信用证为不可撤销、可转让的跟单信用证。不可撤销信用证,是指信用证开具后在有效期内,非经信用证各有关当事人(即开证银行、开证申请人和受益人)的同意,开证银行不得修改或者撤销的信用证;可转让信用证,指由转让行应第一受益人的要求,将可转让信用证的部分或者全部转为可由第二受益人兑用。可转让信用证只能转让一次,即只能由第一受益人转让给第二受益人,已转让信用证不得应第二受益人的要求转让给任何其后的受益人,但第一受益人不视为其后的受益人。已转让信用证指已由转让行转为可由第二受益人兑用的信用证。

(二)国内信用证的结算方式

国内信用证结算方式只适用于国内企业之间商品交易产生的货款结算,并且只能用于转账结算,不得支取现金。

(三)国内信用证的办理基本程序

1. 开证

开证行决定受理开证业务时,应向申请人收取不低于开证金额20%的保证金,并可根据申请人资信情况要求其提供抵押、质押或由其他金融机构出具保函。

2. 通知

通知行收到信用证审核无误后,应填制信用证通知书,连同信用证交付受益人。

3. 议付

议付,是指信用证指定的议付行在单证相符条件下,扣除议付利息后向受益人给付对价的行为。议付行必须是开证行指定的受益人开户行。议付仅限于延期付款信用证。

议付行议付后,应将单据寄开证行索偿资金。议付行议付信用证后,对受益人具有追索权。到期不获付款的,议付行可从受益人账户收取议付金额。

4. 付款

开证行对议付行寄交的凭证、单据等审核无误后,对即期付款信用证,从申请人账户收取款项支付给受益人;对延期付款信用证,应向议付行或受益人发出到期付款确认书,并于到期日从申请人账户收取款项支付给议付行或受益人。

申请人交存的保证金和其存款账户余额不足支付的,开证行仍应在规定的付款时间内进行付款。对不足支付的部分作逾期贷款处理。

【例2-6-5·多选题】 下列关于国内信用证的表述中,不符合相关规定的有(   )。

A. 国内信用证结算方式适用于国内各类款项结算
B. 国内信用证不仅能用于转账结算,也可用于支取现金
C. 申请人交存的保证金和其存款账户余额不足支付的,开证行不需要付款
D. 议付行议付信用证后,对受益人具有追索权

【答案】 ABC

【解析】 国内信用证结算方式只适用于国内企业之间商品交易产生的货款结算,并且只能用于转账结算,不得支取结算。

【小结】

表 2-6-1　　　　　　　　　其他结算方式对比表

结算方式	汇兑	托收承付	委托收款
概念	汇款人委托银行将其款项支付给收款人的结算方式	根据购销合同,由收款人发货后委托银行向异地付款人收取款项,由付款人向银行承认付款的结算方式	收款人委托银行向付款人收取款项的结算方式
种类	信汇、电汇	邮寄、电报	邮寄、电报
适用范围	单位和个人的各种款项结算	必须是国有企业、供销合作社、经开户行批准的城乡集体所有制工业企业间的结算	单位和个人的各种款项结算
使用区域	异地	异地	同城或异地
绝对记载事项	(1) 表明"信汇"或"电汇"字样;(2) 无条件支付的委托;(3) 确定的金额;(4) 收款人名称;(5) 汇款人名称;(6) 汇入地点和汇入行名称;(7) 汇出地点和汇出行名称;(8) 委托日期;(9) 汇款人签章	(1) 表明"托收承付"的字样;(2) 确定的金额;(3) 付款人名称及账号;(4) 收款人名称及账号;(5) 付款人开户银行名称;(6) 收款人开户银行名称;(7) 托收附寄单证张数或册数;(8) 合同名称;(9) 号码;(10) 委托日期;(11) 收款人签章	(1) 表明"委托收款"的字样;(2) 确定的金额;(3) 付款人名称;(4) 收款人名称;(5) 委托收款凭据名称及附寄单证张数;(6) 委托日期;(7) 收款人签章
结算起点		单位1万、新华书店1千	
付款期限		验单3天、验货10天	
结算特点	划拨款项简便灵活	银行严格监督收付双方的商品交易和资金清算	不受金额起点限制,简便灵活
注意点	其转账汇兑款严禁转入储蓄和信用卡账户	① 代销、寄销、赊销商品款项,不得办理;② 收款人办理托收,必须具有商品确已发出的证件及其他有效证件	单位和个人凭已承兑的商业汇票、债券、存单等付款人债务证明办理,收取公用事业费等

练一练

一、选择题

1. 下列有关汇兑的表述中,不正确的是(　　)。
   A. 汇兑分为信汇和电汇两种
   B. 信汇是以电报方式将汇款凭证转给收款人指定的汇入行
   C. 汇兑适用于各种经济内容的异地提现和结算

D. 汇兑是汇款人委托银行将其款项支付给收款人的结算方式
2. 下列情形中,可以办理退汇的有(   )。
   A. 对在汇入银行开立存款账户的收款人,汇款人与收款人已经对退汇达成一致
   B. 对未在汇入银行开立存款账户的收款人,汇款人已经向汇出行提出申请,但经汇入银行核实汇款已经支付的
   C. 收款人拒绝接受的汇款
   D. 汇入银行已经向收款人发出取款通知,经过 2 个月无法交付的汇款
3. 单位和个人凭(   )等付款人债务证明办理款项的结算,均可使用委托收款结算方式。
   A. 存单   B. 债券
   C. 已承兑的商业承兑汇票   D. 已承兑的银行承兑汇票
4. 下列关于委托收款的结算规定,表述正确的有(   )。
   A. 以银行为付款人的,银行应在当日将款项主动支付给收款人
   B. 以单位为付款人的,银行通知付款人后,付款人应于接到通知当日书面通知银行付款
   C. 银行在办理划款时,付款人存款账户不能足额支付的,应通知被委托银行向付款人发出未付款通知书
   D. 付款人对收款人委托收取的款项需要拒绝付款的,可以办理拒绝付款
5. 下列有关国内信用证的结算方式,表述错误的有(   )。
   A. 适用于国内企业之间商品交易产生的货款结算
   B. 信用证既可以用于转账结算,也可以支取现金
   C. 我国信用证为不可撤销、可转让的跟单信用证
   D. 只有经总行批准开办信用证结算业务的分支机构可以办理信用证结算业务

二、案例分析

2017 年 3 月 1 日,国有企业甲公司销售给国有企业乙公司货物,双方协商采取托收承付、验货付款方式办理货款结算。3 月 4 日,运输公司向乙公司发出提货单。乙公司在承付期内未向其开户银行表示拒绝付款。已知 3 月 7 日、8 日、14 日和 15 日为法定休假日。

请根据以上资料,回答下列问题:

(1) 根据支付结算法律制度的规定,下列款项中,可以使用托收承付方式办理结算的有(   )。
   A. 国有企业之间的商品交易款项
   B. 国有企业之间代销商品应支付的款项
   C. 国有企业之间提供劳务应收取的款项
   D. 国有企业之间赊销商品应收取的款项

(2) 下列关于托收承付方式结算起点规定的说法中正确的有(   )。
   A. 托收承付结算每笔起点为 1 万元   B. 托收承付结算每笔起点为 2 万元
   C. 新华书店系统每笔起点为 1 千元   D. 新华书店系统每笔起点为 3 千元

(3) 关于承付期的起算时间正确的是(   )。
   A. 3 月 4 日   B. 3 月 5 日   C. 3 月 14 日   D. 3 月 1 日

(4) 关于乙公司开户银行向甲公司划拨货款的日期,下列说法中正确的有( )。
   A. 3月15日   B. 3月14日   C. 3月13日   D. 3月16日
(5) 以下关于付款人在承付期内未向银行表示拒绝付款的说法,正确的有( )。
   A. 银行即视为付款人承付
   B. 银行即视为付款人拒绝支付
   C. 银行应在承付期满的次日上午银行开始营业时,将款项划给收款人
   D. 银行拒绝办理结算

任务七　网上支付

任务介绍

了解网上支付的种类,了解网上银行的概念、分类及主要功能,掌握网上银行业务流程及交易时的身份认证方法;了解第三方支付的概念、分类,掌握第三方支付业务流程及交易时的身份认证方法,了解第三方支付机构及支付账户管理规定。

任务实施

网上支付是电子支付的一种形式,它是指电子交易的当事人,包括消费者、商户、银行或者支付机构,使用电子支付手段通过信息网络进行的货币支付或资金流转。网上支付的主要方式有网上银行和第三方支付两种。

一、网上银行

(一)网上银行的概念

网上银行,也称网络银行,简称网银,就是银行在互联网上设立虚拟银行柜台,使传统银行服务不再通过物理的银行分支机构来实现,而是借助于网络与信息技术手段在互联网上实现。

(二)网上银行的分类

1. 按经营模式分为单纯网上银行和分支行网上银行

单纯网上银行是完全依赖于互联网的虚拟的电子银行,它没有实际的物理柜台,一般只有一个办公地址,没有分支机构,也没有营业网点,采用互联网等高科技服务手段与客户建立密切的联系,为客户提供全方位的金融服务。

分支行网上银行是指现有的传统银行利用互联网开展传统的银行业务,即传统银行利用互联网作为新的服务手段为客户提供在线服务,实际上是传统银行服务在互联网上的延伸。

2. 按主要服务对象分为企业网上银行和个人网上银行

企业网上银行主要服务于企事业单位,企事业单位可以通过企业网络银行实时了解财

务状况,及时调度资金,轻松处理工资发放和大批量的网络支付业务。

个人网上银行主要服务于个人,个人可以通过个人网络银行实时查询、转账,进行网络支付和汇款。

【例2-7-1·单选题】 我国四大国有商业银行不断拓展网上银行业务,按经营模式来分,它们采用的网上银行模式为( )。

    A. 单纯网上银行   B. 主要服务对象是企业

    C. 分支行网上银行   D. 主要服务对象是个人

【答案】 C

【解析】 网上银行按经营模式分为单纯网上银行和分支行网上银行两种;按服务对象分为企业网上银行和个人网上银行。根据题意,选项C是正确的。故选C。

【例2-7-2·单选题】 网上银行又被称为( )银行。

    A. 3A   B. 3B

    C. 3C   D. 以上都不正确

【答案】 A

【解析】 网上银行又被称为"3A银行",因为它不受时间、空间限制,能够在任何时间(Anytime)、任何地点(Anywhere)、以任何方式(Anyway)为客户提供金融服务。

【牛刀小试·单选题】 网上银行是一种新型的( ),也可以理解为互联网上的虚拟银行柜台。

    A. 金融产品   B. 服务渠道

    C. 理财产品   D. 结算方式

【答案】 B

【解析】 传统银行利用互联网作为新的服务手段为客户提供在线服务,实际上是传统银行服务在互联网上的延伸。故选B。

(三)网上银行的主要功能

1. 企业网上银行的功能

(1)账户信息查询;(2)支付指令;(3)B2B网上支付;(4)批量支付。

拓展提高

> B2B,是Business-to-Business的缩写,是指企业与企业之间通过专用网络或Internet,进行数据信息的交换、传递,开展交易活动的商业模式。即企业之间进行的电子商务活动。

2. 个人网上银行的功能

(1)账户信息查询;(2)人民币转账业务;(3)银证转账业务;(4)外汇买卖业务;(5)账户管理业务;(6)B2C网上支付。

拓展提高

B2C,商业机构对消费者的电子商务,指的是企业与消费者之间进行的在线式零售商业活动(包括网上购物和网上拍卖等)。例如,支付宝中水电煤缴费、通讯费缴费等服务。还有许多大型的网上零售企业如京东商城和卓越亚马逊等也是用支付宝平台。

(四)网上银行业务流程及交易时的身份认证

1. 客户开户流程

开户时,必须出具身份证或有关证件,并遵守有关实名制规定。

网上银行开户流程详解:

客户想要开通网上银行,一般都需要首先拥有一张银行卡。如果你已经拥有了工商银行的银行卡,那么我们就以工商银行企业网上银行为例,了解一下网上银行开户的一般流程。

第一步,客户需要到银行的营业网点,提出网上银行开户的需求。银行会为客户提供相关资料,如《网上银行业务介绍》《网上银行协议书》等。客户需要认真阅读相关资料,以便对网上银行充分了解,在意识到网上银行的优点和风险后,更好地运用网上银行这项金融产品。

第二步,准备申请材料。客户需要准备相关资料,填写一份网上银行开户申请表,向银行提出正式申请。在填写申请表的过程中,银行会向客户重申资料填写的真实性和完整性,同时提醒客户其他注意的事项。

第三步,提交申请材料。客户填写完毕相关材料后,就可以将全部申请材料递交给自己的开户银行的工作人员,工作人员会将申请材料交到上级主管部门进行审批。

第四步,等待答复。一般情况下,银行会在接到申请材料的两周之内通过电子邮件、信函或者电话的方式给予客户答复。

第五步,银行完成审批,客户安装银行安全控件。为了保证网上银行开户后的安全性,很多银行都有自己的安全控件,这就需要客户自行下载并安装,进而确保资金安全。

第六步,客户领取客户证书、Ukey 盾或者密码证书。领取了客户证书和密码证书后,你就可以正式放心地使用网上银行了。

2. 网上交易

网上银行的具体交易流程如下:

(1)客户使用浏览器通过互联网链接到网银中心,发出网上交易请求。

(2)网银中心接受并审核客户的交易请求,并将交易请求转发给相应成员行的业务主机。

(3)成员行业务主机完成交易处理,并将处理结果返回给网银中心。

(4)网银中心对交易结果进行再处理后,返回相应信息给客户。

3. 交易时的身份认证

身份认证方式包括:

（1）密码；（2）文件数字证书；（3）动态口令卡；（4）动态手机口令；（5）移动口令牌；（6）移动数字证书。

 拓展提高

网银数字证书是网银客户使用的一种将单位或个人身份信息与电子签名唯一绑定的电子文件，建立基于公钥(PKI)技术的个人证书认证体系，通过个人证书认证和数字签名技术，对客户的网上交易实施身份认证，并且可以签署各种业务服务协议，确保了交易和协议的唯一、完整和不可否认。数字证书按存储介质不同又分为"移动数字证书"和"文件数字证书"。

二、第三方支付

（一）第三方支付的概念

第三方支付是指经过中国人民银行批准从事第三方支付业务的非银行支付机构，借助通信、计算机和信息安全技术，采用与各大银行签约的方式，在用户与银行支付结算系统间建立连接的电子支付模式（其中通过手机端进行的，称为移动支付），本质上是一种新型的支付手段，是互联网技术与传统金融支付的有机结合。

非金融机构提供支付服务，应当取得《支付业务许可证》，称为支付机构。未经中国人民银行批准，任何非金融机构和个人不得从事或变相从事支付业务。

（二）第三方支付方式种类

1. 线上支付

线上支付是指通过互联网实现的用户和商户之间、商户和商户之间的在线货币支付、资金清算等行为。

2. 线下支付

线下支付是指通过非线上支付方式进行的支付行为，包括 POS 机刷卡支付、拉卡拉等自助终端支付、电话支付、手机近端支付等方式。

 拓展提高

第三方支付系统根据功能可以分成两种形式：一种是单纯的第三方支付，如银联电子支付、NPS 网上支付等；一种是具有电子钱包功能，可以进行电子现金的存取、消费账单的显示，如支付宝。无论采用哪种形式，最终都需要通过银行的网上系统来完成支付。按独立性可分为独立第三方支付与非独立第三方支付。独立的第三方支付保持中立，不直接参与商品或服务的买卖，公平、公正地维护参与各方的合法利益，如银联电子支付、易宝支付等；非独立性的第三方支付依托电子商务平台，如支付宝、财付通等，它们只是作为一种附属品存在于自己的门户网站下。

(三)第三方支付交易流程及其身份验证

1. 开户

支付机构为客户开立支付账户的,应当对客户实行实名制管理,登记并采取有效措施验证客户身份基本信息,按规定核对有效身份证件并留存有效身份证件复印件或者影印件,建立客户唯一识别编码,并在与客户业务关系存续期间采取持续的身份识别措施,确保有效核实客户身份及其真实意愿,不得开立匿名、假名支付账户。支付账户不得透支,不得出借、出租、出售,不得利用支付账户从事或者协助他人从事非法活动。

2. 账户充值

客户开户后,将银行卡和支付账户绑定。付款前,将银行卡中的资金转入支付账户。

3. 收、付款

客户下单后,付款时,通过支付平台将自己支付账户中的虚拟资金划转到支付平台暂存,待客户收到商品并确认后,支付平台会将款项划转到商家的支付账户中,支付行为完成。

4. 交易时的身份认证

支付机构可以组合选用下列三类要素,对客户使用支付账户付款进行身份验证:

(1) 仅客户本人知悉的要素;

(2) 仅客户本人持有并特有的,不可复制或者不可重复利用的要素;

(3) 客户本人生理特征要素。

支付机构应当确保采用的要素相互独立,部分要素的损坏或者泄露不应导致其他要素损坏或者泄露。

(四)第三方支付机构及支付账户管理规定

规定1:支付机构应根据客户身份对同一客户在本机构开立的所有支付账户进行关联管理,并按照要求对个人支付账户进行分类管理。

(1) Ⅰ类支付账户,账户余额仅可用于消费和转账,余额付款交易自账户开立起累计不超过1 000元(包括支付账户向客户本人同名银行账户转账);

(2) Ⅱ类支付账户,账户余额仅可用于消费和转账,其所有支付账户的余额付款交易年累计不超过10万元(不包括支付账户向客户本人同名银行账户转账);

(3) Ⅲ类支付账户,账户余额可以用于消费、转账以及购买投资理财等金融类产品,其所有支付账户的余额付款交易年累计不超过20万元(不包括支付账户向客户本人同名银行账户转账)。

规定2:支付机构办理银行账户与支付账户之间转账业务的,相关银行账户与支付账户应属于同一客户。

规定3:因交易取消(撤销)、退货、交易不成功或者投资理财等金融类产品赎回等原因需划回资金的,相应款项应当划回原扣款账户。

规定4:支付机构应根据交易验证方式的安全级别,对个人客户使用支付账户余额付款的交易进行限额管理:

(1) 支付机构采用包括数字证书或电子签名在内的两类(含)以上有效要素进行验证的交易,单日累计限额由支付机构与客户通过协议自主约定;

(2) 支付机构采用不包括数字证书、电子签名在内的两类(含)以上有效要素进行验证的交易,单个客户所有支付账户单日累计金额应不超过5 000元(不包括支付账户向客户本

人同名银行账户转账);

(3) 支付机构采用不足两类有效要素进行验证的交易,单个客户所有支付账户单日累计金额应不超过 1 000 元(不包括支付账户向客户本人同名银行账户转账),且支付机构应当承诺无条件全额承担此类交易的风险损失赔付责任。

【友情提醒】 中国国内的第三方支付产品主要有支付宝、微信支付、百度钱包、PayPal、中汇支付、拉卡拉、财付通、融宝、盛付通、网银在线等。

【小结】 网上支付对比(表 2-7-1)。

表 2-7-1　　　　　　　　　　　网上支付对比表

项目	网上银行	第三方支付
概念	网上银行就是银行在互联网上设立虚拟银行柜台,使传统银行服务借助于网络与信息技术手段在互联网上实现	第三方支付是指非银行支付机构,借助通信、计算机和信息安全技术,采用与各大银行签约的方式,在用户与银行支付结算系统间建立连接的电子支付模式
种类	经营模式:单纯网上银行、分支行网上银行。服务对象:企业网上银行、个人网上银行	线上支付、线下支付
交易流程	(1) 链接网银中心,发出网上交易请求; (2) 网银中心接受并审核客户的交易请求,并将交易请求转发给相应成员行的业务主机; (3) 成员行业务主机完成交易处理,并将处理结果返回给网银中心; (4) 网银中心对交易结果进行再处理后,返回相应信息给客户	(1) 开户;(2) 账户充值;(3) 收、付款
交易时的身份认证	(1) 密码;(2) 文件数字证书;(3) 动态口令卡;(4) 动态手机口令;(5) 移动口令牌;(6) 移动数字证书	(1) 仅客户本人知悉的要素;(2) 仅客户本人持有并特有的,不可复制或者不可重复利用的要素;(3) 客户本人生理特征要素

练一练

不定项选择题

1. 与传统商务相比,电子商务有( )的特征。
   A. 市场的全球性能需求　　　B. 商务活动的便利性
   C. 资源的整合性　　　　　　D. 不安全性
2. 电子支票的属性有( )。
   A. 可交换性能需求　　　　　B. 较高的安全性
   C. 不可重复性　　　　　　　D. 存储性
3. 属于银行内部管理系统的是( )。
   A. 行长管理系统工程　　　　B. 内部管理系统
   C. 外部管理系统　　　　　　D. ATM 管理系统

4. 属于网络银行技术构成的是( )。
   A. 客户服务技术　　　　　　　　B. ATM 技术
   C. 客户应用技术　　　　　　　　D. 电子信用卡技术
5. 1996年6月,( )在 Internet 上设立网站,开始通过 Internet 向社会提供银行服务,从此拉开了中国网上银行发展的序幕。
   A. 工商银行　　　　　　　　　　B. 招商银行
   C. 建设银行　　　　　　　　　　D. 中国银行
6. 与传统货币相比,电子货币的主要优势有( )。
   A. 通用性　　　　　　　　　　　B. 可控性
   C. 安全性　　　　　　　　　　　D. 成本低廉
7. 中国国内唯一一家能够全面支持电子商务安全支付业务的第三方国家级权威金融认证机构是( )。
   A. 中国人民银行　　　　　　　　B. 中国金融认证中心
   C. 国家信息安全认证中心　　　　D. 科技信息部

项目三

税收法律制度

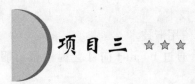

1. 了解税收的基本概念及其分类、税法及其构成要素;
2. 熟悉税收征管的具体规定,包括税务登记管理、发票管理、纳税申报、税款征收方式等;
3. 掌握增值税、营业税、消费税、企业所得税和个人所得税的原理及应纳税额的计算;
4. 掌握"营改增"具体政策。

任务一 认知税收

任务介绍

本任务主要是要从税收的基本概念出发,了解税收的作用,认知税收的作用;从税法的概念出发,了解税法的分类,认知税法的构成要素。

任务实施

一、税收及其分类

(一)税收概念与作用

1. 税收的概念

税收是国家为满足社会公共需要,凭借政治权力,按照法律所规定的标准和程序,参与国民收入分配,强制地、无偿地取得财政收入的一种特定分配方式。

【友情提醒】 税收概念主要注意三个词语"政治权力"、"强制"、"无偿"。

【例3-1-1·单选题】 税收是国家为实现国家职能,凭借政治权力,按照法律规定的标准,(　　)取得财政收入的一种特定分配方式。

A. 快速　　　　B. 有偿　　　　C. 陆续　　　　D. 无偿

【答案】　D

【解析】　税收是国家为实现其职能,凭借政治权利,按照法律规定的标准,无偿取得财政收入的一种特定分配方式。故选 D。

【牛刀小试·判断题】　税收是国家为实现国家职能,满足社会共同需要,凭借经济权力,按照国家法律规定的标准,强制地、无偿地取得收入的一种分配方式。(　　)

【答案】　×

【解析】　税收是国家为实现其职能,凭借政治权利,按照法律规定的标准,无偿取得财政收入的一种特定分配方式。故错误。

2. 税收的作用

税收职能是指税收所具有的内在功能,税收作用则是税收职能在一定条件下的具体体现。税收的职能作用主要表现在以下几个方面:

(1) 税收是财政收入的主要来源,组织财政收入是税收的基本职能。税收具有强制性、无偿性、固定性的特点,筹集财政收入稳定可靠。税收的这种特点,使其成为世界各国政府组织财政收入的基本形式。目前,我国税收收入占国家财政收入的 90% 以上。

(2) 税收是调控经济运行的重要手段,经济决定税收,税收反作用于经济。这既反映了经济是税收的来源,也体现了税收对经济的调控作用。税收作为经济杠杆,通过增税与减免税等手段来影响社会成员的经济利益,引导企业、个人的经济行为,对资源配置和社会经济发展产生影响,从而达到调控经济运行的目的。政府运用税收手段,既可以调节宏观经济总量,也可以调节经济结构。

(3) 税收具有维护国家政权的作用。国家政权是税收产生和存在的必要条件,而国家政权的存在又依赖于税收的存在。没有税收,国家机器就不可能有效运转。税收分配不是按照等价原则和所有权原则分配的,而是凭借政治权力对物质利益进行调节,体现国家支持什么、限制什么,从而达到维护和巩固国家政权的目的。

(4) 税收是国际经济交往中维护国家利益的可靠保证。在国际交往中,任何国家对在本国境内从事生产、经营的外国企业或个人都拥有税收管辖权,这是国家权益的具体体现。我国自 1979 年实行对外开放以来,在建立和完善涉外税法的同时,还同 80 多个国家签订了避免双重征税的协定。这些税法规定既维护了国家的权益,又为鼓励外商投资,保护国外企业或个人在华的合法经营,发展国家间平等互利的经济技术合作关系,提供可靠的法律保障,对维护国家权益起到了重要作用。

此外,税收还是调节收入分配的重要工具,具有监督经济活动的作用。

【例 3-1-2·单选题】　税收是国家调控经济运行的重要手段,(　　)决定税收。

A. 社会　　　　B. 政策　　　　C. 政治　　　　D. 经济

【答案】　D

【解析】　税收是调控经济运行的重要手段。经济决定税收,税收反用于经济。故选 D。

【牛刀小试·多选题】　下列属于税收的作用的有(　　)。

A. 税收是国际经济交往中维护国家利益的可靠保证
B. 税收是国家调控经济运行的重要手段
C. 税收是国家组织财政收入的主要形式
D. 税收具有维护国家政权的作用

【答案】 ABCD

【解析】 税收是国家为实现国家职能,凭借政治权力,按照法律规定的标准,无偿取得财政收入的一种特定分配方式。税收的作用主要有:(1)税收是国家组织财政收入的主要形式。(2)税收是国家调控经济运行的重要手段。(3)税收具有维护国家政权的作用。(4)税收是国际经济交往中维护国家利益的可靠保证。

(二)税收的特征

与其他分配方式相比,税收具有强制性、无偿性和固定性的特征,习惯上称为税收的"三性"。

1. 强制性

税收的强制性是指税收是国家以社会管理者的身份,凭借政权力量,依据政治权力,通过颁布法律或政令来进行强制征收。强制性特征体现在两个方面:一方面税收分配关系的建立具有强制性,即税收征收完全是凭借国家拥有的政治权力;另一方面是税收的征收过程具有强制性,即如果出现了税务违法行为,国家可以依法进行处罚。

2. 无偿性

税收的无偿性是指通过征税,社会集团和社会成员的一部分收入转归国家所有,国家不向纳税人支付任何报酬或代价。无偿性体现在两个方面:一方面是指政府获得税收收入后无需向纳税人直接支付任何报酬;另一方面是指政府征得的税收收入不再直接返还给纳税人。

3. 固定性

税收的固定性是指税收是按照国家税收法令规定的标准征收的,即纳税人、课税对象、税目、税率、计价办法和期限等都有规定,任何单位和个人不得多征、少征、不征、提前征、延后征,不得摊派税收。

税收的三个基本特征是统一的整体。其中,强制性是实现税收无偿征收的强有力保证,无偿性是税收本质的体现,固定性是强制性和无偿性的必然要求。税收的无偿性是区分税收收入和其他财政收入形式的重要特征。

【例3-1-3·单选题】 税收与其他财政收入相对比,最显著的特征是( )。

A. 固定性　　B. 无偿性　　C. 强制性　　D. 合规性

【答案】 B

【解析】 与其他分配方式相比,税收具有强制性、无偿性和固定性的特征,而无偿性是区分税收和其他财政收入形式的重要特征。故选B。

(三)税收的分类

税收可以按照征收对象、征收管理的分工体系、征收权限和收入支配权限、计税标准等不同的方法进行分类。具体分类如下:

1. 按征税对象分类

按征税对象分类,可将全部税收划分为流转税、所得税、财产税、资源税和行为税五种类型。

(1)流转税。流转税是指以货物或劳务的流转额为征税对象的一类税收。我国现行的增值税、消费税、营业税和关税等都属于流转税类。

(2)所得税。所得税也称收益税,是指以纳税人的各种所得额为课税对象的一类税收。现阶段,我国所得税类主要包括企业所得税、个人所得税等。

(3)财产税。财产税是以纳税人所拥有或支配的特定财产为征税对象的一类税收。我国现行的房产税、车船使用税等属于财产税类。

(4)资源税。资源税是以自然资源和某些社会资源作为征税对象的一类税收。我国现行的资源税、土地增值税和城镇土地使用税等属于此类。

(5)行为税。行为税也称特定目的税,是指国家为了实现特定目的,以纳税人的某些特定行为为征税对象的一类税收。车辆购置税、城市维护建设税等属于此类税收。

【例3-1-4·多选题】 按征税对象分类,下列税收中属于流转税的有(   )。
　　A. 增值税　　　B. 土地增值税　　　C. 车船使用税　　　D. 船舶吨税
【答案】 AD
【解析】 流转税是指以货物或劳务的流转额为征税对象的一类税收。我国现行的增值税、消费税、营业税和关税等都属于流转税类。选项A属于流转税,选项B属于资源税,选项C属于财产税,选项D属于关税中的一种,属于流转税。故选AD。

2. 按征税管理的分工体系分类

按征收管理的分工体系分类,可分为工商税类、关税类。

(1)工商税类。工商税类由税务机关负责征收管理,是我国现行税制的主体部分。

(2)关税类。关税类是国家授权海关对出入关境的货物和物品为征税对象的一类税收。

【例3-1-5·单选题】 下列各项中,属于按照税收的征收管理分工体系分类的是(   )。
　　A. 工商税类　　B. 流转税类　　　C. 财产税类　　　D. 资源税类
【答案】 A
【解析】 按征收管理的分工体系分类,税收可分为工商税类和关税类。故选A。

3. 按税收征收权限和收入分配权限分类

按照税收征收权限和收入支配权限分类,可分为中央税、地方税和中央地方共享税。

(1)中央税。中央税是指由中央政府征收和管理使用或者地方政府征税后全部划解中央,由中央所有和支配的税收。消费税(含进口环节由海关代征的部分)、关税、海关代征的进口环节增值税等为中央税。

(2)地方税。地方税是由地方政府征收、管理和支配的一类税收。地方税主要包括城镇土地使用税、耕地占用税、土地增值税、房产税、车船使用税、契税等。

(3)中央与地方共享税。中央与地方共享税是指税收收入由中央和地方政府按比例分享的税收。如增值税、营业税、企业所得税和个人所得税等。

【例3-1-6·多选题】 下列税种中,属于地方税的是( )。

　　A. 房产税　　　B. 增值税　　　C. 土地增值税　　　D. 关税

【答案】 AC

【解析】 地方税是由地方政府征收、管理和支配的一类税收。地方税主要包括城镇土地使用税、耕地占用税、土地增值税、房产税、车船使用税、契税、教育费附加等。B选项为中央地方共享税,选项D为中央税,不符合题干要求。故选AC。

4. 按计税标准不同分类

按照计税标准不同分类,可分为从价税、从量税和复合税。

（1）从价税。从价税是以课税对象的价格作为计税依据,一般实行比例税率和累进税率,税收负担比较合理。如我国现行的增值税、营业税、企业所得税、个人所得税等税种。

（2）从量税。从量税是以课税对象的实物量作为计税依据征收的一种税,一般采用定额税率。如我国现行的车船使用税、土地使用税、消费税中的啤酒和黄酒等。

（3）复合税复合税是指对征税对象采用从价和从量相结合的计税方法征收的一种税。如我国现行的消费税中对卷烟、白酒等征收的消费税。

【例3-1-7·多选题】 下列税目中,采用从价从量复合计征的有( )。

　　A. 啤酒　　　B. 白酒　　　C. 卷烟　　　D. 烟丝

【答案】 BC

【解析】 从价从量复合计征是指同时采用从价计征和从量计征两种计税方法进行税收征收的一种计税方法。我国现行税法中,最具代表性的是消费税中的卷烟和白酒。故选BC。

二、税法及其构成要素

（一）税法的概念

税法是国家权力机关和行政机关制定的用以调整国家与纳税人之间在税收征纳方面的权利与义务关系的法律规范的总称,是税收制度的法律表现形式,是国家法律的重要组成部分。

（二）税法的分类

1. 按税法的功能作用不同,分为税收实体法和税收程序法

（1）税收实体法是规定税收法律关系主体的实体权利、义务的法律规范总称。税收实体法具体规定了各种税种的征收对象、征收范围、税目、税率等。如《企业所得税法》《个人所得税法》就属于实体法。

（2）税收程序法是税务管理方面的法律规范。税收程序法主要包括税收管理法、纳税程序法、发票管理法、税务机关组织法、税务争议处理法等。

延伸阅读

实体法是规定和确认权利和义务以及职权和责任为主要内容的法律,如宪法、行政法、民法、商法、刑法等。程序法是规定以保证权利和职权得以实现或行使,义务和责任得以履行的有关程序为主要内容的法律,如行政诉讼法、行政程序法、民事诉讼法、刑事诉讼法、立法程序法等。

2. 按照主权国家行使税收管辖权不同,分为国内税法、国际税法、外国税法

(1)国内税法是指一国在其税收管辖权范围内,调整国家与纳税人之间权利义务关系的法律规范的总称,是由国家立法机关和经由授权或依法律规定的国家行政机关制定的法律、法规和规范性文件。如《中华人民共和国企业所得税法》《中华人民共和国税收征收管理法》等。

(2)国际税法是指两个或两个以上的课税权主体对跨国纳税人的跨国所得或财产征税形成的分配关系,并由此形成国与国之间的税收分配形式,主要包括双边或多边国家间的税收协定、条约和国际惯例。

(3)外国税法是指外国各个国家制定的税收法律制度。

延伸阅读

国际税法的重要渊源是国际税收协定,其最典型的形式是"OECD 范本"和"联合国范本"。国际税法基本原则包括:国家税收主权原则、国际税收分配公平原则、国际税收中性原则。国际税法的主要内容包括:税收管辖权、国际重复征税、国际避税与反避税等。国际税法一旦得到一国政府和立法机关的法律承认,国际税法的效力就高于国内税法。

【例3-1-8·多选题】 税法根据主权国家行使税收管辖权不同,可以分为( )。
    A. 国内税法   B. 国际税法
    C. 外国税法   D. 外商投资企业税法
【答案】 ABC
【解析】 按照主权国家行使税收管辖权不同,分为国内税法、国际税法、外国税法。故选 ABC。

3. 按税法法律级次不同,分为税收法律、税收行政法规、税收行政规章和税收规范性文件

(1)税收法律(狭义的税法)由全国人民代表大会及其常务委员会制定。如《企业所得税法》《个人所得税法》《税收征收管理法》。

(2)税收行政法规由国务院制定的有关税收方面的行政法规和规范性文件。

(3)税收规章和税收规范性文件由国务院财税主管部门(财政部、国家税务总局、海关总署和国务院关税税则委员会)根据法律和国务院行政法规或者规范性文件的要求,在本部门权限范围内发布的有关税收事项的规章和规范性文件,包括命令、通知、公告、通告、批复、意见、函等文件形式。

【例3-1-9·判断题】 《中华人民共和国消费税暂行条例》属于税收部门规章。( )
【答案】 ×
【解析】 《中华人民共和国消费税暂行条例》属于税收行政法规。

(三)税法的构成要素

税法的构成要素,是指各种单行税法具有的共同的基本要素的总称。一般包括征税人、纳税义务人、征税对象、税目、税率、计税依据、纳税环节、纳税期限、纳税地点、减免税和法律责任等项目。其中,纳税义务人、征税对象、税率是构成税法的三个最基本的要素。

【例3-1-10·判断题】 税法是指各种单行税法具有的共同的基本要素的总称。一般包括征税人、征税对象、税目、税率、计税依据、纳税环节、纳税期限、纳税地点、减免税和法律责任等项目。( )

【答案】 ×

【解析】 税法除了包括上述项目外,还包括纳税义务人。纳税义务人、征税对象、税率是构成税法的三个最基本的要素。本题描述不完整,故错误。

【小结】

表3-1-1   税收分类对比表

分类标准	类型	代表税种
按征税对象分类	流转税类	增值税、消费税、营业税和关税
	所得税类	企业所得税、个人所得税
	财产税类	房产税、车船使用税
	资源税类	资源税、土地增值税、城镇土地使用税
	行为税类	印花税、城市维护建设税、车辆购置税、契税、耕地占用税
按征收管理的分工体系分类	工商税类	绝大多数
	关税类	进出口关税,进口环节增值税、消费税和船舶吨税
按征收权限和收入支配权限分类	中央税	海关负责征收的税种,消费税
	地方税	城镇土地使用税、耕地占用税、土地增值税、房产税、车船使用税、契税
	中央地方共享税	增值税、营业税、企业所得税、个人所得税、资源税、城市维护建设税、印花税
按计税标准分类	从价税	增值税、营业税、企业所得税、个人所得税
	从量税	车船使用税、城镇土地使用税、消费税(啤酒、黄酒)
	复合税	消费税(卷烟、白酒)

表3-1-2   税法分类对比表

分类方法	具体类别	说 明	举 例
按税法的功能分类	税收实体法	主要是确定税种立法,具体规定各税种的征收对象、征收范围、税目、税率、纳税地点等	《中华人民共和国企业所得税法》
	税收程序法	税务管理方面的法律,包括税收管理法、纳税程序法、发票管理法、税务机关组织法、税务争议处理法等	《中华人民共和国税收征收管理法》

续表

分类方法	具体类别	说　明	举　例
按主权国家行使税收管辖权的不同分类	国内税法	按照属人或属地原则,规定一个国家的内部税收制度	《中华人民共和国个人所得税法》
	国际税法	是国家间形成的税收制度。(税收协定、条约和国际惯例)	《多边税收征管互助公约》
	外国税法	外国各个国家制定的税收制度	美国《海外账户纳税法案》
按税收法律级次划分分类	税收法律	由全国人民代表大会及其常务委员会制定	《中华人民共和国税收征收管理法》
	税收行政法规	由国务院制定的税收法律规范的总称	《中华人民共和国增值税暂行条例》
	税收行政规章和规范性文件	由国务院税收主管部门制定的具体实施办法、规程等(税收部门规章、税收地方规章)	《发票管理办法》

练一练

一、不定项选择题

1. 按照征税对象划分税种体系,房产税、契税属于(　　)。
   A. 资源税类　　　　　　　　B. 所得税类
   C. 财产税类　　　　　　　　D. 特定行为税类
2. 下列税种中采用超率累进税率方式征收的是(　　)。
   A. 增值税　　　　　　　　　B. 城镇土地使用税
   C. 个人所得税　　　　　　　D. 土地增值税
3. 下列各项中,(　　)属于按照税收的征收权限和收入支配权进行分类的。
   A. 中央税类　　　　　　　　B. 流转税类
   C. 财产税类　　　　　　　　D. 行为税类
4. 下列税种中,(　　)不属于行为税。
   A. 耕地占用税　　　　　　　B. 车船税
   C. 城市维护建设税　　　　　D. 车辆购置税
5. 下列各项中,(　　)采用比例税率计算应纳税额。
   A. 增值税　　　　　　　　　B. 营业税
   C. 城市维护建设税　　　　　D. 车船税
6. 下列各项中,(　　)属于行为税。
   A. 增值税　　　　　　　　　B. 房产税
   C. 城市维护建设税　　　　　D. 车辆购置税

二、判断题

1. 税收是国家调控经济运行的重要手段。(　　)
2. 我国现行的房产税、城市房地产税属于财产税类。(　　)

任务二　区分主要税种

任务介绍

主要区分增值税、营业税、消费税、企业所得税和个人所得税等具体税种。

任务实施

一、增值税

(一) 增值税的概念与分类

增值税是以商品(含应税劳务)在流转过程中产生的增值额作为计税依据而征收的一种流转税。

【例3-2-1·单选题】 增值税的征税对象是( )。
　　A. 销售额　　　　　　　　　　B. 增值额
　　C. 收入额　　　　　　　　　　D. 利润额
【答案】 B
【解析】 增值税是以增值额为计税依据而征收的一种流转税。

根据税基和购进固定资产的进项税额是否扣除及如何扣除的不同,各国增值税可以分为生产型、收入型和消费型三种类型。

1. 生产型增值税

生产型增值税,是指在计算应纳税额时,只允许从当期销项税额中扣除原材料等劳动对象的已纳税款,而不允许扣除固定资产所含税款的增值税。2008年12月31日之前,我国实行生产型增值税。

2. 收入型增值税

收入型增值税是指在计算应纳税额时,除扣除中间产品已纳税款,还允许在当期销项税额中扣除固定资产折旧部分所含税金。

3. 消费型增值税

消费型增值税是指在计算应纳税额时,除扣除中间产品已纳税款,对纳税人购入固定资产的已纳税款,允许一次性地从当期销项税额中全部扣除,从而使纳税人用于生产应税产品的全部外购生产资料都不负担税款。2009年1月1日起,我国全面实行消费型增值税。

【例3-2-2·单选题】 2008年11月5日国务院第34次常务会议修订通过并公布的《增值税暂行条例》标志着我国增值税转型改革,本次转型是指( )。
　　A. 生产型增值税转变为消费型增值税
　　B. 消费型增值税转变为生产型增值税
　　C. 生产型增值税转变为收入型增值税

D. 收入型增值税转变为消费型增值税

【答案】 A

【解析】 本次改革对纳税人购入固定资产的已纳税款,允许一次性地从当期销项税额中全部扣除,而在2008年12月31日前的购入固定资产的已纳税款不得扣除。故选A。

我国增值税的历史沿革

1. 我国在1980年进行增值税试点。
2. 1984年增值税正式成为独立税种。
3. 1993年国务院颁布国务院令第134号《中华人民共和国增值税暂行条例》于1994年1月1日起施行,标志着规范的增值税制在我国正式确定,采用生产型增值税。
4. 2008年11月10日,对外公布增值税转型方案,决定自2009年1月1日起执行消费型增值税。政策变化表现为"四个一":一转、一降、一升、一延长。
5. 2012年1月1日营业税改征增值税在上海交通运输业和现代服务业试点正式启动。
6. 2013年5月24日发布财税[2013]37号文件将交通运输业和部分现代服务业营业税改征增值税,于2013年8月1日在全国开展营业税执行。
7. 2016年5月1日全面实施"营改增",试点范围扩大到建筑安装业、房地产业、金融保险业及生活服务业,并将所有企业新增不动产所含增值税纳入抵扣范围。

(二)增值税的征税范围

根据《中华人民共和国增值税暂行条例》第一条规定:"在中华人民共和国境内销售货物或者提供加工、修理修配劳务以及进口货物的单位和个人,为增值税的纳税人,应当依照本条例缴纳增值税。"

1. 征税范围的基本规定

(1)销售或者进口的货物是指有形动产,包括电力、热力、气体在内。销售货物是指有偿转让货物的所有权。

(2)提供加工、修理修配劳务是指有偿提供加工、修理修配劳务,但单位或个体经营者聘用的员工为本单位或雇主提供加工、修理修配劳务,不包括在内。

(3)提供的应税服务是指陆路运输服务、水路运输服务、航空运输服务、管道运输服务、邮政普通服务、邮政特殊服务、邮政其他服务、研发和技术服务、信息技术服务、文化创意服务、物流辅助服务、有形动产租赁服务、鉴证咨询服务、广播影视服务等。提供应税服务是指有偿提供应税服务,但不包括非营业活动中提供的应税服务。

 拓展提高

增值税应税服务的具体内容:
(1)交通运输业 交通运输业是指使用运输工具将货物或者旅客送达目的地,使其空间位置得到转移的业务活动。包括陆路运输服务、水路运输服务、航空运输服务和管道运输服务。2014年1月1日起,铁路运输服务开始纳入增值税征税范围。

(2) 邮政业邮政业,是指中国邮政集团公司及其所属邮政行业提供邮件寄递、邮政汇兑机要通信和邮政代理等邮政基本服务的业务活动。包括邮政普通服务、邮政特殊服务和其他邮政服务。邮政储蓄业务按照金融服务征收增值税。

(3) 部分现代服务业是指围绕制造业、文化产业、现代物流产业等提供技术性、知识性服务的业务活动。具体包括:研发和技术服务、信息技术服务、文化创意服务、物流辅助服务、有形动产租赁服务、鉴证咨询服务、广播影视服务。

【例3-2-3·多选题】 下列增值税应税服务的具体内容,正确的是(   )。
A. 交通运输业是指使用运输工具将货物或者旅客送达目的地,使其空间位置得到转移的业务活动
B. 部分现代服务业是指围绕制造业、文化产业、现代物流产业等提供技术性、知识性服务的业务活动
C. 部分现代服务业包括物流辅助服务、有形动产租赁服务等
D. 广播影视服务不属于部分现代服务业

【答案】 ABC

【解析】 广播影视服务也属于部分现代服务业的范畴。部分现代服务业具体包括:研发和技术服务、信息技术服务、文化创意服务、物流辅助服务、有形动产租赁服务、鉴证咨询服务、广播影视服务。

2. 征收范围的特殊规定
(1) 视同销售货物单位或个体经营者的下列行为,视同销售货物:
① 将货物交付其他单位或者个人代销;
② 销售代销货物;
③ 设有两个以上机构并实行统一核算的纳税人,将货物从一个机构移送其他机构用于销售,但相关机构设在同一县(市)的除外;
④ 将自产、委托加工的货物用于非增值税应税项目;
⑤ 将自产、委托加工的货物用于集体福利或个人消费;
⑥ 将自产、委托加工或购进的货物作为投资,提供给其他单位或个体工商户;
⑦ 将自产、委托加工或购进的货物分配给股东或投资者;
⑧ 将自产、委托加工或购进的货物无偿赠送其他单位或个人。

上述第⑤项所称"集体福利或个人消费"是指企业内部设置的供职工使用的食堂、浴室、理发室、宿舍、幼儿园等福利设施及设备、物品等,或者以福利、奖励、津贴等形式发放给职工个人的物品。

【例3-2-4·多选题】 下列经营活动应当视同销售的有(   )。
A. 张家港酿酒集团公司将新品黄酒1 000箱送客户无偿试用
B. 国美电器盐城店调拨一批空调到国美电器苏州店
C. 苏州同兴食品有限公司向本单位职工发放外购的月饼200盒作为中秋福利

D. 盐城隆发机械有限公司将自产机床20台作为对苏州宏兴电子有限公司投资

【答案】 ABD

【解析】 选项A属于无偿赠送自产产品;选项B属于将货物从一个机构移送另一机构且不在同一县(市)范围;选项D属于将自产产品用于投资。以上三种情形均应视同销售。选项C属于外购商品用于职工福利,不属于视同销售。故选ABD。

(2) 视同提供应税服务单位和个体工商户的下列情形,视同提供应税服务:

① 向其他单位或者个人无偿提供交通运输业和部分现代服务业服务,但以公益活动为目的或者以社会公众为对象的除外。

② 财政部和国家税务总局规定的其他情形。

(3) 混合销售是指一项销售行为既涉及货物销售又涉及提供应税劳务的销售行为。

(4) 兼营非应税劳务是指纳税人的经营范围既包括销售货物和应税劳务,又包括提供非应税劳务。与混合销售行为不同的是,兼营非应税劳务是指销售货物或应税劳务与提供非应税劳务不同时发生在同一购买者身上,也不发生在同一项销售行为中。

(5) 混业经营纳税人兼有不同税率或者征收率的销售货物、提供加工修理修配劳务或者应税服务的,应当分别核算适用不同税率或征收率的销售额,未分别核算销售额的,从高适用税率或征收率。

【例3-2-5·多选题】 下列属于混业经营的有(   )。

A. 佳佳信息技术服务公司销售服务器、计算机,并提供专业软件开发、系统维护

B. 虎翼汽车服务站提供清洗汽车、保养、修理修配服务

C. 苏州金阊电气有限公司销售中央空调、柜式空调、挂壁式空调

D. 港诚生态农业有限公司销售生产的水蜜桃、西瓜、梨等农产品

【答案】 AB

【解析】 选项A、B属于纳税人销售、提供适用不同税率货物、劳务,属于混业经营;选项C、D属于纳税人销售相同税率的货物,不属于混业经营。故选AB。

【友情提醒】 电脑维护业务是否属于营业税改征增值税试点中的应税服务?

电脑维护业务应区分不同情况,如提供硬件维护服务,应按照修理修配劳务缴纳增值税;如提供软件维护服务,则按照"信息技术服务——软件服务"征收增值税。

(三) 增值税的纳税人

增值税纳税人是指税法规定负有缴纳增值税义务的单位和个人。在我国境内销售、进口货物或者提供加工、修理、修配劳务以及应税服务的单位和个人,为增值税纳税人。按照经营规模的大小和会计核算健全与否等标准,增值税纳税人可分为一般纳税人和小规模纳税人。

表 3-2-1　　　　　　　　　　增值税纳税人认定标准表

认定标准＼纳税人类型	生产货物或提供应税劳务纳税人	批发或零售货物纳税人	应税服务纳税人
增值税一般纳税人	年应税销售额 50 万以上	年应税销售额 80 万以上	年应税销售额 500 万以上
增值税小规模纳税人	年应税销售额 50 万以下	年应税销售额 80 万以下	年应税销售额 500 万以下

1. 增值税一般纳税人

增值税一般纳税人是指年应征增值税销售额(以下简称"年应税销售额",包括一个公历年度内的全部应税销售额)超过《增值税暂行条例实施细则》规定的小规模纳税人标准的企业和企业性单位。一般纳税人的特点是增值税进项税额可以抵扣销项税额。

2. 增值税小规模纳税人

增值税小规模纳税人是指年销售额在规定标准以下,并且会计核算不健全,不能按规定报送有关税务资料的增值税纳税人。

【友情提醒】　下列纳税人不属于一般纳税人:
① 年应税销售额未超过小规模纳税人标准的企业;② 除个体经营者以外的其他个人;③ 非企业性单位;④ 年应税销售额超过小规模纳税人标准的其他个人按小规模纳税人纳税;⑤ 非企业性单位、不经常发生应税行为的企业可选择按小规模纳税人纳税。

小规模纳税人会计核算健全、能够提供准确税务资料的,可以向主管税务机关申请一般纳税人资格认定,成为一般纳税人;除国家税务总局另有规定外,一经认定为一般纳税人后,不得转为小规模纳税人。

【例 3-2-6·单选题】　按照现行规定,下列各项中必须被认定为小规模纳税人的是(　　)。

A. 年应税销售额 60 万元的汽车修理厂
B. 年应税销售额 90 万元以上的从事货物批发的纳税人
C. 年应税销售额为 80 万元以下,会计核算制度健全的从事货物零售的纳税人
D. 年应税销售额为 50 万元以下,会计核算制度健全的生产型纳税人

【答案】　C
【解析】　选项 A 属于提供修理修配劳务的纳税人,年应税销售额超过 50 万元以上的,应认定为一般纳税人;选项 B 属于批发或零售的纳税人,年应税销售额超过 80 万元以上的,应认定为一般纳税人;选项 C 属于批发或零售的纳税人,年应税销售额在 80 万元以下的,即使会计核算制度健全也应认定为小规模纳税人;选项 D 属于年应税销售额 50 万元以下的生产型企业,会计核算制度健全的,可以认定为一般纳税人。故选 C。

【例 3-2-7·判断题】　小规模纳税人会计核算健全、能够提供准确税务资料的,可以向主管税务机关申请一般纳税人资格认定,成为一般纳税人;一般纳税人一经认定,不得转为小规模纳税人。(　　)

【答案】　×
【解析】　一般纳税人一经认定后,不得转为小规模纳税人,国家税务总局另有规定

除外。

(四)增值税的扣缴义务人

中华人民共和国境外(以下简称境外)的单位或者个人在境内提供应税服务,在境内未设有经营机构的,以其代理人为增值税扣缴义务人;在境内没有代理人的,以接受方为增值税扣缴义务人。

(五)增值税税率

2016年5月1日起,我国全面实行"营改增"试点,增值税税率有了很大变动,主要的税率比例如图3-2-1所示。

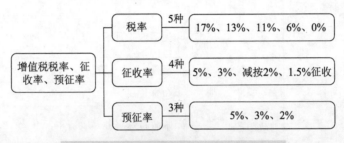

图 3-2-1 增值税税率、征收率示意图

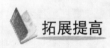

表3-2-2   全面推开"营改增"后最新增值税税率表

纳税人	应税行为	具 体 范 围	增值税税率
小规模纳税人	包括原增值税纳税人和营改增纳税人,从事货物销售,提供增值税加工,修理修配劳务,以及营改增各项应税服务		征收率3%
原增值税纳税人	销售或者进口货物(另有列举的货物除外);提供加工、修理修配劳务		17%
	1. 粮食、食用植物油、鲜奶		13%
	2. 自来水、暖气、冷气、热气、煤气、石油液化气、天然气、沼气、居民用煤炭制品		
	3. 图书、报纸、杂志		
	4. 饲料、化肥、农药、农机(整机)、农膜		
	5. 国务院规定的其他货物		
	6. 农产品(指各种动、植物初级产品);音像制品;电子出版物;二甲醚;食用盐		
	出口货物		0%

续表

纳税人	应税行为	具体范围			增值税税率
"营改增"一般纳税人	销售服务	交通运输服务	陆路运输服务	铁路运输服务	11%
				其他陆路运输服务	
			水路运输服务	程租业务	
				期租业务	
			航空运输服务	航空运输的湿租业务	
			管道运输服务	无运输工具承运业务	
		邮政服务	邮政普遍服务	函件	11%
				包裹	
			邮政特殊服务	邮政特殊服务	
			其他邮政服务	其他邮政服务,是指邮册等邮品销售、邮政代理等业务活动	
		电信服务	基础电信服务	基础电信服务	11%
			增值电信服务	增值电信服务	6%
		建筑服务	工程服务	工程服务	11%
			安装服务	安装服务	
			修缮服务	修缮服务	
			装饰服务	装饰服务	
			其他建筑服务	其他建筑服务	
		金融服务	贷款服务	贷款	6%
				融资性售后回租	
			直接收费金融服务	直接收费金融服务	
			保险服务	人身保险服务	
				财产保险服务	
			金融商品转让	金融商品转让	
				其他金融商品转让	

续表

纳税人	应税行为	具体范围			增值税税率
"营改增"一般纳税人	销售服务	现代服务	研发和技术服务	研发服务	6%
				合同能源管理服务	
				工程勘察勘探服务	
				专业技术服务	
			信息技术服务	软件服务	6%
				电路设计及测试服务	
				信息系统服务	
				业务流程管理服务	
				信息系统增值服务	
			文化创意服务	设计服务	6%
				知识产权服务	
				广告服务	
				会议展览服务	
			物流辅助服务	航空服务 航空地面服务	6%
				航空服务 通用航空服务	
				港口码头服务	
				货运客运场站服务	
				打捞救助服务	
				装卸搬运服务	
				仓储服务	
				收派服务 收件服务	
				收派服务 分拣服务	
				收派服务 派送服务	
			租赁服务	融资租赁服务 有形动产融资租赁服务	17%
				融资租赁服务 不动产融资租赁服务	11%
				经营租赁服务 有形动产经营租赁服务	17%
				经营租赁服务 不动产经营租赁服务	11%
			鉴证咨询服务	认证服务	6%
				鉴证服务	
				咨询服务	

续表

纳税人	应税行为	具体范围			增值税税率
"营改增"一般纳税人	销售服务	现代服务	广播影视服务	广播影视节目（作品）制作服务	6%
				广播影视节目（作品）发行服务	
				广播影视节目（作品）播映服务	
			商务辅助服务	企业管理服务	6%
				经济代理服务　货物运输代理服务	
				代理报关服务	
				人力资源服务	
				安全保护服务	
			其他现代服务	其他现代服务	6%
		生活服务	文化体育服务	文化服务	6%
				体育服务	
			教育医疗服务	教育服务	
				医疗服务	
			旅游娱乐服务	旅游服务	
				娱乐服务	
			餐饮住宿服务	餐饮服务	
				住宿服务	
			居民日常服务		
			其他生活服务		
	销售无形资产	技术	专利技术		6%
			非专利技术		
		商标			
		著作权			
		商誉			
		其他权益性无形资产			
		自然资源使用权	海域使用权、探矿权、采矿权、取水权、其他自然资源使用权		
			土地使用权		11%
	销售不动产	建筑物			11%
		构建物			

附注：除部分不动产销售和租赁行为的征收率为5%以外，小规模纳税人发生的应税行为以及一般纳税人发生特定应税行为，增值税征收率为3%。

【例3-2-8·多选题】 下列货物适用13%的增值税税率的有(　　)。

　　A. 图书、报纸、杂志

　　B. 粮食、食用植物油、鲜奶

　　C. 饲料、化肥、农药、农机(含农机配件)、农膜

　　D. 自来水、暖气、冷气、热水、煤气、石油液化气、天然气、沼气、煤炭制品

【答案】 AB

【解析】 选项C中农机不含农机配件；选项D中煤炭制品应该为居民用煤炭制品。故选AB。

【友情提醒】 自2009年1月1日起，小规模纳税人增值税征收率调整为3%。纳税人提供适用不同税率或者征收率的应税服务，应当分别核算适用不同税率或者征收率的销售额；未分别核算的，从高适用税率。

(六) 增值税的计税方法

增值税的计税方法，即增值税应纳税额的计算方法。我国增值税计税方法主要分为一般计税方法和简易计税方法。一般纳税人发生应税行为适用一般计税方法计税。一般纳税人发生财政部和国家税务总局规定的特定应税行为，可选择适用简易计税方法计税，但一经选择，36个月内不得变更。小规模纳税人发生应税行为适用简易计税方法计税。

【友情提醒】 一般纳税人发生特定应税行为，可选择适用简易计税方法计税，也可选择一般计税方法计税。

1. 一般纳税人应纳税额的计算

我国增值税实行扣税法。一般纳税人凭增值税专用发票及其他合法扣税凭证注明税款进行抵扣，其应纳增值税的计算公式为：

应纳税额 = 当期销项税额 – 当期进项税额

　　　　　= 当期销售额×适用税率 – 当期进项税额

【友情提醒】 "当期"是个重要的时间限定，是指税务机关依照税法规定对纳税人确定的纳税期限。只有在纳税期限内实际发生的销项税额、进项税额，才是法定的当期销项税额、进项税额。

（1）当期销售额的确定。

销售额是指纳税人发生应税行为取得的全部价款和价外费用，财政部和国家税务总局另有规定的除外。销售额以人民币计算。

当期销售额的确定是应纳税额计算的关键，对此，具体规定如下：

① 销售额为纳税人销售货物或提供应税劳务而向购买方收取的全部价款和价外费用。

拓展提高

> 所谓价外费用，包括价外向购买方收取的手续费、补贴、基金、集资款、返还利润、奖励费、违约金、滞纳金、延期付款利息、赔偿金、代收款项、代垫款项、包装费、包装物租金、储备费、优质费、运输装卸费以及其他各种性质的价外收费。

但下列项目不包括在价外费用中:

(1) 受托加工应征消费税的消费品所代收代缴的消费税。

(2) 同时符合以下条件的代垫运输费用:① 承运部门的运输费用发票开具给购买方的;② 纳税人将该项发票转交给购买方的。

(3) 同时符合以下条件代为收取的政府性基金或者行政事业性收费:① 由国务院或者财政部批准设立的政府性基金,由国务院或者省级人民政府及其财政、价格主管部门批准设立的行政事业性收费;② 收取时开具省级以上财政部门印制的财政票据;③ 所收款项全额上缴财政。以上三个条件缺一不可。

(4) 销售货物的同时代办保险等而向购买方收取的保险费,以及向购买方收取的代购买方缴纳的车辆购置税、车辆牌照费。

【例3-2-9·计算题】 江苏省大力神有限责任公司为一般纳税人,适用增值税税率为17%。该公司2016年11月销售液压式千斤顶8 000台,每台不含税价238元。

【解析】 当期销售额 = 8 000 × 238 = 1 904 000(元)

② 如果销售收入中包含了销项税额,则应将含税销售额换算成不含税销售额。属于含税销售额的有普通发票的价款、零售价格、价外收入、非应税劳务收入。

【例3-2-10·计算题】 江苏省大力神有限责任公司2016年11月向个体工商户销售液压式千斤顶100台,开出的普通发票上注明价款34 983元。

【解析】 当期销售额 = 34 983 ÷ (1 + 17%) = 29 900(元)

③ 混合销售行为依法应当缴纳增值税的,其销售额为货物的销售额与劳务营业额的合计。

【例3-2-11·计算题】 江苏省大力神有限责任公司2016年11月销售10T液压升降平台2台,并提供安装服务,每台含税价格24 570元。

【解析】 因该公司既销售产品又提供劳务,产品适用17%的一般税率,安装适用6%的"研发和技术服务——专业技术服务"现代服务业税率,则:

当期销售额 = 24 570 × 2 ÷ (1 + 17%) = 42 000(元)

拓展提高

混合销售沿用了增值税和营业税有关混合销售的管理,即只有当一项销售行为既涉及服务又涉及货物时,才认定为混合销售行为。从事货物的生产、批发或者零售的单位和个体工商户的混合销售行为,按照销售货物缴纳增值税;其他单位和个体工商户的混合销售行为,按照销售服务缴纳增值税。

混合销售行为成立的行为标准有两点,一是其销售行为必须是一项;二是该项行为必须即涉及服务又涉及货物,其"货物"是指增值税税法中规定的有形动产,包括电力、热力和气体;服务是指交通运输服务、建筑服务、金融保险服务、邮政服务、电信服务、现代服务、生活服务等。

④ 纳税人有价格明显偏低并无正当理由或者有视同销售货物行为而无销售额,按图3-2-2所示顺序确定销售额。

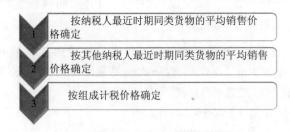

图3-2-2 核定销售额顺序示意图

【例3-2-12·计算题】 江苏省大力神有限责任公司2016年11月向苏州东方汽车配件服务公司销售液压式千斤顶200台,不含税销售价格每台120元,共计24 000元。经税务机关认定,价格明显偏低且无正当理由。

【解析】 经税务机关认定,价格明显偏低且无正当理由的,应当按图3-2-2所示顺序确定销售额。该公司最近同类货物的销售价格分别为238元和299元(29 900÷100 = 299)。则:

当期销售额 = (238 + 299) ÷ 2 × 200
= 268.5 × 200
= 53 700(元)

⑤ 纳税人为销售货物而出租、出借包装物收取的押金,单独记账核算且时间在1年以内又未过期的,不并入销售额,税法另有规定的除外。属于应纳入销售额征税的押金,在将包装物押金并入销售额征税时,需要先将该押金换算为不含税价,再并入销售额征税。包装物押金不应混同于包装物租金,包装物租金在销货时,应作为价外费用并入销售额计算销项税额。

 拓展提高

销售酒类时,除黄酒、啤酒外的包装物押金,不管是否单独核算,均作为价外费用纳入销售额征收增值税。

【例3-2-13·计算题】 江苏洋河酒厂股份有限公司向苏州第一百货有限公司销售梦之蓝白酒2 000箱,每箱不含税销售价格2 000元,每箱另收取包装物押金23.40元。

【解析】 当期销售额 = 2 000 × 2 000 + 23.4 ÷ (1 + 17%) × 2 000
= 4 000 000 + 40 000
= 4 040 000(元)

⑥ 纳税人采取折扣方式销售货物,如果销售额和折扣额在同一张发票上分别注明的,可按折扣后的销售额征收增值税;如果将折扣额另开发票,不论其在财务上如何处理,均不得从销售额中减除折扣额。纳税人采取折扣方式销售货物,销售额和折扣额在同一张发票上分别注明是指销售额和折扣额在同一张发票上的"金额"栏分别注明的,可按折扣后的销售额征收增值税;未在同一张发票"金额"栏注明折扣额,而仅在发票的"备注"栏注明折扣额的,折扣额不得从销售额中减除。

【例3-2-14·计算题】 江苏洋河酒厂股份有限公司向苏州第一百货有限公司销售梦之蓝白酒2 000箱,每箱售价2 000元,因一次购买量比较大,根据公司政策,给予8折处理。销售额和折扣额在同一张发票的"金额"栏上注明。

【解析】 当期销售额 = 2 000 × 2 000 × 80%
= 3 200 000(元)

【例3-2-15·计算题】 江苏洋河酒厂股份有限公司向苏州第一百货有限公司销售梦之蓝白酒2000箱,每箱售价2 000元,因一次购买量比较大,根据公司政策,给予8折处理。销售额和折扣额在同一张发票上,但折扣额注明在"备注"栏上。

【解析】 当期销售额 = 2 000 × 2 000
= 4 000 000(元)

⑦ 纳税人采取以旧换新方式销售货物,应按新货物的同期销售价格确定销售额。

拓展提高

以旧换新销售,是指纳税人在销售过程中,折价收回同类旧货物,并以折价款部分冲减货物价款的一种销售方式。但是,对金银首饰以旧换新业务,应按照销售方实际收取的不含增值税的全部价款征收增值税。

【例3-2-16·计算题】 苏州金龙电器有限公司2016年推出"庆国庆"格力空调换购优惠活动期间,销售格力KFR-26GW空调120台,每台零售价9 126元,换购价8 800元。通过换购活动销售80台,其余40台属于正常销售,共收到货税款1 079 520元。

【解析】 当期销售额 = 9 126 × 1201 + 17% = 936 000(元)

⑧ 采取以物易物方式的销售货物。

拓展提高

以物易物,是指购销双方不是以货币结算,而是以同等价款的货物相互结算,实现货物购销的一种方式。

以物易物双方都应作购销处理,即以各自发出的货物作销售处理,计算销项税额;以各自换入的货物作购进处理,计算进项税额。换出货物不管是开出增值税专用发票还是普通发票,还是没有开具发票,都应作销售处理;换入货物不能取得相应的增值税专用发票或其他合法票据的,不能抵扣进项税额。

【例3-2-17·计算题】 江苏洋河酒厂股份有限公司与中粮集团南通公司达成换购合同,以200箱梦之蓝换入150吨籼米,梦之蓝近期每箱平均不含税价为2 000元,籼米平均不含税价为2 640元。

【解析】 当期销售额＝200×2 000＝400 000(元)

(2)当期销项税额的确定。

当期销项税额是指当期销售货物或提供应税劳务的纳税人,依其销售额和法定税率计算并向购买方收取的增值税税款。

其计算公式为:当期销项税额＝销售额×税率

或当期销项税额＝组成计税价格×税率

组成计税价格＝成本×(1＋成本利润率)

＝成本×(1＋成本利润率)＋消费税税额

＝成本×(1＋成本利润率)×(1－消费税税率)

拓展提高

"成本"分为两种情况:① 销售自产货物的为实际生产成本;② 销售外购货物的为实际采购成本。"成本利润率"根据规定统一为10%,但属于从价定率征收消费税的货物,其组成计税价格公式中的成本利润率为《消费税若干具体问题的规定》中规定的成本利润率。具体如下:甲类卷烟10%;乙类卷烟5%;雪茄烟5%;烟丝5%;粮食白酒10%;薯类白酒5%;其他酒5%;酒精5%;化妆品5%;护肤护发品5%;鞭炮、焰火5%;贵重首饰及珠宝玉石6%;汽车轮胎5%;摩托车6%;小轿车8%;越野车6%;小客车5%。

【例3-2-17·计算题】 根据"例3-2-9"至"例3-2-12"资料,计算江苏省大力神有限责任公司2016年11月份的销项税额。

【解析】 当期销项税额＝销售额×税率
　　　　　　　　　　＝(1 904 000＋29 900＋42 000＋53 700)×17%
　　　　　　　　　　＝2 029 600×17%
　　　　　　　　　　＝345 032(元)

【例3-2-18·计算题】 江苏省苏州服饰有限公司将自产的一批新产品200件作为福利发放给本公司职工。已知该新产品尚未投放市场,没有同类产品销售价格;每件成本为500元。计算该公司的当期增值税销项税额。

【解析】 当期销项税额＝组成计税价格×税率
　　　　　　　　　　＝500×200×(1＋10%)×17%

= 18 700（元）

（3）当期进项税额的确定。

当期进项税额是指纳税人当期购进货物或者应税劳务已缴纳的增值税税额。它主要体现在从销售方取得的增值税专用发票或海关进口增值税专用缴款书上。

准予从销项税额中抵扣进项税额的情形，主要包括以下几类：

① 从销售方取得的增值税专用发票上注明的增值税税额；

② 从海关取得的海关进口增值税专用缴款书上注明的增值税税额；

③ 购进农产品，除取得增值税专用发票或者海关进口增值税专用缴款书外，按照农产品收购发票或者销售发票上注明的农产品买价和13%的扣除率计算的进项税额。计算公式为：进项税额 = 买价 × 扣除率。

④ 从境外单位或者个人购进服务、无形资产或者不动产，按照税务机关或者扣缴义务人取得的解缴税款的完税凭证上注明的增值税额。

【友情提醒】 购进农产品的进项税额计算公式如下：

进项税额 = 买价 × 扣除率

买价，包括纳税人购进农产品在农产品收购发票或者销售发票上注明的价款和按规定缴纳的烟叶税。

拓展提高

自2012年7月1日起，以购进农产品为原料生产销售液体乳及乳制品、酒及酒精、植物油的增值税一般纳税人，纳入农产品增值税进项税额核定扣除试点范围，其购进农产品无论是否用于生产上述产品，增值税进项税额均按照《农产品增值税进项税额核定扣除试点实施办法》的规定抵扣。试点纳税人以购进农产品为原料生产货物的，农产品增值税进项税额核定的方法包括：投入产出法、成本法和参照法。

因此，增值税扣税凭证包括如图3-2-3所示的内容：

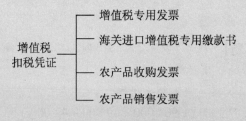

图3-2-3 增值税扣税凭证

拓展提高

自2009年1月1日起,增值税一般纳税人购进再生资源,应当凭取得的增值税暂行条例及其实施细则规定的扣税凭证抵扣进项税额,原印有"废旧物资"字样的专用发票停止使用,不再作为扣税凭证抵扣进项税额。自2016年7月1日起,原"货物运输业增值税专用发票"不再使用,交通运输业货物运输统一开具增值税专用发票和增值税普通发票。

下列项目的进项税额不得从销项税额中抵扣:

① 用于简易计税方法计税项目、免征增值税项目、集体福利或者个人消费的购进货物、加工修理修配劳务、服务、无形资产和不动产。

② 非正常损失的购进货物,以及相关的加工修理修配劳务和交通运输服务。

③ 非正常损失的在产品、产成品所耗用的购进货物(不包括固定资产)、加工修理修配劳务和交通运输服务。

④ 非正常损失的不动产,以及该不动产所耗用的购进货物、设计服务和建筑服务。

⑤ 非正常损失的不动产在建工程所耗用的购进货物、设计服务和建筑服务。纳税人新建、改建、扩建、修缮、装饰不动产,均属于不动产在建工程。

⑥ 购进的旅客运输服务、贷款服务、餐饮服务、居民日常服务和娱乐服务。

⑦ 财政部和国家税务总局规定的其他情形。

【例3-2-19·计算题】 江苏洋河酒厂股份有限公司从河南光山购进3级晚籼稻谷,农产品收购发票上注明收购价格2 640元/吨,200吨,共计528 000元。计算当期进项税额。

【解析】 当期进项税额 = 买价 × 13%
　　　　　　　　　　= 528 000 × 13%
　　　　　　　　　　= 6 864(元)

【例3-2-20·计算题】 甲企业为生产企业,乙企业为运输企业,丙企业为商业零售企业。甲、乙、丙企业均为增值税一般纳税人,2016年12月发生以下业务:

① 12月6日丙企业采用分期付款方式从甲企业购入家用电器,双方签订的合同中规定:购入金额12万元(不含税),货款分三次等额支付,每月16日为付款期。但至本月底并未付款,甲企业为了及时收回货款,本月按销售金额全额开具了增值税专用发票。

② 甲企业当月购进一批生产用原材料,由乙企业负责运输,已支付货款和运费,取得经税务机关认证的防伪税控系统增值税专用发票上注明的货物销售额20万元,税金3.4万元,货已入库。取得乙企业开具的增值税专用发票注明的金额为1万元,税金0.11万元。

③ 甲企业销售给丙企业一批货物,采用委托银行收款方式结算,货已发出并办妥托收手续。开具的防伪税控系统增值税专用发票上注明销售额30万元,税金5.1万元。丙企业当月付款60%,其余下月付清,本月专用发票已经税务机关认证。该货物由乙企业负责运输,乙企业收取不含税运输费用0.6万元,按合同规定,该款项应由丙企业承担,但是由甲企业代垫运费,甲将抬头为丙企业的增值税专用发票转交给丙企业,丙企业已将运费付给了甲

企业。

④ 甲企业从丙企业购进货物,取得经税务机关认证的防伪税控系统专用发票上注明的销售额5万元,税金0.85万元。另外甲企业将上月外购价值4万元的货物发给职工作为春节礼品。

⑤ 因质量问题,丙企业退回上月从甲企业的进货80件,每件不含税价0.06万元(已抵扣过进项税),丙企业取得税务机关开具的进货退出证明单,退货手续符合规定。

⑥ 本月10日甲企业又以销售折扣方式销售给丙企业一批货物,开具防伪税控系统专用发票上注明销售额18万元,增值税专用发票"备注"栏注明:合同约定的折扣规定是5/10、2/20、N/30。丙企业提货后于本月18日就全部付清了货款,并将专用发票拿到税务机关认证。该货物由乙企业负责运输,甲企业支付给乙企业的运费为0.3万元,取得乙企业开具的增值税普通发票。

⑦ 丙企业本月零售货物,取得零售收入35.1万元;销售已使用5年的小汽车一辆,取得含税收入17.55万元。

⑧ 上月丙企业采取预收款方式销售一批货物,取得含税预收款40.95万元,合同约定10月15日发出全部货物。丙企业本月按照合同约定如期发出全部货物,并给对方开具增值税普通发票。

根据上述资料,回答下列问题:

(1)甲企业当期销项税。(2)甲企业当期准予抵扣的进项税额。(3)甲企业当期应纳增值税税额。(4)丙企业当期应纳增值税税额。

【解析】 业务①:甲企业销项税 $= 12 \times 17\% = 2.04$(万元)

丙企业进项税 $= 12 \times 17\% = 2.04$(万元)

业务②:甲企业进项税 $= 3.4 + 1 \times 11\% = 3.51$(万元)

业务③:甲企业销项税 $= 5.1$(万元)

丙企业进项税 $= 5.1 + 0.6 \times 11\% = 5.17$(万元)

业务④:甲企业进项税 $= 0.85$(万元)

甲企业将外购货物发给职工作为春节礼品,属于不得抵扣进项税行为,已经抵扣的进项税额需要作进项税转出处理。

甲企业转出的进项税 $= 4 \times 17\% = 0.68$(万元)

丙企业销项税 $= 0.85$(万元)

业务⑤:甲企业应抵减当期销项税 $= 80 \times 0.06 \times 17\% = 0.82$(万元)

丙企业应抵减当期进项税 $= 80 \times 0.06 \times 17\% = 0.82$(万元)

业务⑥:甲企业销项税 $= 18 \times 17\% = 3.06$(万元)

丙企业进项税 $= 18 \times 17\% = 3.06$(万元)

业务⑦:丙企业销项税 $= 35.1 \div (1 + 17\%) \times 17\% = 5.1$(万元)

2013年8月1日之前,纳税人购置小汽车、摩托车和游艇自用的,对应的进项税不可以抵扣。所以丙企业销售已使用5年的小汽车应该按照3%征收率减按2%征收增值税。

销售小汽车应纳增值税 $= 17.55 \div (1 + 3\%) \times 2\% = 0.34$(万元)

业务⑧:丙企业销项税 $= 40.95 \div (1 + 17\%) \times 17\% = 5.95$(万元)

综上:

甲企业当期销项税合计 = 2.04 + 5.1 + 3.06 - 0.82 = 9.38(万元)
甲企业当期准予抵扣的进项税 = 3.51 + 0.85 - 0.68 = 3.68(万元)
甲企业当期应纳增值税税额 = 9.38 - 3.68 = 5.70(万元)
丙企业当期销项税 = 0.85 + 5.1 + 5.95 = 11.9(万元)
丙企业当期准予抵扣的进项税 = 2.04 + 5.17 + 3.06 - 0.82 = 9.45(万元)
丙企业当期应纳增值税税额 = 11.9 - 9.45 + 0.34 = 2.79(万元)

2. 增值税小规模纳税人应纳税额的计算

小规模纳税人销售货物、提供应税劳务或者服务，实行按照销售额和征收率计算应纳税额的简易办法，并不得抵扣进项税额。其应纳税额计算公式为：

应纳税额 = 销售额 × 征收率

小规模纳税人采用销售额和应纳税额合并定价方法的，应将其换算为不含税销售额，计算公式为：

销售额 = 含税销售额 ÷ (1 + 征收率)

【例3-2-21·计算题】 苏州恒信食品公司为增值税小规模纳税人，2016年12月，取得零售销售收入总额11.33万元。计算该食品公司2016年12月应该缴纳的增值税税额。

【解析】 小规模纳税人应纳增值税额 = 销售额 × 征收率，小规模纳税人的征收率一般为3%。

销售额 = 11.33 ÷ (1 + 3%) = 11(万元)
应纳税额 = 11 × 3% = 0.33(万元)

（七）增值税的征收管理

增值税的征收管理一般包括纳税义务的发生时间、纳税期限、纳税地点等。

1. 增值税纳税义务发生时间

根据《中华人民共和国增值税暂行条例》《中华人民共和国增值税暂行条例实施细则》等有关规定，增值税纳税义务发生时间如表3-2-3所示。

表3-2-3　　　　　　增值税纳税义务发生时间

	应税行为	纳税义务发生时间
销售货物	采取直接收款方式	不论货物是否发出，均为收到销售款或者取得索取销售款凭据的当天；先开具发票的，为开具发票的当天
	采取托收承付和委托银行收款方式	发出货物并办妥托收手续的当天
	赊销和分期收款方式	为书面合同约定的收款当天；无书面合同或者书面合同没有约定收款日期的，为货物发出的当天
	委托其他纳税人代销货物	为收到代销单位的代销清单或者收到全部或者部分货款的当天；未收到代销清单及货款的，为发出代销货物满180天的当天
	采取预收货款方式	为货物发出的当天；生产销售生产工期超过12个月的大型机械设备、船舶、飞机等货物，为收到预收款或者合同书面约定的收款日期的当天

续表

应税行为		纳税义务发生时间
提供有形动产租赁服务		采取预收货款方式,为收到预收款的当天
提供应税服务		纳税人提供应税服务的,为收讫销售款或者取得销售款项凭据的当天;先开具发票的,为开具发票的当天
视同销售行为	视同销售货物行为	为货物移送的当天
	视同提供应税服务行为	为应税服务完成的当天
进口货物		为报关进口的当天
附注:增值税扣缴义务发生时间为纳税人增值税纳税义务发生的当天		

【例3-2-22·判断题】 委托其他纳税人代销货物的纳税人,其增值税纳税义务发生时间为收到代销单位的代销清单或收到全部或者部分货款的当天。（　　）

【答案】 ×

【解析】 委托其他纳税人代销货物的,纳税义务发生时间有两个判别标准:一是以收到代销清单或收到货款为标准;一是以发出代销货物的时间为标准。本题的描述不全面。

2．增值税纳税期限

增值税的纳税期限分别为 1 日、3 日、5 日、10 日、15 日、1 个月或者 1 个季度,纳税人的具体纳税期限,由主管税务机关根据纳税人应纳税额的大小分别核定;以 1 个季度为纳税期限的规定适用于小规模纳税人以及财政部和国家税务总局规定的其他纳税人;不能按照固定期限纳税的,可以按次纳税。

表3-2-4　　　　　　　　　　　增值税纳税期限

纳税频次	纳税期限
按日缴纳	以 1 日、3 日、5 日、10 日或者 15 日为 1 个纳税期的,自期满之日起 5 日内预缴税款,于次月 1 日起 15 日内申报纳税并结清上月应纳税款
按月缴纳	自纳税期满之日起 15 日内申报纳税
按季缴纳	自纳税期满之日起 15 日内申报纳税
进口货物	自海关填发税款缴纳书之日起 15 日内缴纳税款

【例3-2-23·判断题】 增值税纳税期限是根据纳税人应纳税额的大小,由主管税务机关进行核定,分为按期纳税和按次纳税两种类型。（　　）

【答案】 √

【解析】 增值税的纳税期限根据纳税人的应纳税额大小由主管税务机关核定,按日、月、季缴纳税款,而进口货物是按照进口批次缴纳税款,即可分为按期纳税和按次纳税两大类。

3．增值税纳税地点

增值税纳税地点因纳税主体的经营行为有所不同而有所区别。

固定业户应当向其机构所在地的主管税务机构申报纳税。固定业户到外县(市)销售货物或者应税劳务的,应当向其机构所在地主管税务机关申请开具《外出经营活动税收管理证明》,并向其机构所在地主管税务机关申报纳税。未开具该证明的,应当向销售地或者劳务发生地的主管税务机关申报纳税。

非固定业户销售货物或者提供应税劳务,应当向销售地或者劳务发生地的主管税务机关申报纳税。进口货物向报关地海关申报纳税。

扣缴义务人应当向其机构所在地或者居住地主管税务机关申报缴纳其扣缴的税款。

二、消费税

(一)消费税的概念

消费税是对在我国境内从事生产、委托加工和进口应税消费品的单位和个人征收的一种流转税,是对特定的消费品和消费行为在特定的环节征收的一种流转税。

(二)消费税的征税范围

1. 生产应税消费品

纳税人将生产的应税消费品换取生产资料、消费资料、投资入股、偿还债务,以及用于继续生产应税消费品以外的其他方面都应缴纳消费税。生产应税消费品在生产销售环节征税。

2. 委托加工应税消费品

委托加工应税消费品是指委托方提供原料和主要材料,受托方只收取加工费和代垫部分辅助材料加工的应税消费品。

委托加工的应税消费品,除受托方为个人外,由受托方向委托方交货时代收代缴税款;委托个人加工的应税消费品,由委托方收回后缴纳消费税。

委托加工的应税消费品,委托方用于连续生产应税消费品的,所纳税款准予按规定抵扣;直接出售的,不再缴纳消费税。

3. 进口应税消费品

单位和个人进口应税消费品,于报关进口时由海关代征消费税。

4. 批发、零售应税消费品

零售环节征收消费税的金银首饰仅限于金基、银基合金首饰以及金、银和金基、银基合金的镶嵌首饰。

对既销售金银首饰,又销售非金银首饰的生产、经营单位,应将两类商品划分清楚,分别核算销售额。

金银首饰连同包装物一起销售的,无论包装物是否单独计价,也无论会计上如何核算,均应并入金银首饰的销售额,计征消费税。

纳税人采用以旧换新(含翻新改制)方式销售的金银首饰,应按实际收取的不含增值税的全部价款确定计税依据征收消费税。

【例3-2-24·多选题】 下列应当征收消费税的有(   )。
A. 生产应税消费品　　　　　　B. 进口应税消费品
C. 受托加工应税消费品　　　　D. 委托加工应税消费品
【答案】 ABD
【解析】 委托加工应税消费品需要缴纳消费税,而受托加工应税消费品是代收代缴消费税。故选 ABD。

（三）消费税纳税人

在中华人民共和国境内生产、委托加工和进口《消费税暂行条例》规定的消费品的单位和个人，以及国务院确定的销售《消费税暂行条例》规定的消费品的其他单位和个人为消费税纳税人。

（四）消费税的税目与税率

我国消费税的税目共有 15 个，有的还包括若干子目，详细内容见表3-2-5。

消费税税率分为比例税率、定额税率和复合税率三类。其中比例税率适用除定额税率和复合税率之外的各种应税消费品；定额税率适用黄酒、啤酒、成品油三种应税消费品；复合税率适用卷烟、白酒两种应税消费品。

表3-2-5　　　　　　　　　　　　消费税税目税率表

税　目	税　率
一、烟	
1. 卷烟	
（1）甲类卷烟（调拨价70元（不含增值税）/条以上（含70元））	56%加0.003元/支（生产环节）
（2）乙类卷烟（调拨价70元（不含增值税）/条以下）	36%加0.003元/支（生产环节）
（3）商业批发	11%加0.005元/支（批发环节）
2. 雪茄	36%（生产环节）
3. 烟丝	30%（生产环节）
二、酒	
1. 白酒	20%加0.5元/500克（或者500毫升）
2. 黄酒	240元/吨
3. 啤酒	
（1）甲类啤酒	250元/吨
（2）乙类啤酒	220元/吨
4. 其他酒	10%
三、化妆品	15%
四、贵重首饰及珠宝玉石	
1. 金银首饰、铂金首饰和钻石及钻石饰品	5%
2. 其他贵重首饰和珠宝玉石	10%
五、鞭炮、焰火	15%
六、成品油（2015年1月13日起）	
1. 汽油	1.52元/升
2. 柴油	1.2元/升

续表

税　　目	税　　率
3. 航空煤油	1.2 元/升（继续暂缓征收）
4. 石脑油	1.52 元/升
5. 溶剂油	1.52 元/升
6. 润滑油	1.52 元/升
7. 燃料油	1.2 元/升
七、摩托车	
1. 气缸容量（排气量，下同）在 250 毫升	3%
2. 气缸容量在 250 毫升（不含）以上的	10%
八、小汽车	
1. 乘用车	
（1）气缸容量（排气量，下同）在 1.0升（含1.0升）以下的	1%
（2）气缸容量在 1.0 升以上至 1.5 升（含 1.5 升）的	3%
（3）气缸容量在 1.5 升以上至 2.0 升（含 2.0 升）的	5%
（4）气缸容量在 2.0 升以上至 2.5 升（含 2.5 升）的	9%
（5）气缸容量在 2.5 升以上至 3.0 升（含 3.0 升）的	12%
（6）气缸容量在 3.0 升以上至 4.0 升（含 4.0 升）的	25%
（7）气缸容量在 4.0 升以上的	40%
2. 中轻型商用客车	5%
九、高尔夫球及球具	10%
十、高档手表	20%
十一、游艇	10%
十二、木制一次性筷子	5%
十三、实木地板	5%
十四、涂料（2015 年 2 月 1 日起）	4%
十五、电池（2015 年 2 月 1 日起）	4%

备注：对无汞原电池、金属氢化物镍蓄电池（又称"氢镍蓄电池"或"镍氢蓄电池"）、锂原电池、锂离子蓄电池、太阳能电池、燃料电池和全钒液流电池免征消费税。

2015 年 12 月 31 日前对铅蓄电池缓征消费税；自 2016 年 1 月 1 日起，对铅蓄电池按 4% 税率征收消费税。

对施工状态下挥发性有机物（Volatile Organic Compounds，VOC）含量低于 420 克/升（含）的涂料免征消费税。

【例3-2-25·多选题】 下列属于消费税税目的有( )。
A. 汽车　　　　B. 成品油　　　　C. 化妆品　　　　D. 烟

【答案】 BCD

【解析】 我国消费税目前一共15个税目,选项BCD均属于税目,而汽车的税目是"小汽车"。

(五)消费税应纳税额

1. 从价定率征收

即根据不同的应税消费品确定不同的比例税率。

应纳税额 = 应税消费品的销售额 × 比例税率

【例3-2-26·计算题】 江苏某化妆品企业生产高档化妆品一批,不含税售价为200万元,该批化妆品的适用消费税税率为15%。试计算应纳消费税税额。

【解析】 应纳税额 = 应税消费品的销售额 × 比例税率
= 2 000 000 × 15%
= 300 000(元)

2. 从量定额征收

即根据不同的应税消费品确定不同的单位税额。

应纳税额 = 应税消费品的销售数量 × 单位税额

【例3-2-27·计算题】 江苏某炼油厂销售93#汽油500吨,不含税价每吨7 200元,共计360万元(每吨93#汽油等于1 379.31升,定额税率为1.52元/升)。试计算应纳消费税税额。

【解析】 应纳税额 = 应税消费品的销售数量 × 单位税额
= 500 × 1 379.31 × 1.52
= 1 048 275.60(元)

3. 从价定率和从量定额复合征收

即以两种方法计算的应纳税额之和为该应税消费品的应纳税额。我国目前只对卷烟和白酒采用复合征收方法。

应纳税额 = 应税消费品的销售额 × 比例税率 + 应税消费品的销售数量 × 单位税额

【例3-2-28·计算题】 江苏洋河酒厂股份有限公司向苏州第一百货有限公司销售梦之蓝白酒2 000箱,每箱售价2 000元,每箱6瓶,每瓶500毫升。白酒的消费税税率为20%加0.5元/500克(或500毫升)。试计算应纳消费税税额。

【解析】 应纳税额 = 应税消费品的销售额 × 比例税率 +
应税消费品的销售数量 × 单位税额
= 2 000 × 2 000 × 20% + 2 000 × 6 × 0.5
= 800 000 + 6 000
= 806 000(元)

4. 应税消费品已纳税款的扣除

应税消费品若是用外购已缴纳消费税的应税消费品连续生产出来的,在对这些连续生产出来的应税消费品征税时,按当期生产领用数量计算准予扣除的外购应税消费品已缴纳的消费税税款。

拓展提高

> 消费税扣除是按生产领用数量计算准予抵扣,增值税是按当期进项税额准予抵扣。
> 外购消费税扣除项目包括:
> (1) 以外购(委托加工收回的)已税烟丝生产的卷烟;
> (2) 以外购(委托加工收回的)已税化妆品为原料生产的化妆品;
> (3) 以外购(委托加工收回的)已税珠宝玉石生产的贵重首饰及珠宝玉石;
> (4) 以外购(委托加工收回的)已税鞭炮焰火生产的鞭炮焰火;
> (5) 以外购(委托加工收回的)已税摩托车生产的摩托车;
> (6) 以外购(委托加工收回的)已税杆头、杆身和握把为原料生产的高尔夫球杆;
> (7) 以外购(委托加工收回的)已税实木地板为原料生产的实木地板;
> (8) 以外购(委托加工收回的)已税木制一次性筷子为原料生产的木制一次性筷子;
> (9) 以外购(委托加工收回的)已税石脑油为原料生产的应税消费品;
> (10) 以外购(委托加工收回的)已税润滑油为原料生产的润滑油。

5. 自产自用应税消费品应纳税额

纳税人自产自用应税消费品用于连续生产应税消费品的,不纳税;凡用于其他方面的,应按照纳税人生产的同类消费品的销售价格计算纳税,没有同类消费品销售价格的,按照组成计税价格计算纳税。

实行从价定率办法计算纳税的组成计税价格计算公式:

组成计税价格 = (成本 + 利润) ÷ (1 - 比例税率)

实行复合计税办法计算纳税的组成计税价格计算公式:

组成计税价格 = (成本 + 利润 + 自产自用数量 × 定额税率) ÷ (1 - 比例税率)

【友情提醒】 具体成本利润率见前增值税相关内容。

【例3-2-29·计算题】 江苏某化妆品企业将生产 A 类高档化妆品一批用于职工集体福利,A 类化妆品的市场售价为 10 万元;将新开发的 B 类高档化妆品作为礼物无偿赠送老客户,该批 B 类化妆品成本为 15 万元,成本利润率为 5%。化妆品的适用消费税税率为 15%。试计算应纳消费税税额。

【解析】 B 类化妆品组成计税价格 = (成本 + 利润) ÷ (1 - 比例税率)
= (150 000 + 150 000 × 5%) ÷ (1 - 15%)
= 185 294.118(元)

应纳税额 = 100 000 × 15% + 185 294.118 × 15%
= 42 794.12(元)

【例3-2-30·计算题】 江苏洋河酒厂股份有限公司向老客户赠送试制白酒 2 000 箱,每箱 6 瓶,每瓶 500 毫升。每箱成本 1 200 元。白酒的消费税税率为 20% 加 0.5 元/500 克

(或500毫升),白酒的成本利润率为10%。试计算应纳消费税税额。

【解析】 组成计税价格 = (2 000 × 1 200 + 2 000 × 1 200 × 10% + 2 000 × 6 × 0.5) ÷ (1 − 20%)
= 3 307 500(元)

应纳税额 = 3 307 500 × 20% + 2 000 × 6 × 0.5 = 667 500(元)

6. 委托加工应税消费品应纳税额

委托加工的应税消费品,按照受托方的同类消费品的销售价格计算纳税;没有同类消费品销售价格的,按照组成计税价格计算纳税。

实行从价定率办法计算纳税的组成计税价格计算公式:

组成计税价格 = (材料成本 + 加工费) ÷ (1 − 比例税率)

实行复合计税办法计算纳税的组成计税价格计算公式:

组成计税价格 = (材料成本 + 加工费 + 委托加工数量 × 定额税率) ÷ (1 − 比例税率)

【例 3-2-31·计算题】 2016年1月,江苏隆兴实木地板厂(增值税一般纳税人)从农业生产者手中收购一批原木,税务机关认可的收购凭证上注明收购价款42万元,支付收购运费,取得运输业增值税专用发票,注明运费金额3.46万元,将该批材料委托中继实木地板厂加工成实木地板,中继实木地板厂收取不含增值税加工费和辅料费7.5万元。隆兴实木地板厂收回实木地板后,将其中的80%继续加工成免漆实木地板成品销售,取得不含税销售收入180万元。则:(1)中继实木地板厂代收代缴的消费税是多少?(2)江苏隆兴实木地板厂销售实木地板成品应纳的消费税是多少?(成本利润率5%;消费税税率5%)

【解析】

(1) 中继实木地板厂代收代缴的消费税:

材料成本: 42 × (1 − 13%) + 3.46 = 40(万元)

组成计税价格: (40 + 7.5) ÷ (1 − 5%) = 50(万元)

代收代缴消费税: 50 × 5% = 2.50(万元)

(2) 江苏隆兴实木地板厂当月可以抵扣消费税税额 = 2.50 × 80% = 2(万元)

江苏隆兴实木地板厂当月应纳的消费税 = 180 × 5% − 2 = 7(万元)

(六)消费税征收管理

1. 纳税义务发生时间

(1) 纳税人销售应税消费品的,按不同的销售结算方式分别为:

① 采取赊销和分期收款结算方式的,为书面合同约定的收款日期的当天,书面合同没有约定收款日期或者无书面合同的,为发出应税消费品的当天;

② 采取预收货款结算方式的,为发出应税消费品的当天;

③ 采取托收承付和委托银行收款方式的,为发出应税消费品并办妥托收手续的当天;

④ 采取其他结算方式的,为收讫销售款或者取得索取销售款凭据的当天。

(2) 纳税人自产自用应税消费品的,为移送使用的当天。

(3) 纳税人委托加工应税消费品的,为纳税人提货的当天。

(4) 纳税人进口应税消费品的,为报关进口的当天。

【例 3-2-32·判断题】 既征收增值税又征收消费税的货物在纳税义务发生时间的确

认上两种税收是一致的。（　　）

【答案】　√

【解析】　略。

2．消费税纳税期限

消费税纳税期限分别为1日、3日、5日、10日、15日、1个月或者1个季度。纳税人的具体纳税期限，由主管税务机关根据纳税人应纳税额的大小分别核定，不能按照固定期限纳税的，可以按次纳税。

纳税人以1个月或者1个季度为一期纳税的，自期满之日起15日内申报纳税；纳税人以1日、3日、5日、10日、15日为一期的，自期满之日起5日内预缴税款，于次月1日起15日内申报纳税并结清上月应纳税款。进口货物自海关填发税收专用缴款书之日起15日内缴纳。

3．消费税纳税地点

（1）纳税人销售的应税消费品，以及自产自用的应税消费品，除国务院财政、税务主管部门另有规定外，应当向纳税人机构所在地或者居住地的主管税务机关申报纳税。

（2）委托加工的应税消费品，除受托方为个人外，由受托方向机构所在地或居住地主管税务机关解缴消费税税款；委托个人加工的应税消费品，由委托方向其机构所在地或者居住地主管税务机关申报纳税。

（3）进口的应税消费品，由进口人或者其代理人向报关地海关申报纳税。

（4）纳税人到外县（市）销售或者委托外县（市）代销自产应税消费品的，于应税消费品销售后，向机构所在地或居住地主管税务机关申报纳税。

（5）纳税销售的应税消费品，如因质量等原因由购买者退回时，经由所在地主管税务机关审核批准后，可退还已征收的消费税税款，但不能自行直接抵减应纳税税款。

【例3-2-33·判断题】　委托加工的应税消费品，由受托方向机构所在地或居住地主管税务机关解缴消费税税款。（　　）

【答案】　×

【解析】　委托加工的应税消费品，受托方为个人，则由委托方向其机构所在地或居住地主管税务机关申报纳税。

三、企业所得税

（一）企业所得税的概念

企业所得税是对我国企业和其他组织的生产经营所得和其他所得征收的一种税。企业分为居民企业和非居民企业。

居民企业是指依法在中国境内成立，或者依照外国（地区）法律成立但实际管理机构在中国境内的企业。

非居民企业是指依照外国（地区）法律成立且实际管理机构不在中国境内，但在中国境内设立机构、场所的，或者在中国境内未设立机构、场所，但有来源于中国境内所得的企业。

【例3-2-34·单选题】　下列各项中，属于企业所得税纳税义务人的是（　　）。

A．个体工商户　B．合伙企业　　　C．个人独资企业　　D．非居民企业

【答案】 D
【解析】 企业所得税纳税义务人分为居民企业和非居民企业。

（二）企业所得税的征税对象

表3-2-6　　　　　　　　　　企业所得税征税对象详解表

纳税人		征 税 对 象
居民企业		来源于中国境内、境外的所得缴纳企业所得税（承担无限纳税义务）
非居民企业	在中国境内设立机构、场所的	就其所设机构、场所取得的来源于中国境内的所得，以及发生在中国境外但与其所设机构、场所有实际联系的所得，缴纳企业所得税
	在中国境内未设立机构、场所的，或者虽设立机构、场所但取得的所得与其所设机构、场所没有实际联系的	应当就其来源于中国境内的所得缴纳企业所得税

（三）企业所得税的税率

1. 基本税率为25％

适用于居民企业和在中国境内设有机构、场所且所得与机构、场所有关联的非居民企业。

2. 优惠税率

（1）对符合条件的小型微利企业减按20％税率征收企业所得税；
（2）对国家需要重点扶持的高新技术企业减按15％税率征收企业所得税。

表3-2-7　　　　　　　　　　企业所得税税率表

税率		适用对象
25％		居民企业、在中国境内设立机构场所的非居民企业
20％		在中国境内未设立机构、场所的，或者虽设立机构、场所，但取得的所得与其所设机构、场所没有实际联系的所得的非居民企业
优惠税率	10％	执行20％税率的非居民企业
	15％	高新技术企业
	20％	小型微利企业

拓展提高

1. 认定小型微利企业应当符合下列条件：
（1）工业企业：年度应纳税所得额不超过30万元，从业人数不超过100人，资产总额不超过3 000万元。

(2) 其他企业：年度应纳税所得额不超过 30 万元，从业人数不超过 80 人，资产总额不超过 1 000 万元。

2. 国家需要重点扶持的高新技术企业，是指拥有核心自主知识产权，并同时符合法定条件的企业。

【例 3-2-35·单选题】 根据企业所得税法的规定，企业所得税税率说法不正确的是（ ）。

A. 企业所得税实行比例税率
B. 现行企业所得税基本税率为 25%
C. 符合条件的小型微利企业，减按 20% 的税率征收企业所得税
D. 对国家需要重点扶持的高新技术企业，减按 20% 的税率征收企业所得税

【答案】 D

【解析】 对国家需要重点扶持的高新技术企业，减按 15% 的税率征收企业所得税。

（四）企业所得税应纳税所得额

企业所得税应纳税所得额是企业所得税的计税依据。应纳税所得额为企业每一个纳税年度的收入总额减去不征税收入、免税收入、各项扣除，以及弥补以前年度的亏损之后的余额，应纳税所得额有两种计算方法。

直接计算法下的计算公式为：

应纳税所得额 = 收入总额 − 不征税收入额 − 免税收入额 − 各项扣除额 − 准予弥补的以前年度亏损额

间接计算法下的计算公式为：

应纳税所得额 = 利润总额 + 纳税调整项目金额

1. 收入总额

企业以货币形式和非货币形式从各种来源取得的收入，为收入总额，包括销售货物收入，提供劳务收入，转让财产收入，股息、红利等权益性投资收益，利息收入，租金收入，特许权使用费收入，接受捐赠收入，其他收入。

2. 不征税收入

不征税收入是指从性质和根源上不属于企业营利性活动带来的经济利益、不负有纳税义务并不作为应纳税所得额组成部分的收入。如财政拨款、依法收取并纳入财政管理的行政事业性收费、政府性基金以及其他不征税收入。

3. 免税收入

免税收入是指属于企业的应税所得但按照税法规定免予征收企业所得税的收入。免税收入包括国债利息收入，符合条件的居民企业之间的股息、红利收入，在中国境内设立机构、场所的非居民企业从居民企业取得与该机构、场所有实际联系的股息、红利收入，符合条件的非营利组织的收入等。

【例 3-2-36·单选题】 下列收入属于企业所得税免税收入的是（ ）。

A. 银行存款利息收入 B. 财政拨款收入
C. 境内企业内部处置资产收入 D. 符合条件的居民企业之间的股息收入

【答案】 D

【解析】 选项A属于应税收入；选项B属于不征税收入；选项C，内部处置资产没有脱离企业的主体，不属于企业的收入。

4. 准予扣除项目

企业实际发生的与取得收入有关的、合理的支出，包括成本、费用、税金、损失和其他支出等，准予在计算应纳税所得额时扣除。

(1) 成本是指企业在生产经营活动中发生的销售成本、销货成本、业务支出以及其他耗费，即企业销售商品、提供劳务、转让固定资产、无形资产的成本。

(2) 费用是指企业每一个纳税年度为生产、经营商品和提供劳务等所发生的销售费用、管理费用和财务费用。

企业发生的与生产经营活动有关的业务招待费支出，按照发生额的60%扣除，但最高不得超过当年销售（营业）收入的0.5%。

企业发生的符合条件的广告费和业务宣传费支出，除国务院财政、税务主管部门另有规定外，不超过当年销售（营业）收入15%的部分，准予扣除；超过部分，准予在以后纳税年度结转扣除。

【例3-2-37·单选题】 某企业2013年度销售收入为272 000（元），发生业务招待费5 000元，根据个人所得税法律的规定，该企业当年可以在税前扣除的业务招待费最高为( )元。
　　A. 1 360　　　B. 3 000　　　C. 3 808　　　D. 5 000

【答案】 A

【解析】 发生业务招待费的60%为5 000×60%＝3 000（元），当年销售收入的5‰为272 000×5‰＝1 360（元），所以当年可以在税前扣除的业务招待费最高为1 360元。

(3) 税金是指企业发生的除企业所得税和允许抵扣的增值税以外的企业缴纳的各项税金及其附加。如消费税、营业税、印花税等。

【例3-2-38·单选题】 计算应纳税所得额时，不能扣除的税费是( )。
　　A. 增值税　　B. 教育费附加　　C. 营业税　　　D. 城市维护建设税

【答案】 A

【解析】 计算应纳税所得额时，准予扣除的税费有：消费税、营业税、资源税、土地增值税、关税、城市维护建设税、教育费附加等营业税金及附加，以及发生的房产税、车船税、城镇土地使用税、印花税等。

(4) 损失是指企业在生产经营活动中发生的固定资产和存货的盘亏、毁损、报废损失、转让财产损失、呆账损失、坏账损失、自然灾害等不可抗力因素造成的损失以及其他损失。

(5) 其他支出是指除成本、费用、税金、损失外，企业在生产经营活动中发生的与生产经营活动有关的、合理的支出。

【例3-2-39·多选题】 下列各项中，属于准予在计算企业所得税应纳税所得额时扣除的有( )。
　　A. 销售商品成本　　B. 财务费用　　　C. 增值税　　　D. 坏账损失

【答案】 ABD
【解析】 增值税是价外税,不属于成本或费用。

5. 不得扣除项目
（1）向投资者支付的股息、红利等权益性投资收益款项。
（2）企业所得税税款。
（3）税收滞纳金。
（4）罚金、罚款和被没收财物的损失。
（5）企业发生的公益性捐赠支出以外的捐赠支出。企业发生的公益性捐赠支出,在年度利润总额12%内的部分,准予在计算应纳税所得额时扣除。
（6）赞助支出,是指企业发生的与生产经营活动无关的各种非广告性支出。
（7）企业之间支付的管理费、企业内营业机构之间支付的租金和特许权使用费,以及非银行企业内营业机构之间支付的利息。
（8）与取得收入无关的其他支出。

6. 职工福利费、工会经费和职工教育经费支出的税前扣除
（1）企业发生的职工福利费支出,不超过工资薪金总额14%部分,准予扣除。
（2）企业拨缴的工会经费,不超过工资薪金总额2%部分,准予扣除。
（3）除国务院财政、税务主管部门另有规定外,企业发生的职工教育经费支出,不超过工资薪金总额2.5%部分,准予扣除;超过部分,准予在以后纳税年度结转扣除。

7. 亏损弥补
纳税人发生年度亏损的,可以用下一纳税年度的所得弥补;下一纳税年度的所得不足弥补的,可以逐年延续弥补,但是延续弥补期最长不得超过5年。

【友情提醒】

表3-2-8　　　　　　　　　　企业所得税扣除比例汇总

项 目	比 例	备注
业务招待费支出	发生额的60%扣除,当年销售(营业)收入的0.5%	选小
广告费和业务宣传费支出	不超过当年销售(营业)收入15%的部分	以后可抵
公益性捐赠支出	年度利润总额12%内的部分	
职工福利费支出	不超过工资薪金总额14%部分	
工会经费	不超过工资薪金总额2%部分	
职工教育经费支出	不超过工资薪金总额2.5%部分	以后可抵
以前年度亏损	延续弥补期最长不得超过5年	

【例3-2-40·案例分析】 某企业2012年实现收入总额3 000万元,发生各项成本费用共计1 200万元,其中包括:合理的工资薪金总额400万元,职工福利费80万元,职工教育经费2万元,工会经费30万元,滞纳金20万元,公益性捐赠50万元,2011年亏损200万元。根据以上材料,回答下列问题:
（1）关于该企业职工福利费扣除限额的说法正确的有(　　)。
　　A. 职工福利费不超过工资薪金总额14%的全部准予扣除

B. 职工福利费超过法定扣除标准的准予在以后纳税年度结转扣除
C. 准予扣除的职工福利费是56万元
D. 准予扣除的职工福利费是80万元

(2) 关于该企业职工教育经费扣除限额的说法正确有(　　)。
A. 职工教育经费不超过工资薪金总额2.5%的部分准予扣除
B. 职工教育经费超过法定扣除标准的准予在以后年度结转扣除
C. 准予扣除的职工教育经费是20万元
D. 准予扣除的职工教育经费是2万元

(3) 关于该企业职工工会经费扣除限额的说法正确的有(　　)。
A. 职工教育经费不超过工资薪金总额2%的部分准予扣除
B. 职工工会经费超过法定扣除的准予在以后年度结转扣除
C. 准予扣除的职工工会经费是8万元
D. 准予扣除的职工工会经费是30万元

(4) 关于2011年亏损的最迟弥补期年的说法中正确的有(　　)。
A. 2015年　　B. 2016年　　C. 2017年　　D. 2014年

(5) 关于公益性捐赠的说法正确的是(　　)。
A. 公益性捐赠支出,不超过年度利润总额12%的部分,准予扣除
B. 公益性捐赠支出,不超过销售收入额12%的部分,准予扣除
C. 公益性捐赠支出超过法定扣除标准的准予在以后纳税年度结转扣除
D. 非公益性的捐赠一律不得扣除

【答案】(1) AC；(2) ABD；(3) AC；(4) B；(5) AD。
【解析】略。

(五) 企业所得税征收管理

1. 纳税地点

(1) 居民企业以企业登记注册地为纳税地点。登记注册地在境外的,以实际管理机构所在地为纳税地点。居民企业在中国境内设立不具有法人资格的营业机构的,应当汇总计算并缴纳企业所得税。

(2) 非居民企业：① 在中国境内设立机构、场所,来源于中国境内所得与该机构、场所有实际联系的,以机构、场所所在地为纳税地点；② 在中国境内未设立机构、场所,或虽设立机构、场所但取得的所得与其所设机构、场所没有实际联系的,由扣缴义务人代扣代缴企业所得税,以扣缴义务人所在地为纳税地点；③ 应由扣缴义务人扣缴的所得税,扣缴义务人未扣缴的,由纳税人在所得发生地缴纳。

【例3-2-41·多选题】下列关于居民纳税人缴纳企业所得税纳税地点的表述中,说法正确的有(　　)。
A. 企业一般在实际经营管理地纳税
B. 企业一般在登记注册地纳税
C. 登记注册地在境外的,以登记注册地纳税
D. 登记注册地在境外的,以实际管理机构所在地纳税

【答案】 BD

【解析】 企业一般在注册地纳税,登记注册地在境外的,以实际管理机构所在地为纳税地。故选BD。

2. 纳税期限

企业所得税实行按年(自公历1月1日起到12月31日止)计算、分月或分季预缴、年终汇算清缴(年终后5个月内进行)、多退少补的征纳方法。

纳税人在一个年度中间开业,或者由于合并、关闭等原因,使该纳税年度的实际经营期不足12个月的,应当以其实际经营期为一个纳税年度。

3. 纳税申报

按月或按季预缴的,应当自月份或季度终了之日起15日内,向税务机关报送预缴企业所得税纳税申报表,预缴税款。自年度终了之日起5个月内汇算清缴,结清应缴应退税款。

4. 所得税预缴

预缴所得税时,应当按纳税期限的实际数预缴。如按实际数额预缴有困难的,可以按上一年度应纳税所得额的1/12或1/4,或税务机关确认的其他方法预缴。预缴方法一经确定,不得随意改变。

5. 其他

除国务院另有规定外,企业之间不得合并缴纳企业所得税。

四、个人所得税

(一)个人所得税的概念

个人所得税是以个人(自然人)取得的各项应税所得为征税对象所征收的一种税。

(二)个人所得税的纳税义务人

个人所得税的纳税义务人,以住所和居住时间为标准分为居民纳税义务人和非居民纳税义务人。

1. 居民纳税义务人

居民纳税义务人是指在中国境内有住所,或者无住所但在中国境内居住满1年的个人。居民纳税义务人负有无限纳税义务,其从中国境内和境外取得的所得,都要在中国缴纳个人所得税。

2. 非居民纳税义务人

非居民纳税义务人是指在中国境内无住所又不居住,或者无住所而在中国境内居住不满1年的个人。非居民纳税义务人承担有限纳税义务,仅就其从中国境内取得的所得,在中国缴纳个人所得税。

表3-2-9　　　　　　　　　　　　居民与非居民纳税义务对比表

纳税人	判定标准	纳税义务
居民	有住所、无住所但居住满1年	无限纳税义务
非居民	无住所又不居住、无住所居住不满1年	仅就其来源于中国境内的所得纳税

(三) 个人所得税的应税项目和税率

1. 个人所得税的应税项目

现行个人所得税共有 11 个应税项目,如表 3-2-10 所示。

表 3-2-10　　　　　　　　　个人所得税税目表

序号	税　目	举　例
1	工资、薪金所得	任职受雇所得
2	个体工商户的生产、经营所得	个人独资企业、合伙企业缴纳个人所得税
3	企事业单位的承包经营、承租经营所得	个人承包
4	劳务报酬所得	个人从事非雇佣的各种劳务
5	稿酬所得	个人出版图书,或者文章
6	特许权使用费所得	个人专利或者著作权
7	利息、股息、红利所得	个人拥有股票债券而取得的收益
8	财产租赁所得	租房,租车
9	财产转让所得	个人转让有价证券、股票、建筑物、土地使用权、机器设备、车船
10	偶然所得	个人得奖、中奖、中彩
11	经国务院财政部门确定征税的其他所得	

2. 个人所得税税率

(1) 工资、薪金所得,适用 3%~45% 七级超额累进税率。

(2) 个体工商户的生产、经营所得和对企事业单位的承包经营、承租经营所得,适用 5%~35% 五级超额累进税率。

(3) 稿酬所得适用比例税率,税率为 20%,并按应纳税额减按 70% 征收,故其实际税率为 14%。

(4) 劳务报酬所得适用比例税率,税率为 20%。对劳务报酬所得一次收入畸高的,可以实行加成征收。

(5) 特许权使用费所得,利息、股息、红利所得,财产转让所得,偶然所得和其他所得,适用比例税率,税率为 20%。

【例 3-2-42·多选题】　根据个人所得税的规定,以下各项所得适用累进税率形式的有(　　)。

　　A. 工资薪金所得　　　　　　　B. 劳务报酬所得
　　C. 财产转让所得　　　　　　　D. 承包、承租经营所得

【答案】　AD

【解析】　选项 BC 适用比例税率,税率为 20%。

(四) 个人所得税应纳税额的计算

1. 工资、薪金所得

工资、薪金所得,以每月收入额减除费用 3 500 元后的余额,为应纳税所得额。

【友情提醒】（1）个人缴纳的"三险一金"可以在计算公司薪金所得应缴纳的个人所得税前扣除；（2）加计扣除：在中国工作的外国人和在外国工作的中国人，费用扣除总额为4 800元。

表3-2-11　　　　　　　　　个人所得税税率表（工资薪金适用）

级数	全月应纳税所得额（含税级距）	全月应纳税所得额（不含税级距）	税率(%)	速算扣除数
1	不超过1 500元	不超过1 455元的	3	0
2	超过1 500元至4 500元的部分	超过1 455元至4 155元的部分	10	105
3	超过4 500元至9 000元的部分	超过4 155元至7 755元的部分	20	555
4	超过9 000元至35 000元的部分	超过7 755元至27 255元的部分	25	1 005
5	超过35 000元至55 000元的部分	超过27 255元至41 255元的部分	30	2 755
6	超过55 000元至80 000元的部分	超过41 255元至57 505元的部分	35	5 505
7	超过80 000元的部分	超过57 505元的部分	45	13 505

说明：1. 本表所列含税级距与不含税级距，均为按照税法规定减除有关费用后的所得额。
　　　2. 含税级距适用于由纳税人负担税款的工资、薪金所得；不含税级距适用于由他人（单位）代付税款的工资、薪金所得。

应纳税额 = 应纳税所得额 × 适用税率 − 速算扣除数
　　　　 =（每月收入额 − 3 500元）× 适用税率 − 速算扣除数

【例3-2-43·计算题】 某人某月工资减去社保个人缴纳金额和住房公积金个人缴纳金额后为5 500元。计算该员工工资薪金部分的个人所得税。

【解析】 应纳税额 =（每月收入额 − 3500元）× 适用税率 − 速算扣除数
　　　　　　　　　 =（5 500 − 3 500）× 10% − 105
　　　　　　　　　 = 95（元）

2. 个体工商户的生产、经营所得

个体工商户的生产、经营所得，以每一纳税年度的收入总额减除成本、费用及损失后的余额，为应纳税所得额。

表3-2-12　　个人所得税税率表（个体工商户的生产经营所得和对企事业单位的承包经营、承租经营所得适用）

级数	全年应纳税所得额	税率(%)	速算扣除数
1	不超过15 000元的	5	0
2	超过15 000元至30 000元的部分	10	750
3	超过30 000元至60 000元的部分	20	3 750
4	超过60 000元至100 000元的部分	30	9 750
5	超过100 000元的部分	35	14 750

应纳税额 = 应纳税所得额 × 适用税率 − 速算扣除数

=（收入总额－成本、费用以及损失等）×适用税率－速算扣除数

【例3-2-44·计算题】 某个体工商户全年收入总额为128 000元，房屋租金支出25 000元，成本50 000元，水电等费用共计20 000元，无其他费用。求该个体工商户应缴纳多少个人所得税。

【解析】 应纳税所得额＝收入总额－成本、费用以及损失等
　　　　　　　　　＝128 000－(50 000＋20 000＋25 000)
　　　　　　　　　＝33 000（元）

应纳税额＝应纳税所得额×适用税率－速算扣除数
　　　　＝33 000×20％－3 750
　　　　＝2 850（元）

即，该个体工商户应缴纳2 850元个人所得税。

3．对企事业单位的承包经营、承租经营所得

对企事业单位的承包经营、承租经营所得，以每一纳税年度的收入总额，减除必要的费用后的余额，为应纳税所得额。减除必要费用，是指按月减除3 500元。

应纳税额＝应纳税所得额×适用税率－速算扣除数
　　　　＝（纳税年度收入总额－必要费用）×适用税率－速算扣除数

4．劳务报酬所得

（1）每次收入不足4 000元的：

应纳税额＝（每次收入额－800）×20％

（2）每次收入超过4 000元的：

应纳税额＝每次收入额×（1－20％）×20％

（3）每次收入的应纳税所得额超过20 000元的：

应纳税额＝每次收入额×（1－20％）×适用税率－速算扣除数

个人取得劳务报酬收入的应纳税所得额一次超过2万至5万元的部分，按照税法规定计算应纳税额后，再按照应纳税额加征5成，超过5万元的部分，加征10成。（实际为3级超额累进税率）

表3-2-13　　　　　　　　个人所得税税率表（劳务报酬适用）

级数	每次应纳税所得额（含税级距）	不含税级距	税率	速算扣除数
1	不超过20 000元的	不超过16 000元的	20％	0
2	超过20 000元至50 000元的部分	超过16 000元至37 000元的部分	30％	2 000
3	超过50 000元部分	超过37 000元的部分	40％	7 000

【例3-2-45·计算题】 某歌手参与商业演出，协议含税演出费为100 000元。求该次演出该歌手应缴纳多少个人所得税。

【解析】 应纳税额＝每次收入额×（1－20％）×适用税率－速算扣除数
　　　　　　　＝100 000×（1－20％）×40％－7 000
　　　　　　　＝25 000（元）

或应纳税所得额 = 100 000 × (1 - 20%)
         = 80 000(元)
应纳税额 = 20 000 × 20% + 30 000 × 30% + 30 000 × 40%
       = 4 000 + 9 000 + 12 000
       = 25 000(元)

5. 稿酬所得

(1) 每次收入不足 4 000 元的,应纳税额 = (每次收入额 - 800) × 20% × (1 - 30%)

(2) 每次收入在 4 000 元以上的,应纳税额 = 每次收入额 × (1 - 20%) × 20% × (1 - 30%)

【友情提醒】 关稿酬于次的规定:出版、加印算一次;再版算一次;连载算一次;分次支付合并计税。

【例 3-2-46·计算题】 某作家写作一篇小说在晚报上连载 3 个月,报社每月支付其稿酬 4 000 元。计算其应纳个人所得税。

【解析】 因该作家小说是连载,合并算一次稿酬计算,所以:
应纳个人所得税 = 4 000 × 3 × (1 - 20%) × 20% × (1 - 30%)
           = 1 344(元)

6. 财产转让所得

应纳税额 = 应纳税所得额 × 适用税率
       = (收入总额 - 财产原值 - 合理税费) × 20%

7. 特许权使用费所得、财产租赁所得

(1) 每次收入不足 4 000 元的:

应纳税额 = 应纳税所得额 × 适用税率
       = (每次收入额 - 800) × 20%

(2) 每次收入在 4 000 元以上的:

应纳税额 = 应纳税所得额 × 适用税率
       = 每次收入额 × (1 - 20%) × 20%

8. 利息、股息、红利所得

应纳税额 = 应纳税所得额 × 适用税率
       = 每次收入额 × 20%

【友情提醒】 利息、股息、红利所得在计算个人所得税时,没有扣减项目,直接由每次收入乘以 20%。

【例 3-2-47·计算题】 A 有限公司的职工甲,2017 年 1 月取得了上一年度 12 月份的工资收入 7 000 元(含税),其中,基本养老保险 1 000 元、基本医疗保险 800、失业保险 300 元、住房公积金 600 元(以上均在税法允许扣除范围之内),并领取 2016 年全年一次性奖金 24 000 元(含税)。A 公司应如何为甲扣缴个人所得税?

【解析】 当月工资薪金所得 = 7 000(元)
工资薪金所得应纳税所得额 = (7 000 - 1 000 - 800 - 300 - 600) - 3 500

$$= 800(元)$$

工资薪金应纳税额 $= 800 \times 3\%$
$$= 24(元)$$

全年一次性奖金所得 $= 24\,000(元)$

查找适用税率：商数 $= 24\,000/12 = 2\,000(元)$

适用税率10%，速算扣除数105。

应纳税额 $= 24\,000 \times 10\% - 105 = 2\,295(元)$

（五）个人所得税征收管理

根据《中华人民共和国个人所得税法》的第九条的规定，扣缴义务人每月所扣的税款，自行申报纳税人每月应纳的税款，都应当在次月七日内缴入国库，并向税务机关报送纳税申报表。

工资、薪金所得应纳的税款，按月计征，由扣缴义务人或者纳税义务人在次月七日内缴入国库，并向税务机关报送纳税申报表。特定行业的工资、薪金所得应纳的税款，可以实行按年计算，分月预缴，多退少补。

个体工商户的生产、经营所得应纳税的税款，按年计算，分月预缴，由纳税义务人在次月七日内预缴，年度终了后三个月内汇算清缴，多退少补。

对企事业单位的承包经营、承租经营所得应纳的税款，按年计算，由纳税义务人在年度终了后三十日内缴纳入库，并向税务机关报送纳税申报表。纳税义务人在一年内分次取得承包经营、承租经营所得的，应当在取得每次所得后的七日内预缴，年度终了后三个月内汇算清缴，多退少补。

从中国境外取得所得的纳税义务人，应当在年度终了后三十日内，将应纳的税款缴入国库，并向税务机关报送纳税申报表。

1. 自行申报

自行申报是由纳税人自行在税法规定的纳税期限内，向税务机关申报取得的应税所得项目和数额，如实填写个人所得税纳税申报表，并按照税法规定计算应纳税额，据此缴纳个人所得税的一种方法。

下列人员为自行申报纳税的纳税义务人：

（1）年所得12万元以上的。

（2）从中国境内两处或者两处以上取得工资、薪金所得的。

（3）从中国境外取得所得的。

（4）取得应纳税所得，没有扣缴义务人的。

（5）国务院规定的其他情形。

2. 代扣代缴

代扣代缴是指按照税法规定负有扣缴税款义务的单位或个人，在向个人支付应纳税所得时，应计算应纳税额，从其所得中扣除并缴入国库，同时向税务机关报送扣缴个人所得税报告表。

凡支付个人应纳税所得的企业、事业单位、社会团体、军队、驻华机构（不含依法享有外交特权和豁免的驻华使领馆、联合国及其国际组织驻华机构）、个体户等单位或者个人，为个人所得税的扣缴义务人。

【例3-2-48·单选题】 工资薪金的个人所得税按月缴纳,由( )在次月七日内缴入国库,并向税务机关报送纳税申报表。

　　A. 纳税人　　　　　　　　B. 代收代缴义务人
　　C. 代扣代缴义务人　　　　D. 主管税务机关

【答案】 C

【解析】 个人所得税税源分散,实行代扣代缴,所以应当由代扣代缴义务人来缴入国库。

【例3-2-49·多选题】 下列属于自行申报纳税的纳税义务人有( )。

　　A. 年所得12万元以上的
　　B. 从中国境内两处或者两处以上取得工资、薪金所得的
　　C. 从中国境外取得所得的
　　D. 取得应纳税所得,没有扣缴义务人的

【答案】 ABCD

【解析】 根据个人所得税纳税自主纳税申报的规定,上述四类纳税义务人属于自行申报纳税的对象。

【例3-2-50·判断题】 年所得12万元以上的个人所得税纳税人,如果已足额缴纳了个人所得税,则纳税年度终了后不必向主管税务机关办理纳税申报。( )

【答案】 ×

【解析】 年所得12万元以上的个人所得税纳税人,必须向主管税务机关办理纳税申报。

【小结】

表3-2-14　　　　　　　　　　一般纳税人与小规模纳税人对比表

分类	标准	特殊情况	计税规定
小规模纳税人	生产型:50万元以下。 非生产型:80万元以下。 应税服务:500万元以下	① 个人(非个体户); ② 非企业性单位; ③ 不经常发生应税行为的企业。 【注意】①为必须,②③可选择	简易征税 不得使用增值税专用发票(可以到税务机关代开)
一般纳税人	超过小规模纳税人认定标准	小规模纳税人会计核算健全,可以申请认定为一般纳税人	执行税款抵扣制; 可以使用增值税专用发票

表3-2-15　　　　　　　　　　全面推开营改增后部分增值税税率表

纳税人	应税行为	具体范围	增值税税率
小规模纳税人		包括原增值税纳税人和营改增纳税人,从事货物销售,提供增值税加工,修理修配劳务,以及营改增各项应税服务	征收率3%

续表

纳税人	应税行为			具体范围	增值税税率
原增值税纳税人	销售或者进口货物(另有列举的货物除外);提供加工、修理修配劳务				17%
	1. 粮食、食用植物油、鲜奶				13%
	2. 自来水、暖气、冷气、热气、煤气、石油液化气、天然气、沼气、居民用煤炭制品				
	3. 图书、报纸、杂志				
	4. 饲料、化肥、农药、农机(整机)、农膜				
	5. 国务院规定的其他货物				
	6. 农产品(指各种动、植物初级产品);音像制品;电子出版物;二甲醚;食用盐				
	出口货物				0%
营改增纳税人	销售服务	现代服务业	租赁服务	融资租赁服务	有形动产融资租赁服务	17%
		现代服务业	租赁服务	经营租赁服务	有形动产经营租赁服务	17%
		现代服务业	租赁服务	融资租赁服务	不动产融资租赁服务	11%
		现代服务业	租赁服务	经营租赁服务	不动产经营租赁服务	11%
		电信服务	基础电信服务	基础电信服务		11%
		电信服务	增值电信服务	增值电信服务		6%

表3-2-16　　　　　　　　　　企业所得税扣除比例汇总

项目	比例	备注
业务招待费支出	发生额的60%扣除,当年销售(营业)收入的0.5%	选小
广告费和业务宣传费支出	不超过当年销售(营业)收入15%的部分	以后可抵
公益性捐赠支出	年度利润总额12%内的部分	
职工福利费支出	不超过工资薪金总额14%部分	
工会经费	不超过工资薪金总额2%部分	
职工教育经费支出	不超过工资薪金总额2.5%部分	以后可抵
以前年度亏损	延续弥补期最长不得超过5年	

表3-2-17　　　　　　　　　　企业所得税纳税地点

	一般情况	以登记注册地为纳税地点
居民企业	登记注册地在境外	以实际管理机构所在地为纳税地点
	居民企业在中国境内设立不具有法人资格的营业机构的,应当汇总计算并缴纳企业所得税	

续表

非居民企业	在中国境内设立机构、场所	以机构、场所所在地为纳税地点(不包括与所设立的机构场所无关的境内所得)
	在中国境内未设立机构、场所的或者虽设立机构、场所但取得的所得与其所设机构、场所没有实际联系	以扣缴义务人所在地为纳税地点

表 3-2-18　　　　　　　　　　　　　个人所得税

征税项目	计税依据和费用扣除	税率	计税方法
工资薪金所得	应纳税所得额 = 月工薪收入 – 3 500 元 【注意1】"三险一金" 【注意2】扣除 4 800 的情形	七级超额累进税率	按月计税
个体户生产经营所得	应纳税所得额 = 全年收入总额 – 成本、费用以及损失	五级超额累进税率	按年计算
对企事业单位承包承租经营所得	应纳税所得额 = 纳税年度收入总额 – 必要费用		
劳务报酬所得	每次收入不足 4 000 元的： 应纳税所得额 = 每次收入额 – 800 元 每次收入 4 000 元以上的： 应纳税所得额 = 每次收入额 ×(1 – 20%)	20%比例税率	按次纳税【注意】劳务报酬所得实行超额累进加征；稿酬所得减征30%
稿酬所得			
财产转让所得	收入 – 财产原值 – 合理费用		
利息股息红利所得	按收入总额计税，不扣费用		
偶然所得			
其他所得			
捐　赠	不超过应纳税所得额 30% 的部分从应纳税所得额中扣除		

练一练

一、不定项选择题

1. 下列各项中,(　　)是采用超额累进税率计算应纳税额。
   A. 对加工服装征收的增值税　　　　B. 对销售房屋征收的营业税
   C. 对生产卷烟征收的消费税　　　　D. 对工资薪金所得征收的个人所得税

2. 根据《消费税暂行条例》规定,纳税人将自产自用应税消费品用于连续生产应税消费品时(　　)。
   A. 按产品成本计算缴纳消费税　　　B. 按同类产品销售价格计算缴纳消费税
   C. 按组成计税价格计算缴纳消费税　D. 不用缴纳消费税

3. 国内某作家的一篇小说在一家报刊上连载 3 个月。3 个月的稿酬收入分别 3 000 元、4 000 元和 5 000 元。该作家 3 个月所获稿酬应缴纳的个人所得税为(　　)元。
   A. 1 316　　　B. 1 344　　　C. 1 568　　　D. 1 920

4. 下列关于增值税的说法中,正确的有(   )。
   A. 增值税分为生产型增值税、收入型增值税、消费型增值税
   B. 纳税人提供加工、修理修配劳务,增值税税率为17%
   C. 增值税的纳税人按其经营范围大小,分为一般纳税人和特殊纳税人
   D. 增值税是以商品(含应税劳务)在生产过程中产生的增值税额作为计税依据而征收的一种流转税

二、材料分析题

某企业属于国家重点扶持的高新技术企业。2016年实现收入总额3 000万元(其中,国债利息收入100万元),发生各项成本费用共计2 000万元,其中包括:合理的工资薪金总额500万元,职工福利费50万元,职工教育经费10万元,工会经费30万元,公益性捐赠50万元。

根据以上材料,回答下列问题:

(1) 关于该企业职工福利费扣除限额的说法正确的有(   )。
   A. 50万元   B. 70万元
   C. 10万元   D. 12.5万元

(2) 关于该企业职工教育经费扣除的说法正确的有(   )。
   A. 12.5万元
   B. 职工教育经费超过法定扣除的准予在以后年度结转扣除
   C. 10万元
   D. 2万元

(3) 关于该企业职工工会经费扣除限额的说法正确的有(   )。
   A. 10万元
   B. 职工工会经费超过法定扣除的准予在以后年度结转扣除
   C. 8万元
   D. 30万元

(4) 关于公益性捐赠的说法中正确的是(   )。
   A. 50万元   B. 120万元
   C. 360万元   D. 240万元

(5) 关于该企业适用税率的说法中正确的是(   )。
   A. 25%   B. 20%
   C. 15%   D. 35%

任务三　税收征收管理

任务介绍

主要从税务征收管理全流程介绍税收管理的要求。

任务实施

一、税务登记

税务登记又称纳税登记,它是税务机关依据税法规定,对纳税人的生产经营活动进行登记管理的一项法定制度,是对纳税人实施税收管理的首要环节和基础工作,是征纳双方法律关系成立的依据和证明,是纳税人必须依法履行的义务。

税务登记种类包括:(1)开业登记;(2)变更登记;(3)停业、复业登记;(4)注销登记;(5)外出经营报验登记;(6)纳税人税种登记;(7)扣缴义务人扣缴纳税登记。

1. 开业税务登记

开业税务登记是指企业,包括企业在外地设立分支机构与从事生产、经营的场所,和从事生产、经营的事业单位(以下统称从事生产、经营的纳税人),向生产、经营所在地税务机关申报办理税务登记的活动。

从事生产、经营的纳税人领取工商营业执照(含临时工商营业执照)的,应当自领取工商营业执照之日起30日内申报办理设立税务登记,税务机关核发税务登记证及副本(纳税人领取临时工商营业执照的,税务机关核发临时税务登记证及副本)。

纳税人在申报办理税务登记时,应当根据不同情况向税务机关如实提供以下证件和资料:

(1)工商营业执照或其他核准执业证件;
(2)有关合同、章程、协议书;
(3)银行账户证明;
(4)组织机构统一代码证书;
(5)法定代表人或负责人或业主的居民身份证、护照或其他合法证件;
(6)税务机关要求的其他需要提供资料。

【例3-3-1·多选题】 根据《税务登记管理办法》的规定,下列选项需要办理税务登记的是( )。

A. 从事生产经营的机关团体
B. 个体工商户
C. 国家机关
D. 企业在外地设立的分支机构和从事生产、经营的场所

【答案】 ABD

【解析】 除国家机关、个人和无固定生产经营场所的流动性农村小贩外,企业,包括企业在外地设立分支机构与从事生产、经营的场所,和从事生产、经营的事业单位均应办理税务登记。

2. 变更税务登记

变更税务登记是指纳税人税务登记内容发生重要变化时,向税务机关申报办理的一种税务登记手续。

纳税人办理税务变更的情形应当包括：发生改变单位名称、改变法定代表人、改变住所和经营地点(不涉及主管税务机关变动的)、扩大和缩小生产经营范围、其他税务登记内容。

纳税人已在工商行政管理机关办理变更登记的,应当自工商行政管理机关变更登记之日起 30 日内,向原税务登记机关如实申报办理变更税务登记,按照规定不需要在工商行政机关办理变更登记,或其变更登记的内容与工商登记内容无关的,应当自税务登记内容实际发生变化之日起 30 日内,或自有关机关批准或宣布变更之日起 30 日内申报办理变更税务登记。

税务机关应当自受理之日起 30 日内,审核办理变更税务登记。纳税人税务登记表和税务登记证中的内容都发生变更的,税务机关按变更后的内容重新核发税务登记证件;纳税人税务登记表的内容发生变更而税务登记证中的内容未发生变更的,税务机关不重新核发税务登记证件。

【例 3-3-2·多选题】 纳税人发生的下列情形,应办理变更税务登记的有(　　)。
A. 更换法定代表人　　　　　　B. 经营地址迁移需要改变原税务机关的
C. 由国有企业改制为股份制　　D. 改变银行账号
【答案】 ACD
【解析】 选项 B 属于注销税务登记的情形。

【牛刀小试·单选题】 变更税务登记的范围包括(　　)。
A. 增减注册资金(资本)
B. 纳税人因经营期限届满而自动解散
C. 企业由于改组、分级、合并等原因而被撤销
D. 纳税人被工商行政管理部门吊销营业执照
【答案】 A
【解析】 选项 BCD 属于注销税务登记的范畴。

3. 停业、复业登记

实行定期定额征收方式的个体工商户需要停业的,应当在停业前(通常为停业前 1 个星期)向税务机关申报办理停业登记。纳税人的停业期限不得超过 1 年。

(1) 提出停业登记申请。纳税人应在规定的期限内向主管税务机关提交停业申请书。工作人员初审后发给《停业登记申请表》。

(2) 填报《停业登记申请表》。纳税人领取《停业登记申请表》后,应如实填写,并报主管税务机关审核。

(3) 结清税务事项。纳税人在报送《停业登记申请表》的同时,应缴清税款,缴销发票,交回有关税务证件(如税务登记证正、副本、发票领购簿等)。

(4) 领取核准停业通知书。主管税务机关接到纳税人报送的《停业登记申请表》后,审核完毕封存有关单证,向纳税人核发《核准停业通知书》。纳税人领取《核准停业通知书》后方可停业。

纳税人应当于恢复生产经营之前,向税务机关申报办理复业登记,如实填写《停、复业报告书》,领回并启用税务登记证件、发票领购簿及其停业前领购的发票。

纳税人停业期满不能及时恢复生产、经营的,应当在停业期满前填写《延期复业申请审

批表》向主管地方税务机关提出延长停业登记申请,如实填写《停、复业报告书》,主管地方税务机关核准后发放《核准延期复业通知书》,方可延期。

纳税人停业期满未按期复业又不申请延长停业的,主管地方税务机关视为已恢复营业,实施正常的税收征收管理。纳税人在停业期间发生纳税义务的,应当按照税收法律、行政法规的规定申报缴纳税。

【例3-3-3·判断题】 税务登记中的停业复业登记一般适用于实行定期定额征收方式的个体工商户的暂时中止业务或中止业务后恢复经营活动的情形。( )

【答案】 √

【解析】 实行定期定额征收方式的个体工商户需要停业的,应当在停业前(通常为停业前1个星期)向税务机关申报办理停业登记。

4. 注销税务登记

注销税务登记是指纳税人发生解散、破产、撤销以及其他情形,依法终止纳税义务的,在向工商行政管理机关或者其他机关办理注销登记前,持有关证件向原税务登记机关申报办理注销税务登记的活动。

(1) 按照规定不需要在工商行政管理机关或者其他机关办理注册登记的,应当自有关机关批准或者宣告终止之日起15日内,持有关证件向原税务登记机关申报办理注销税务登记。

(2) 纳税人因住所、经营地点变动,涉及变更税务登记机关的,应当在向工商行政管理机关或者其他机关申请办理变更或注销登记前,或者住所、经营地点变动前,向原税务登记机关申报办理注销税务登记,并在30日内向迁达地税务机关申报办理税务登记。

(3) 纳税人被工商行政管理机关吊销营业执照或者被其他机关予以撤销登记的,应当自营业执照被吊销或者被撤销登记之日起15日内,向原税务登记机关申报办理注销税务登记。

(4) 纳税人办理注销税务登记前,应当向税务机关提交相关证明文件和资料,结清应纳税款、多退(免)税款、滞纳金和罚款,缴销发票、税务登记证件和其他税务证件,经税务机关核准后,办理注销税务登记手续。

【例3-3-4·单选题】 注销税务登记时,纳税人持有关证件向原税务登记机关申报办理注销税务登记的时间一般为被依法吊销营业执照之日起( )日内。

A. 10　　　　B. 15　　　　C. 20　　　　D. 30

【答案】 B

【解析】 纳税人被工商行政管理机关吊销营业执照或者被其他机关予以撤销登记的,应当自营业执照被吊销或者被撤销登记之日起15日内,向原税务登记机关申报办理注销税务登记。

5. 外出经营报验登记

外出经营报验登记是指纳税人到外县(市)临时从事生产经营活动的,应当在外出生产经营以前,持税务登记证向主管税务机关申请开具《外出经营活动税收管理证明》(以下简称《外管证》)。地方税务机关当日按照一地一证的原则,即时核发《外管证》,《外管证》的有效期限一般为30日,最长不得超过180天。

纳税人应当在《外管证》注明地进行生产经营前向当地地方税务机关报验登记,并提交下列证件、资料:

(1)《税务登记证》(副本);

(2)《外出经营活动税收管理证明》;

(3)主管税务机关需要的其他资料、证件。

纳税人在《外管证》注明地销售货物的,除提交以上证件、资料外,应如实填写《外出经营货物报验单》,申报查验货物。

纳税人外出经营活动结束,应当向经营地地方税务机关填报《外出经营活动情况申报表》,并结清税款、缴销发票。

纳税人应当在《外管证》有效期届满后10日内,持《外管证》回原税务登记地税务机关办理《外管证》缴销手续。

【例3-3-5·单选题】 纳税人到外县(市)从事生产经营活动的,应当向(   )税务机关报验登记,接受税务管理。

    A. 所在地   B. 主管地   C. 营业地   D. 注册地

【答案】 C

【解析】 纳税人在到达经营地进行生产、经营前,应当持税务登记证件副本和所在地税务机关开具的《外管证》,向经营地税务机关报验登记,接受税务管理。

6. 纳税人税种登记

纳税人在办理开业或变更税务登记的同时应当申请填报税种登记,由税务机关根据其生产、经营范围及拥有的财产等情况,确定纳税人所适用的税种、税目、税率、报缴税款期限、征收方式和缴库方式等。税务机关依据《纳税人税种登记表》所填写的项目,自受理之日起3日内进行税种登记。

7. 扣缴义务人扣缴纳税登记

(1) 扣缴义务人包括代扣代缴税款义务人和代收代缴税款义务人。

① 代扣代缴是指按照税法规定,负有扣缴税款的法定义务人,负责对纳税人应纳的税款进行代扣代缴。即由支付人在向纳税人支付款项时,从所列支的款项中依法直接扣收税款并代为缴入国库。

② 代收代缴是指按照税法规定,负有收缴税款的法定义务人,负责对纳税人应纳的税款进行代收代缴。即由与纳税人有经济业务往来的单位和个人在向纳税人收取款项时依法收取税款,并代为缴入国库。

(2) 扣缴纳税款登记范围及时间要求。

① 已办理税务登记的扣缴义务人应当自扣缴义务发生之日起30日内,向税务登记地税务机关申报办理扣缴税款登记。税务机关在其税务登记证件上登记扣缴税款事项,税务机关不再发给扣缴税款登记证件。

② 根据税收法律、行政法规的规定可不办理税务登记的扣缴义务人,应当自扣缴义务发生之日起30日内,向机构所在地税务机关申报办理扣缴税款登记,税务机关核发扣缴税款登记证件。

【例3-3-6·多选题】 税务登记的种类包括( )。
A. 开业登记　　B. 变更登记　　C. 复业登记　　D. 外出经营报验登记
【答案】 ABCD
【解析】 税务登记包括(1)开业登记；(2)变更登记；(3)停业、复业登记；(4)注销登记；(5)外出经营报验登记；(6)纳税人税种登记；(7)扣缴义务人扣缴纳税登记。

8. 税务登记证的使用范围

税务登记证由国家税务总局统一式样标准，由省级税务机关统一印制。

税务登记证件不得转借、涂改、损毁、买卖或者伪造。税务机关对税务登记证实行定期验证和换证制度。纳税人应当将税务登记证正本在其生产、经营或者办公场所内明显易见的地方公开悬挂，接受税务机关检查。纳税人遗失税务登记证件的，应当在15日内书面报告主管税务机关，并登报声明作废。

除按照规定不需要发给税务登记证件的外，纳税人办理下列事项时，必须持税务登记证件：

(1) 开立银行基本账户；
(2) 申请减税、免税、退税；
(3) 申请办理延期申报、延期缴纳税款；
(4) 领购发票；
(5) 申请开具外出经营活动税收管理证明；
(6) 办理停业、歇业；
(7) 其他有关税务事项。

【例3-3-7·多选题】 税务登记证件的主要内容包括( )。
A. 纳税人名称　　　　　　B. 税务登记代码
C. 法定代表人或负责人　　D. 生产经营范围
【答案】 ABCD
【解析】 略。
【友情提醒】

表3-3-1　　　　　　　　　各类税务登记的时间限定

类型	设立登记	变更登记	停业、复业登记	注销登记	外出经营报验登记
时间	30天	30天	不超过一年	15天	不超过180天

二、发票开具与管理

(一)发票的种类

常见的发票有：(1)增值税专用发票；(2)普通发票；(3)专业发票。

1. 增值税专用发票

增值税专用发票是由国家税务总局监制设计印制的，只限于增值税一般纳税人领购使用的，既作为纳税人反映经济活动中的重要会计凭证又是兼记销货方纳税义务和购货方进项税额的合法证明，是增值税计算和管理中重要的决定性的合法的专用发票。

一般纳税人凭《发票领购簿》、IC卡和经办人身份证明领购专用发票。小规模纳税人不得领购使用增值税专用发票,只能使用普通发票。

【友情提醒】 下列情形不得开具专用发票:

商业企业一般纳税人零售的烟、酒、食品、服装、鞋帽(不包括劳保专用部分)、化妆品等消费品不得开具专用发票。

销售免税货物不得开具专用发票,法律、法规及国家税务总局另有规定的除外。

【例3-3-8·单选题】 下列关于增值税专用发票说法不正确的是(　　)。

A. 增值税专用发票是指专门用于结算销售货物和提供加工、修理修配劳务使用的一种发票

B. 增值税专用发票只限于增值税一般纳税人领购使用

C. 增值税小规模纳税人不得领购使用

D. 一般纳税人在任何情形下都可以领购使用增值税专用发票

【答案】 D

【解析】 略。

2. 普通发票

普通发票是指在购销商品、提供或接受服务以及从事其他经营活动中所开具和收取的收付款凭证。它是相对于增值税专用发票而言的,即任何单位和个人在购销商品、提供或接受服务以及从事其他经营活动中,除增值税一般纳税人开具和收取的增值税专用发票之外,所开具和收取的各种收付款凭证均为普通发票。

普通发票由行业发票和专用发票组成。前者适用于某个行业和经营业务,如商业零售统一发票、商业批发统一发票、工业企业产品销售统一发票等;后者仅适用于某一经营项目,如广告费用结算发票,商品房销售发票等。

【例3-3-9·判断题】 增值税专用发票只限于增值税一般纳税人领购使用,增值税小规模纳税人不得领购使用。普通发票主要由营业税纳税人和增值税小规模纳税人使用。(　　)

【答案】 √

【解析】 略。

3. 专业发票

专业发票是指国有金融、保险企业的存贷、汇兑、转账凭证、保险凭证;国有邮政、电信企业的邮票、邮单、话务、电报收据;国有铁路、国有航空企业和交通部门、国有公路、水上运输企业的客票、货票等。

【例3-3-10·多选题】 发票的种类包括(　　)。

A. 增值税专用发票　　　　B. 普通发票
C. 专业发票　　　　　　　D. 通用发票

【答案】 ABC

【解析】 发票的种类包括:增值税专用发票、普通发票、专业发票。

【解析】 略。

(二)发票的开具要求

(1)单位和个人应在发生经营业务、确认营业收入时,才能开具发票。

（2）单位和个人开具发票时应按号码顺序填开，填写项目齐全、内容真实、字迹清楚，全部联次一次性复写或打印，内容完全一致，并在发票联和抵扣联加盖发票专用章。

（3）填写发票应当使用中文。民族自治地区可以同时使用当地通用的一种民族文字。

（4）使用电子计算机开具发票必须报主管税务机关批准，并使用税务机关统一监制的机打发票。

（5）开具发票时限、地点应符合规定。

（6）任何单位和个人不得转借、转让、代开发票；不得拆本使用发票；不得自行扩大专业发票适用范围。

【例3-3-11·单选题】 不符合发票开具要求的是（　　）。

A. 开具发票时应按顺序填开，填写项目齐全，内容真实，字迹清楚
B. 填写发票应当使用中文
C. 开具发票时限、地点应符合规定
D. 可以拆本使用发票

【答案】 D

【解析】 根据我国税法规定，未经税务机关批准，不得拆本使用发票；不得自行扩大专业发票使用范围。

三、纳税申报

纳税申报是指纳税人按照税法规定的期限和内容向税务机关提交有关纳税事项书面报告的法律行为，是纳税人履行纳税义务、承担法律责任的主要依据，是税务机关税收管理信息的主要来源和税务管理的一项重要制度。

拓展提高

下列纳税人或者扣缴义务人、代征人应当按期向主管国家税务机关办理纳税申报或者代扣代缴、代收代缴税款报告及委托代征税款报告。

1. 依法已向国家税务机关办理税务登记的纳税人。

包括：

（1）各项收入均应当纳税的纳税人；
（2）全部或部分产品、项目或者税种享受减税、免税照顾的纳税人；
（3）当期营业额未达起征点或没有营业收入的纳税人；
（4）实行定期定额纳税的纳税人；
（5）应当向国家税务机关缴纳企业所得税以及其他税种的纳税人。

2. 按规定不需向国家税务机关办理税务登记，以及应当办理而未办理税务登记的纳税人。

3. 扣缴义务人和国家税务机关确定的委托代征人。

【例3-3-12·多选题】 下列纳税人或扣缴义务人、代征人应当按期向主管国家税务机

关办理纳税申报的有( )。

A. 定期定额纳税的纳税人 B. 享受免税待遇的纳税人
C. 当期营业额超过起征点的纳税人 D. 各项收入均应当纳税的纳税人

【答案】 ABCD

【解析】 除国家机关以外均应纳税申报。

纳税申报有直接申报、邮寄申报、数据电文、简易申报以及其他申报方式。

直接申报是一种传统申报方式。邮寄申报以寄出的邮戳日期为实际申报日期。采用数据电文申报、收件人指定特定系统接收数据电文的,该数据电文进入特定系统的时间,视为申报、报送到达的时间;未指定特定系统的,该数据电文进入收件人的任何系统的首次时间,视为到达时间。实行定期定额征收方式的纳税人,经税务机关批准,可以缴纳税款凭证代替申报,并可简并征期。

【例3-3-13·多选题】 数据电文申报是以( )为实际申报日期。

A. 收件人指定特定系统接收数据电文的,该数据电文进入特定系统的时间
B. 未指定系统的,该数据电文进入收件人的任何系统的首次时间
C. 以纳税人发出指令日期
D. 邮戳日期

【答案】 AB

【解析】 根据纳税申报规定,选项AB描述正确。

四、税款征收

税款征收方式是税务机关在组织税款入库过程中采取的具体计算征收税款的方法和形式。

1. 查账征收

查账征收指税务机关按照纳税人提供的账表所反映的经营情况,依照适用税率计算缴纳税款的方式。查账征收适用于经营规模较大、财务会计制度较为健全、能够据以如实核算生产经营情况及正确计算应纳税款的纳税人。

【例3-3-14·判断题】 对于设置了账簿的企业,税务机关就应当采用查账征收的方式征收税款。( )

【答案】 ×

【解析】 查账征收适用于经营规模较大、财务会计制度健全、会计记录完整、能够认真履行纳税义务的纳税人。对那些虽设置了账簿,但会计制度不健全、会计记录不完整的企业就不适合。

2. 查定征收

查定征收指由税务机关根据纳税人的从业人员、生产设备、原材料消耗等因素,在正常生产经营条件下,对其生产的应税产品,查实核定产量、销售额并据以征收税款的一种方式。适用于生产经营规模较小、账册不健全、产品零星、税源分散,但能控制原材料或进销货的小型厂矿和作坊。

3. 查验征收

查验征收指税务机关对纳税人的应税商品,通过查验数量,按市场一般销售单价计算其销售收入并据以征税的方式。适用于经营品种比较单一,经营地点、时间和商品来源不固定的纳税单位。例如对城乡集贸市场中的临时经营者和机场、码头等场所的经销商的课税。

4. 核定征收

核定征收是税务机关对不能完整、准确提供纳税资料的纳税人采用特定方式确定其应纳税收入或应纳税额,纳税人据以缴纳税款的一种方式。

 拓展提高

> 核定征收适用于以下几种情况:
> (1) 依照《中华人民共和国税收征收管理法》可以不设置账簿的;
> (2) 依照《中华人民共和国税收征收管理法》应当设置账簿但未设置的;
> (3) 擅自销毁账簿或者拒不提供纳税资料的;
> (4) 虽设置账簿,但账目混乱或者成本资料、收入凭证、费用凭证残缺不全,难以查账征收的;
> (5) 发生纳税义务,未按照规定的期限办理纳税申报,经税务机关责令限期申报,逾期仍不申报的;
> (6) 关联企业不按照独立企业之间的业务往来收取或支付价款、费用,而减少其应纳税的收入或者所得额的。

5. 定期定额征收

定期定额征收适用于生产、经营规模小,确实没有建账能力,经过主管税务机关审核,报经县级以上税务机关批准,可以不设置账簿或者暂缓建账的个体工商户(包括个人独资企业)。

【例3-3-15·单选题】 定期定额征收适用于( )。
A. 零星分散的高税率产品   B. 生产经营规模小、无建账能力的企业
C. 生产不固定、账册不健全的单位   D. 应纳税款零星分散、不易控制
【答案】 B
【解析】 定期定额征收适用于生产、经营规模小,确实没有建账能力的企业。

6. 代扣代缴

代扣代缴是指支付纳税人收入的单位和个人从所支付的纳税人收入中扣缴其应纳税款并向税务机关解缴的行为。

【例3-3-16·判断题】 代收代缴是指按照税法规定,负有扣缴税款的法定义务人,在向纳税人支付款项时,从所支付的款项中直接扣收税款的方式。( )
【答案】 ×
【解析】 与概念不符,不全面。

7. 代收代缴

代收代缴是指与纳税人有经济往来关系的单位和个人借助经济往来关系向纳税人收取其应纳税款并向税务机关解缴的行为。

代扣代缴和代收代缴适用于税源零星分散、不易控管的纳税人。

【例3-3-17·判断题】 代扣代缴适用于税收网络覆盖不到或很难控制的领域,如受托加工应缴消费税的消费品,由受托方代收代缴消费税。( )

【答案】 ×

【解析】 代收代缴适用于税收网络覆盖不到或很难控制的领域,如受托加工应缴消费税的消费品。而题干说成是"代扣代缴",故错。

8. 委托代征税款

委托代征税款是指税务机关为了解决税务专管员人力不足的矛盾,根据国家法律、法规的授权,并根据加强税款征收、保障国家税收收入的实际需要,依法委托给其他部门和单位代为执行税款征收任务的一种税款征收方式。

9. 其他方式

自核自缴也称"三自纳税",是指纳税人按照税务机关的要求,在规定的缴款期限内,根据其财务会计情况,依照税法规定,自行计算税款,自行填写纳税缴款书,自行向开户银行缴纳税款,税务机关对纳税单位进行定期或不定期检查的一种税款征收方式。

【例3-3-18·单选题】 一般情况下,上市公司适用的税款征收方式是( )。
A. 查账征收　　B. 查验征收　　C. 查定征收　　D. 定期定额征收

【答案】 A

【解析】 查账征收方式适用于财务会计制度较为健全、能够如实核算和提供生产经营情况、正确计算应纳税款的纳税人。

五、税务代理

(一)税务代理的概念

税务代理指代理人接受纳税主体的委托,在法定的代理范围内依法代其办理相关税务事宜的行为。

(二)税务代理的特征

税务代理具有公正性、自愿性、有偿性、独立性和确定性等特征。

【例3-3-19·多选题】 下列属于税务代理特征的是( )。
A. 公正性　　B. 自愿性　　C. 无偿性　　D. 独立性

【答案】 ABD

【解析】 税务代理指代理人接受纳税主体的委托,在法定的代理范围内依法代其办理相关税务事宜的行为,这种行为是有偿的。

(三)税务代理的法定业务范围

税务代理人可以代理纳税人、扣缴义务人所委托的各项涉税事宜。《税务代理试行办法》规定,税务代理人可以接受纳税人、扣缴义务人的委托从事下列范围内的业务代理:

(1) 办理税务登记、变更税务登记和注销税务登记;
(2) 办理发票领购手续;
(3) 办理纳税申报和扣缴税款报告;
(4) 办理缴纳税款和申请退税;
(5) 制作涉税文书;
(6) 审查纳税情况;
(7) 建账建制,办理账务;
(8) 开展税务咨询、受聘税务顾问;
(9) 申请税务行政复议或税务行政诉讼等。

 拓展提高

> 税务代理人是指具有进行税务代理的相关知识、经验和能力,具有税务代理资格,经国家税务总局及省、自治区、直辖市国家税务局批准,从事税务代理的专门人员及其工作机构。从事税务代理的专门人员称为税务师,税务师必须加入税务代理机构才能从事税务代理业务。

税务代理人不能代理应由税务机关行使的行政职权,税务机关按照法律、行政法规规定委托其代理的除外。

【例3-3-20·单选题】 下列关于税务代理的说法不正确的是(　　)。
  A. 代理关系是建立在代理双方自愿的前提下的
  B. 在代理过程中,代理人应实现被代理人的全部意愿
  C. 客观公正地开展代理活动是税务代理的一项重要原则
  D. 税务代理业是一个独立的社会中介服务行业
【答案】 B
【解析】 在代理过程中,代理人还应充分体现被代理人的合法意愿,而不是全部意愿,因此选项B不正确。

六、税务检查

税务机关有权根据税收法律、行政法规的规定,对纳税人、扣缴义务人履行纳税义务、扣缴义务及其他有关业务事项进行审查、核实、监督活动。税务机关在行使税务检查权时,应当依照法定权限和程序进行。

税务机关依法对纳税人进行税务检查时,发现纳税人有逃避纳税义务的行为,并有明显转移、隐匿其应纳税的商品、货物、其他财产或者应纳税收入迹象的,可以按照批准权限采取税收保全措施或者强制执行措施。

(一) 税收保全措施

1. 税收保全措施适用情形

税务机关有根据认为从事生产、经营的纳税人有逃避纳税义务行为的,可以在规定的纳

税期之前,责令限期缴纳应纳税款;在限期内发现纳税人有明显的转移、隐匿其应纳税的商品、货物以及其他财产或者应纳税收入迹象的,税务机关可以责成纳税人提供纳税担保;如果纳税人不能提供纳税担保,经县以上税务局局长批准可以采取税收保全措施。

2. 税收保全的措施

（1）书面通知纳税人开户银行或者其他金融机构冻结纳税人的金额相当于应纳税款的存款。

（2）扣押、查封纳税人的价值相当于应纳税款的商品、货物或者其他财产。"其他财产"是指纳税人的房地产、现金、有价证券等不动产和动产。

拓展提高

税务机关在采取保全措施时,应当注意的问题包括:

（1）个人及其所扶养家属维持生活必需的住房和用品,不在税收保全措施的范围之内。生活必需的住房和用品不包括机动车辆、金银饰品、古玩字画、豪华住宅或者一处以外的住房。税务机关对于单价5 000元以下的其他生活用品,不采取税收保全措施和强制执行措施。

（2）应经县以上税务局(分局)局长批准。

（3）冻结的存款数额要以相当于纳税人应纳税款的数额为限,而不是全部存款。

（4）如果纳税人在税务机关采取税收保全措施后按照税务机关规定的期限缴纳了税款,税务机关应按规定在收到税款或者银行转回的完税凭证之日起24小时内解除税收保全。

【例3-3-21·多选题】 下列属于税收保全措施的有(　　)。

A. 冻结纳税义务人开户银行相当于应税金额的存款

B. 扣划纳税义务人开户银行相当于应税金额的存款

C. 查封纳税义务人相当于应税金额的货物并开具查封清单

D. 拍卖纳税义务人相当于应税金额的货物,扣除税款及滞纳金后将余款划回纳税人账户

【答案】 AC

【解析】 选项B和D属于税收强制执行。

（二）税收强制执行

1. 税收强制执行的适用情形

从事生产、经营的纳税人未按照规定的期限缴纳或者解缴税款,纳税担保人未按照规定的期限缴纳所担保的税款,由税务机关责令限期缴纳,逾期仍未缴纳的,经县以上税务局(分局)局长批准,税务机关可以采取强制措施。

2. 税收强制执行措施的形式

（1）书面通知其开户银行或者其他金融机构从其存款中扣缴税款。

（2）依法拍卖或者变卖其价值相当于应纳税款的商品、货物或者其他财产,以拍卖或者

变卖所得抵缴税款。

税务机关采取强制执行措施时,对纳税人、扣缴义务人、纳税担保人未缴纳的滞纳金同时强制执行。个人及其所扶养家属维持生活必需的住房和用品,不在强制执行措施的范围之内。

(三)税款的退还与追征

1.税款的退还

纳税人多缴纳的税款,税务机关发现后应当立即退还;纳税人自结算缴纳税款之日起3年内发现的,可以向税务机关要求退还多缴的税款并加算银行同期存款利息,税务机关及时查实后应当立即退还。纳税人在结清缴纳税款之日起3年后向税务机关提出退还多缴税款要求的,税务机关不予受理。

2.税款的追征

(1)因税务机关的责任,致使纳税人、扣缴义务人未缴或者少缴税款的,税务机关在3年内可以要求纳税人、扣缴义务人补缴税款,但是不得加收滞纳金。

(2)因纳税人、扣缴义务人计算错误等失误,未缴或者少缴税款的,税务机关在3年内可以追征税款,并加收滞纳金;有特殊情况的(即数额在10万元以上的),追征期可以延长到5年。

(3)对因纳税人、扣缴义务人和其他当事人偷税、抗税、骗税等原因而造成未缴或者少缴的税款,或骗取的退税款,税务机关可以无限期追征。

【例3-3-22·判断题】 纳税人多缴纳的税款,自结算缴纳税款之日起3年内发现的,可以向税务机关要求退还多缴的税款,税务机关及时查实后应当立即退还。( )

【答案】 ×

【解析】 可以向税务机关要求退还多缴的税款并加算银行同期存款利息。

七、税收法律责任

税收法律责任,是指税收法律关系的主体因违反税收法律规范所应承担的法律后果。税收法律责任可分为行政责任和刑事责任。

(一)税收违法的行政处罚

税收违法行政责任是指从事生产经营的纳税人和其他税务当事人违反税收征收管理秩序,尚未构成犯罪,依法应当承担的行政法律责任。税收违法的行政处罚形式主要有责令限期改正、罚款、没收财产、收缴未用发票和暂停供应发票、停止出口退税权等。

1.责令限期改正

责令限期改正主要适用于情节轻微或尚未构成实际危害后果的违法行为,是一种较轻的处罚形式,既可以起到教育的作用,又具有一定的处罚作用。

2.罚款

罚款是对违反税收法律法规,不履行法定义务的当事人的一种经济上的处罚,是税务行政处罚中应用最广的一种。其中,加收滞纳金是一种特殊形式的罚款。根据《税收征管法》的规定,纳税人未按照规定期限缴纳税款的,扣缴义务人未按照规定期限解缴税款的,税务机关除责令限期缴纳外,从滞纳税款之日起,按日加收滞纳税款万分之五的滞纳金。

3. 没收财产

没收财产是对行政管理相对一方当事人的财产权予以剥夺的处罚。具体有两种情况：一是对违法方当事人非法所得的财物进行没收；二是对虽系违法者所有，但用于非法活动的财产进行没收。

4. 收缴未使用发票和暂停供应发票

5. 停止出口退税权

（二）税收违法的刑事处罚

税收违法刑事责任是违反税收法和刑法规定，情节严重，构成犯罪的行为人应当承担的法律责任。根据我国《刑法》规定，刑罚分为主刑和附加刑。主刑分为管制、拘役、有期徒刑、无期徒刑和死刑。附加刑分为罚金、剥夺政治权利、没收财产。对犯罪的外国人，可驱逐出境。

【例3-3-23·判断题】 税收刑事责任包括罚款、没收财产、驱逐出境等附加刑。（ ）

【答案】 ×

【解析】 罚款属于行政责任，罚金属于刑事责任。

八、税务行政复议

（一）复议范围

主要包括：

（1）征税行为。

【友情提醒】 申请人对征税行为不服的，应当先向复议机关申请行政复议，对复议决定不服的，可以再向人民法院提起行政诉讼。

（2）行政许可、行政审批行为。

（3）发票管理行为，包括发售、收缴、代开发票等。

（4）税收保全措施、强制执行措施。

（5）行政处罚行为：罚款；没收财物和违法所得；停止出口退税权。

（6）不依法履行下列职责的行为：颁发税务登记；开具、出具完税凭证、外出经营活动税收管理证明；行政赔偿；行政奖励；其他不依法履行职责的行为。

（7）资格认定行为。

（8）不依法确认纳税担保行为。

（9）政府信息公开工作中的具体行政行为。

（10）纳税信用等级评定行为。

（11）通知出入境管理机关阻止出境行为。

（12）其他具体行政行为。

【友情提醒】 申请人对上述第（2）～（12）项规定的具体行为不服的，可以申请行政复议，也可以直接向人民法院提起行政诉讼。

【例3-3-24·判断题】 只要是涉及税收的具体行政行为，都可以直接提请行政诉讼。（ ）

【答案】 ×

【解析】 申请人对征税行为不服的,应当先向复议机关申请行政复议,对复议决定不服的,可以再向人民法院提起行政诉讼。

(二) 复议管辖
(1) 对各级国家税务局的具体行政行为不服的,向其上一级国家税务局申请行政复议。
(2) 对国家税务总局的具体行政行为不服的,向国家税务总局申请行政复议。
(3) 对行政复议决定不服,申请人可以向人民法院提起行政诉讼,也可以向国务院申请裁决。
(4) 国务院的裁决为最终裁决。
(5) 对各级地方税务局的具体行政行为不服的,可以选择向其上一级地方税务局或者该税务局的本级人民政府申请行政复议。

【例3-3-25·多选题】 苏州市一家企业对金阊区地方税务局的罚款行为不服,可以( )。
  A. 向苏州市人民政府提请行政复议
  B. 向苏州市地方税务局提请行政复议
  C. 向金阊区人民法院提请行政诉讼
  D. 向苏州市国税局提请行政复议
【答案】 ABC
【解析】 除征税行为以外的具体行政行为,可以行政复议也可以行政诉讼。故选ABC。

(三) 行政复议决定
1. 行政复议决定的做出
行政复议机关应当自受理申请之日起60日内做出行政复议决定。
2. 行政复议决定的种类
(1) 具体行政行为认定事实清楚、证据确凿、适用依据正确、程序合法、内容适当的,决定维持。
(2) 被申请人不履行法定职责的,决定其在一定期限内履行。
(3) 具体行政行为有下列情形之一的,复议机关应决定撤销、变更或者确认该具体行政行为违法:主要事实不清、证据不足的;适用依据错误的;违反法定程序的;超越职权或者滥用职权的;具体行政行为明显不当的。
(4) 申请人在申请行政复议时可以一并提出行政赔偿请求,复议机关对符合国家赔偿法的规定应当赔偿的,在决定撤销、变更具体行政行为或者确认具体行政行为违法时,应当同时决定被申请人依法给予赔偿。
3. 行政复议决定的效力
行政复议决定书一经送达,即发生法律效力。

【小结】

表 3-3-2　　　　　　　　　　　　　税务登记对比表

种类	(1) 开业登记；(2) 变更登记；(3) 停业、复业登记；(4) 注销登记；(5) 外出经营报验登记；(6) 纳税人税种登记；(7) 扣缴义务人扣缴纳税登记	
开业登记	除国家机关、个人和无固定生产经营场所的流动性农村小贩外，均应当自纳税义务发生之日起 30 日内，向纳税义务发生地税务机关申报办理税务登记税务登记证件每年验证一次，3 年换证一次	
变更登记	30 日内，涉及银行账号变动的 15 日内	
停业复业登记	适用于实行定期定额征收的个体工商户 停业期限不得超过一年 纳税人应当于恢复生产、经营之前，向税务机关办理复业登记 纳税人停业期满未按期复业又不申请延长停业的，税务机关应当视为已恢复营业，实施正常的税收征收管理 纳税人在停业期间发生纳税义务的，应当按照税收法律、行政法规的规定申报缴纳税款	
注销登记	法定情形	纳税人解散、破产、撤销或终止纳税义务的 被吊销营业执照的或被撤销登记的 因住所、经营地点变动，涉及改变税务机关的
外出经营报验登记	《外管证》一地一证，有效期限一般为 30 日，最长不得超过 180 天	

表 3-3-3　　　　　　　　　　　　　发票分类

增值税专用发票	由国家税务总局统一管理； 只限于增值税一般纳税人领购使用。 基本联次：记账联、抵扣联、发票联
普通发票	主要由小规模纳税人使用。 行业发票：商业零售统一发票、商业批发统一发票、工业企业产品销售统一发票。 专用发票：广告费用结算发票，商品房销售发票
专业发票	是指国有金融、保险、邮政、电信、交通方面的发票凭证

表 3-3-4　　　　　　　　　　　　　税款征收方式

征收方式	适用对象
查账征收	经营规模较大、财务会计制度较为健全、能够据以如实核算生产经营情况，正确计算应纳税款的纳税人
查定征收	适用于生产经营规模较小、账册不健全、产品零星、税源分散，但能控制原材料或进销货的小型厂矿和作坊
查验征收	适用于经营品种比较单一，经营地点、时间和商品来源不固定的纳税单位。例如城乡集贸市场中的临时经营者和机场、码头等场所的经销商的课税
核定征收	对不能完整、准确提供纳税资料的纳税人采用核定征收

续表

征收方式	适用对象
定期定额征收	适用于生产、经营规模小,确实没有建账能力,经过主管税务机关审核,报经县级以上税务机关批准,可以不设置账簿或者暂缓建账的个体工商户(包括个人独资企业)
代扣代缴	适用于税源零星分散、不易控管的纳税人
代收代缴	

表 3-3-5　　　　　　　　　　税收保全与税收强制执行对比表

税收保全	批准	经县以上税务局(分局)局长批准
	前提	税务机关责令具有税法规定情形的纳税人提供纳税担保而纳税人拒绝或无力提供担保
	具体措施	冻结相当于应纳税款的存款 扣押、查封纳税人的价值相当于应纳税款的商品、货物或者其他财产
税收强制执行	批准	经县以上税务局(分局)局长批准
	前提	从事生产、经营的纳税人未按照规定的期限缴纳或者解缴税款,纳税担保人未按照规定的期限缴纳所担保的税款,由税务机关责令限期缴纳,逾期仍未缴纳的
	具体措施	(1)书面通知其开户银行或者其他金融机构从其存款中扣缴税款 (2)依法拍卖或者变卖其价值相当于应纳税款的商品、货物或者其他财产,以拍卖或者变卖所得抵缴税款

练一练

一、单选题

1. 王某在某市 A 县设立公司并在 A 县税务局登记,王某经过对该市各地区对其产品需求的调查,确定到 B 县销售产品。王某 2009 年 8 月至 2010 年 3 月在 B 县累计经营 180 天,则王某应向(　　)税务机关办理税务登记手续。
   A. A 县　　　　B. B 县　　　　C. A 县或 B 县　　　　D. 不用办理税务登记
2. 企业领取工商营业执照后,应当在(　　)日内向主管税务机关办理税务登记手续。
   A. 10　　　　B. 20　　　　C. 15　　　　D. 30
3. 根据《税收征收管理法》的规定,下列属于税收保全措施的是(　　)。
   A. 暂扣纳税人营业执照
   B. 书面通知纳税人开户银行从其存款中扣缴税款
   C. 依法拍卖纳税人价值相当于应纳税款的货物,以拍卖所得抵缴税款
   D. 书面通知纳税人开户银行冻结纳税人的金额相当于应纳税款的存款
4. 企业办理变更税务登记的,税务机关应当自受理之日起(　　)内,审核办理变更税务登记。
   A. 10 日　　　　B. 10 个工作日　　　　C. 30 个工作日　　　　D. 30 日
5. 下列不属于变更税务登记的事项是(　　)。
   A. 纳税人因经营地的迁移而要改变原主管税务机关

B. 改变法定代表人

C. 增减注册资金

D. 改变开户银行账号

6. 邮寄申报纳税的申报日期是（　　）。

　　A. 填表日期　　　　　　　　B. 寄出地邮戳日期

　　C. 收邮地邮戳日期　　　　　D. 税务机关收到日期

7. ABC公司是一家在我国境内上市的公司,税务机关应当对其采取的税款征收方式为（　　）。

　　A. 查账征收　　B. 查定征收　　C. 查验征收　　D. 定期定额征收

8. 受托单位按照税务机关核发的代征证书的要求,以税务机关的名义向纳税人征收零散税款的税款征收方式是（　　）。

　　A. 定期定额征收　　　　　　B. 委托代征

　　C. 代扣代缴　　　　　　　　D. 代收代缴

9. 某单位为负有扣缴税款的法定义务人,在支付职工工资时,按个人所得税法规定,对超过法定扣除额的工资部分,应（　　）个人所得税。

　　A. 代收代缴　　B. 代扣代缴　　C. 委托代征　　D. 自报核缴

10. 我国税务机关根据纳税人的生产经营状况对小型无账证的个体工商户可以采取（　　）征收税款。

　　A. 查定征收方式　　　　　　B. 查验征收方式

　　C. 委托代征方式　　　　　　D. 定期定额征收方式

二、多选题

1. 根据《税收征管法》的规定,需要办理税务登记的纳税人有（　　）。

　　A. 领取营业执照从事生产经营活动的纳税人

　　B. 不从事生产经营活动,法律、法规规定负有纳税义务的单位和个人

　　C. 只交纳个人所得税的自然人

　　D. 企业在外地设立分支机构

2. 企业向税务机关办理税务登记时需要提供的资料有（　　）。

　　A. 营业执照　　　　　　　　B. 法人代表人的身份证

　　C. 企业章程　　　　　　　　D. 企业财务报表

3. 在下列情况下,企业需要办理变更登记的有（　　）。

　　A. 企业改变开户银行　　　　B. 企业改变住所但不改变主管税务机关

　　C. 企业改变法定代表人　　　D. 企业被吊销营业执照

4. 纳税人需要申请办理注销税务登记的情况有（　　）。

　　A. 解散　　　B. 破产　　　C. 撤销　　　D. 暂停营业

5. 下列关于发票管理办法的规定错误的有（　　）。

　　A. 发票分为增值税专用发票,普通发票和行业发票

　　B. 发票的样式、印制及管理均由国家税务总局制定

　　C. 增值税专用发票的记账联作为购货方核算增值税进项税额的会计凭证使用

　　D. 普通发票仅限于营业税纳税人和增值税小规模纳税人使用

6. 下列属于专业发票的有(　　)。
   A. 电报收据　　　　　　　　B. 商业零售统一发票
   C. 保险凭证　　　　　　　　D. 国有铁路货票
7. 下列有关发票的表述,符合《发票管理办法》规定的有(　　)。
   A. 经营业务已经发生,营业收入已经确认时,才能开具发票
   B. 开具发票应按编号顺序填开,内容真实、全部联次一次性复写或打印
   C. 经单位负责人同意,可以代其他单位开具发票
   D. 开具的发票存根联应当保存5年
8. 下列有关发票的表述,不符合《发票管理办法》规定的有(　　)。
   A. 任何单位和个人均不得拆本使用发票
   B. 任何单位和个人均不得跨规定的使用区域携带、邮寄、运输空白发票
   C. 任何单位和个人均不得携带、邮寄或者运输空白发票出入境
   D. 已开具的发票存根联和发票登记簿,应当保存5年,保存期满后可自行销毁
9. 税务代理的特点包括(　　)。
   A. 中介性　　　B. 强制性　　　C. 法定性　　　D. 公正性
10. 下列属于税务代理的法定业务的有(　　)。
    A. 受聘税务顾问　　　　　　B. 办理发票领购手续
    C. 制作涉税文书　　　　　　D. 提供审计报告

三、判断题

1. 外国企业在我国承包项目的,应在离开中国前30日内办理注销税务登记。(　　)
2. 企业在停业期间发生纳税义务的,应当在复业后与其他发生的纳税义务一起申报纳税。(　　)
3. 开具发票应当按照规定的时限,逐栏、逐联顺序填开,并加盖单位财务印章或者发票专用章。(　　)
4. 纳税人享受减税、免税待遇的,在减税、免税期间内可以不办理纳税申报。(　　)
5. 根据《税收征管法》的规定税收强制执行措施仅适用从事生产经营的纳税人。(　　)
6. 纳税人、扣缴义务人、纳税担保人同税务机关在纳税上发生争议时,必须先依照税务机关的纳税决定缴纳或者解缴税款及滞纳金,然后可以依法申请行政复议。(　　)
7. 下岗职工王某开办了一商品经营部,按规定享受一定期限内的免税优惠,他认为既然免税就不需要办理税务登记。(　　)

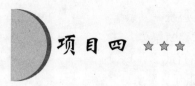

项目四

财政法律制度

项目目标

1. 了解预算法律制度的构成及国库集中支付制度的概念;
2. 熟悉预算的组织程序;
3. 掌握政府采购执行模式、预算管理的职权。

任务一　认知预算法律制度

任务介绍

主要目的是了解国家预算法律制度的构成,掌握各级预算管理机构的职权、预算组织的程序和预决算的监督。

任务实施

一、预算法律制度构成

预算法律制度是指国家经过法定程序制定的,用以调整国家预算关系的法律、行政法规和相关规章制度。我国预算法律制度由《预算法》《预算法实施条例》及有关国家预算管理的其他法规制度构成。

（一）《预算法》

《预算法》是我国第一部财政基本法律,是我国国家预算管理工作的根本性法律以及制定其他预算法规的基本依据。《预算法》于1994年3月22日由第八届全国人民代表大会第二次会议通过,自1995年1月1日施行。2014年修订。

（二）《预算法实施条例》

《预算法实施条例》是行政法规,由国务院制定,是为了贯彻实施《预算法》,为预算及其监督提供更为具体明确的行为准则。《中华人民共和国预算法实施条例》于 1995 年 11 月 2 日由国务院第三十七次常务会议通过,共分为 8 章 79 条。《预算法实施条例》根据《预算法》所确立的基本原则和规定,对其中的有关法律概念,以及预算管理的方法和程序作了具体规定。

表 4-1-1　　　　　　　　　　　　　预算法律制度构成

体系	通过时间	施行时间	地位
《预算法》	1994 年 3 月 22 日	1995 年 1 月 1 日	财政基本法律,国家预算管理工作的根本性法律,是制定其他预算法规的基本依据
《预算法实施条例》	1995 年 11 月 2 日	1995 年 11 月 22 日	对《预算法》的有关法律概念,预算管理的方法、程序提供更为具体明确的规定

【例 4-1-1·多选题】　关于我国的预算法律制度,下列说法正确的有(　　)。

A.《预算法》是我国第一部财政基本法律

B. 现行的预算法为 1994 年 3 月 22 日第八届全国人民代表大会第二次会议通过

C.《预算法实施条例》是国务院制定并由全国人民代表大会审议通过的

D.《预算法实施条例》于 1995 年 11 月 22 日起施行

【答案】　ABD

【解析】　选项 C,《预算法实施条例》是国务院制定,但不是由全国人民代表大会审议通过的。

【牛刀小试·单选题】　下列各项中,属于我国第一部财政基本法律,是我国国家预算管理工作的根本性法律,是制定其他预算法规的基本依据的是(　　)。

A.《预算法》　　　　　　　　　　　B.《预算法实施条例》

C.《关于加强预算外资金管理的决定》　D.《政府采购法》

【答案】　A

【解析】　《预算法》是我国第一部财政基本法律,是我国国家预算管理工作的根本性法律以及制定其他预算法规的基本依据。

二、国家预算概述

(一)国家预算的概念

国家预算也称政府预算,是政府的基本财政收支计划,即经法定程序批准的国家年度财政收支计划。国家预算是实现财政职能的基本手段,反映国家的施政方针和社会经济政策,规定政府活动的范围和方向。

(二)国家预算的作用

国家预算作为财政分配和宏观调控的主要手段,其作用是国家预算职能在经济生活中的具体体现,它主要包括 3 个方面:

1. 财力保证作用

国家预算既是保障国家机器运转的物质条件,又是政府实施各项社会经济政策的有效保证。

2. 调节制约作用

国家预算作为国家的基本财政计划,是国家财政实行宏观控制的主要依据和主要手段。国家预算的收支规模可调节社会总供给和总需求的平衡,预算支出的结构可调节国民经济结构,因而国家预算的编制和执行情况对国民经济和社会发展都有直接的制约作用。

3. 反映监督作用

国家预算是国民经济的综合反映,预算收入反映国民经济发展规模和经济效益水平,预算支出反映各项建设事业发展的基本情况。因此通过国家预算的编制和执行便于监督和掌握国民经济的运行状况、发展趋势以及出现的问题,从而采取对策、措施,促进国民经济稳定协调地发展。

【例4-1-2·单选题】 下列属于我国国家预算的作用的是( )。

A. 资金保护作用　　　　　　B. 税收保障作用
C. 支付结算作用　　　　　　D. 调节制约作用

【答案】 D

【解析】 我国国家预算的作用包括财力保证作用、调节制约作用和反映监督作用。

(三)国家预算级次的划分

我国预算级次是根据国家政权结构、行政区域划分和财政管理体制的要求,按照一级政府一级预算的原则,共分为五级预算。具体包括:中央预算、省级(省、自治区、直辖市)预算、地市级(设区的市、自治州)预算、县市级(县、自治县、不设区的市、市辖区)预算和乡镇级(乡、民族乡、镇)预算。其中,对于不具备设立预算条件的乡、民族乡、镇,经省、自治区、直辖市政府确定,可以暂不设立预算。

【例4-1-3·多选题】 我国国家预算体系中,县市级预算包括( )。

A. 县预算　　B. 自治县预算　　C. 设区的市预算　　D. 市辖区预算

【答案】 ABD

【解析】 县市级预算包括县、自治县、不设区的市、市辖区的预算。选项C,应为不设区的市预算。

【牛刀小试·单选题】 我国的国家预算实行一级政府一级预算,共分为( )。

A. 中央、省(自治区、直辖市)、市(自治州)、县(不设区的市、市辖区)四级预算
B. 中央、省(自治区、直辖市)、市(自治州)、县(不设区的市、市辖区)、乡(镇)五级预算
C. 中央、省(自治区、直辖市)、市(自治州)三级预算
D. 中央、省(自治区、直辖市)、市(自治州)、县(不设区的市、市辖区)、乡(镇)、村六级预算

【答案】 B

【解析】 我国实行"一级政府,一级预算"的原则,所以选项B是正确的。

(四)国家预算的构成

国家预算按照政府级次可分为中央预算和地方预算,按照收支管理范围可分为总预算和部门单位预算。按照预算收支的内容可分为一般公共预算、政府性基金预算、国有资本经营预算、社会保险基金预算。每一级预算均应遵循收支平衡的原则。

表 4-1-2 国家预算的构成

分类依据	具体类别	概　念
预算级次	中央预算	中央预算是指中央政府的预算,由中央各部门(含直属单位)的预算组成,包括地方向中央上解的收入数额和中央对地方返还或者给予补助的数额。其中,中央各部门是指与财政部直接发生预算缴款、拨款关系的国家机关、军队、政党组织和社会团体。直属单位是指与财政部直接发生预算缴款、拨款关系的企业和事业单位,如财政预算单列的企业集团总公司
	地方预算	地方预算由各省、自治区、直辖市总预算组成。地方各级政府预算由本级各部门(含直属单位)的预算组成,包括下级政府向上级政府上解的收入数额和上级政府对下级政府返还或者给予补助的数额。其中,本级各部门是指与本级政府财政部门直接发生预算缴款、拨款关系的地方国家机关、政党组织和社会团体;直属单位是指与本级政府财政部门直接发生预算缴款、拨款关系的企业和事业单位
管理范围	总预算	总预算是指政府的财政汇总预算。按照国家行政区域划分和政权结构可相应划分为各级的总预算,如我国的中央总预算、省总预算、市总预算、县总预算等。 各级总预算由本级政府预算和所属下级政府的总预算汇编而成。由财政部门负责编制。下级政府只有本级预算的,下级政府总预算即指下级政府的本级预算。没有下级政府预算的,总预算即指本级预算
	部门单位预算	部门单位预算是指部门、单位的收支预算。各部门预算由本部门所属各单位预算组成。因此,部门预算是一个综合预算,单位预算是指列入部门预算的国家机关、社会团体和其他单位的收支预算。部门单位预算是总预算的基础,其预算收支项目比较详细和具体,它由各预算部门和单位编制
收支内容	一般公共预算	一般公共预算是对以税收为主体的财政收入,安排用于保障和改善民生、推动经济社会发展、维护国家安全、维持国家机构正常运转等方面的收支预算
	政府性基金预算	政府性基金预算是国家通过向社会征收以及出让土地、发行彩票等方式取得收入,并专项用于支持特定基础设施建设和社会事业发展的财政收支预算,是政府预算体系的重要组成部分
	国有资本经营预算	国有资本经营预算,是国家以所有者身份对国有资本实行存量调整和增量分配而发生的各项收支预算,是政府预算的重要组成部分
	社会保险基金预算	社会保险基金预算是指社会保险经办机构根据社会保险制度的实施计划和任务编制的、经规定程序审批的年度基金财务收支计划

【例 4-1-4·多选题】 下列国家预算中有关中央预算表述正确的是(　　)。

A. 由中央各部门(含直属单位)的预算组成

B. 中央预算包括地方向中央上解的收入数额

C. 中央预算包括中央对地方返还或者给予补助的数额

D. 中央预算不包括军队和政党组织的预算

【答案】 ABC

【解析】 军队和政党组织的预算属于中央预算。

三、预算管理的职权

（一）各级人民代表大会及其常务委员会的职权

表 4-1-3　　各级人民代表大会及其常务委员会的预算管理职权对比表

序号	全国		县级以上地方各级		乡、民族乡、镇的人民代表大会
	人民代表大会	常务委员会	人民代表大会	常务委员会	
1	审查中央和地方预算草案及中央和地方预算执行情况的报告	监督中央和地方预算的执行	审查本级总预算草案及本级总预算执行情况的报告	监督本级总预算的执行	审查和批准本级预算和本级预算执行情况的报告
2	批准中央预算和中央预算执行情况的报告	审查和批准中央预算的调整方案	批准本级预算和本级预算执行情况的报告	审查和批准本级预算的调整方案	监督本级预算的执行
3	改变或者撤销全国人民代表大会常务委员会关于预算、决算的不适当的决议	审查和批准中央决算	改变或者撤销本级人民代表大会常务委员会关于预算、决算的不适当的决议	审查和批准本级政府决算（以下简称本级决算）	审查和批准本级预算的调整方案
4		撤销国务院制定的同宪法、法律相抵触的关于预算、决算的行政法规、决定和命令	撤销本级政府关于预算、决算的不适当的决定和命令	撤销本级政府和下一级人民代表大会及其常务委员会关于预算、决算的不适当的决定、命令和决议	审查和批准本级决算
5		撤销省、自治区、直辖市人民代表大会及其常务委员会制定的同宪法、法律和行政法规相抵触的关于预算、决算的地方性法规和决议			撤销本级政府关于预算、决算的不适当的决定和命令

【例 4-1-5·单选题】　全国人民代表大会的预算管理职权不包括（　　）

　　A. 审查中央和地方预算草案及中央和地方预算执行情况的报告

　　B. 批准中央预算和中央预算执行情况的报告

　　C. 改变或撤销全国人民代表大会常务委员会关于预算、决算的不适当的决议

　　D. 监督中央预算和地方预算的执行

【答案】　D

【解析】　监督中央预算和地主预算的执行属于全国人民代表大会常务委员会的职权，其他三项均属于全国人民代表大会的职权。故选 D。

(二) 各级人民政府的职权

表4-1-4　　　　　　　　　　各级政府预算管理职权对比表

序号	国务院	县级以上地方各级政府	乡、民族乡、镇政府
1	编制中央预算、决算草案	编制本级预算、决算草案	编制本级预算、决算草案
2	向全国人民代表大会作关于中央和地方预算草案的报告	向本级人民代表大会作关于本级总预算草案的报告	向本级人民代表大会作关于本级预算草案的报告
3	将省、自治区、直辖市政府报送备案的预算汇总后报全国人民代表大会常务委员会备案	将下一级政府报送备案的预算汇总后报本级人民代表大会常务委员会备案	
4	组织中央和地方预算的执行	组织本级总预算的执行	组织本级预算的执行
5	决定中央预算预备费的动用	决定本级预算预备费的动用	决定本级预算预备费的动用
6	编制中央预算调整方案	编制本级预算调整方案	编制本级预算调整方案
7	监督中央各部门和地方政府的预算执行	监督本级各部门和下级政府的预算执行	
8	改变或者撤销中央各部门和地方政府关于预算、决算的不适当的决定、命令	改变或者撤销本级各部门和下级政府关于预算、决算的不适当的决定、命令	
9	向全国人民代表大会、全国人民代表大会常务委员会报告中央和地方预算的执行情况	向本级人民代表大会、本级人民代表大会常务委员会报告本级总预算的执行情况	向本级人民代表大会报告本级预算的执行情况

【例4-1-6·单选题】 下列预算管理职权属于国务院的有(　　)。
A. 审查和批准中央预算的调整方案
B. 编制中央预算调整方案
C. 监督中央各部门和地方政府的预算执行
D. 改变或者撤销中央各部门和地方政府关于预算、决算的不适当的决定、命令

【答案】 BCD
【解析】 选项A属于全国人民代表大会的预算管理职权。故选BCD。

(三) 各级财政部门的职权

表4-1-5　　　　　　　　　　各级财政部门预算管理职权对比表

序号	国务院财政部门	地方各级政府财政部门
1	具体编制中央预算、决算草案	具体编制本级预算、决算草案
2	具体组织中央和地方预算的执行	具体组织本级总预算的执行
3	提出中央预备费动用方案	提出本级预算预备费动用方案
4	具体编制中央预算的调整方案	具体编制本级预算的调整方案
5	定期向国务院报告中央和地方预算的执行情况	定期向本级政府和上一级政府财政部门报告本级总预算的执行情况

【例 4-1-7·多选题】 根据我国《预算法》的规定,属于国务院财政部门预算职权的有(   )。

A. 具体编制中央预算、决算草案
B. 监督中央和地方预算的执行
C. 审查和批准中央预算的调整方案
D. 具体编制中央预算的调整方案

【答案】 AD

【解析】 选项 BC 均属于全国人民代表大会常务委员会的预算管理职权。故选 AD。

(四) 各部门、各单位的职权

表 4-1-6　　　　　　　各部门、各单位预算管理职权对比表

序号	部门	单位
1	编制本部门预算、决算草案	编制本单位预算、决算草案
2	组织和监督本部门预算的执行	按照国家规定上缴预算收入,安排预算支出,并接受国家有关部门的监督
3	定期向本级政府财政部门报告预算的执行情况	

【例 4-1-8·单选题】 定期向本级政府财政部门报告预算的执行情况是(   )的预算管理职权。

A. 乡、镇人民政府　　　　　　B. 乡、镇人民代表大会
C. 部门　　　　　　　　　　　D. 单位

【答案】 C

【解析】 部门预算管理职权中含"定期向本级政府财政部门报告预算的执行情况"。

【牛刀小试·单选题】 下列有关各部门预算管理职权的表述不正确的是(   )。

A. 各部门编制本部门预算、决算草案
B. 组织和监督本部门预算的执行
C. 定期向本级政府财政部门报告预算的执行情况
D. 定期向本级政府和上一级政府财政部门报告本级总预算的执行情况

【答案】 D

【解析】 选项 D 属于地方各级政府财政部门的职权。

四、预算收入与预算支出

国家预算由预算收入和预算支出组成。根据不同标准,预算收入和预算支出可以分为不同的类别。

表4-1-7　　　　　　　　　预算收入和预算支出分类明细表

项目	分类标准	具体分类
预算收入	来源	税收收入、国有资产收益、专项收入和其他收入
	归属	中央预算收入、地方预算收入、中央和地方预算共享收入
预算支出	内容（支出方向）	经济建设支出；科、教、文、卫、体等事业发展支出；国家管理费用支出；国防支出；各项补贴支出；其他支出
	功能	一般公共服务支出；外交、公共安全、国防支出；农业、环境保护支出；教育、科技、文会、卫生、体育支出；社会保障及就业支出和其他支出
	主体	中央预算支出、地方预算支出
	经济性质	工资福利支出、商品和服务支出、资本性支出和其他支出
备注：经济建设支出是我国预算支出的主要部分。		

中央预算与地方预算有关收入和支出项目的划分、地方向中央上解收入、中央对地方返还或者给予补助的具体办法，由国务院规定，报全国人民代表大会常务委员会备案。

【例4-1-9·单选题】　我国《预算法》规定的预算收入形式中的专项收入包括(　　)。

A. 征收排污费专项收入　　　　B. 铁道专项收入

C. 罚没收入　　　　　　　　　D. 电力建设基金专项收入

【答案】　ABD

【解析】　专项收入，即为了满足某种专门需要而有权收取的部门筹集的有专项用途的资金。例如铁道专项收入、征收排污费专项收入、电力建设基金专项收入。

五、预算组织程序

（一）预算编制

《预算法》确定了统筹兼顾、勤俭节约、量力而行、讲求绩效和收支平衡的预算原则。

国务院应当及时下达关于编制下一年预算草案的通知。编制预算草案的具体事项由国务院财政部门部署。

各级政府、各部门、各单位应当按照国务院规定的时间编制预算草案。

各级预算应当根据年度经济社会发展目标、国家宏观调控总体要求和跨年度预算平衡的需要，参考上一年预算执行情况、有关支出绩效评价结果和本年度收支预测，按照规定程序征求各方面意见后，进行编制。

各级政府依据法定权限做出决定或者制定行政措施，凡涉及增加或者减少财政收入或者支出的，应当在预算批准前提出并在预算草案中作出相应安排。

各部门、各单位应当按照国务院财政部门制定的政府收支分类科目、预算支出标准和要求，以及绩效目标管理等预算编制规定，根据其依法履行职能和事业发展的需要以及存量资产情况，编制本部门、本单位预算草案。

各级预算收入的编制，应当与经济社会发展水平相适应，与财政政策相衔接。各级政府、各部门、各单位应当依照本法规定，将所有政府收入全部列入预算，不得隐瞒、少列。

各级预算支出应当依照本法规定，按其功能和经济性质分类编制。各级预算支出的编制,应当贯彻勤俭节约的原则,严格控制各部门、各单位的机关运行经费和楼堂馆所等基本建设支出。

各级一般公共预算支出的编制,应当统筹兼顾,在保证基本公共服务合理需要的前提下,优先安排国家确定的重点支出。

(二)预算审查

中央预算由全国人民代表大会审查和批准。地方各级预算由本级人民代表大会审查和批准。

全国人民代表大会和地方各级人民代表大会对预算草案及其报告、预算执行情况的报告重点审查下列内容:上一年预算执行情况是否符合本级人民代表大会预算决议的要求;预算安排是否符合本法的规定;预算安排是否贯彻国民经济和社会发展的方针政策,收支政策是否切实可行;重点支出和重大投资项目的预算安排是否适当;预算的编制是否完整,是否细化;对下级政府的转移性支出预算是否规范、适当;预算安排举借的债务是否合法、合理,是否有偿还计划和稳定的偿还资金来源;与预算有关重要事项的说明是否清晰。

(三)预算执行

各级预算由本级政府组织执行,具体工作由本级政府财政部门负责。各部门、各单位是本部门、本单位的预算执行主体,负责本部门、本单位的预算执行,并对执行结果负责。

预算收入征收部门和单位,必须依照法律、行政法规的规定,及时、足额地征收应征的预算收入。不得违反法律、行政法规规定,多征、提前征收或者减征、免征、缓征应征的预算收入,不得截留、占用或者挪用预算收入。各级政府不得向预算收入征收部门和单位下达收入指标。

各级政府财政部门必须依照法律、行政法规和国务院财政部门的规定,及时、足额地拨付预算支出资金,加强对预算支出的管理和监督。各级政府、各部门、各单位应当对预算支出情况开展绩效评价。

(四)预算调整

经全国人民代表大会批准的中央预算和经地方各级人民代表大会批准的地方各级预算,在执行中出现下列情况之一的,应当进行预算调整:需要增加或者减少预算总支出的;需要调入预算稳定调节基金的;需要调减预算安排的重点支出数额的;需要增加举借债务数额的。

【例4-1-10·多选题】 关于预算调整原因的叙述中,正确的有(   )。

A. 原批准的预算在执行中因特殊情况需要增加预算总支出

B. 原批准的预算在执行中因特殊情况需要减少预算总收入

C. 原批准的预算在执行中因特殊情况需要增加举借债务数额的

D. 原批准的预算在执行中因特殊情况需要调减预算安排的重点支出数额的

【答案】 ABCD

【解析】 根据《预算法》第六十七条规定:"经全国人民代表大会批准的中央预算和经地方各级人民代表大会批准的地方各级预算,在执行中出现下列情况之一的,应当进行预算调整:(一)需要增加或者减少预算总支出的;(二)需要调入预算稳定调节基金的;(三)需要调减预算安排的重点支出数额的;(四)需要增加举借债务数额的。"故选 ABCD。

【牛刀小试·多项选择题】下列关于预算调整的说法中,正确的是(   )。

A. 预算是一种计划,它确定以后,往往会受到主客观条件的影响和制约
B. 各级政府对于必须进行的预算调整,应当编制预算调整方案
C. 中央预算的调整方案必须提请全国人民代表大会常务委员会审查和批准
D. 县级以上地方各级政府预算的调整方案必须提请本级人民代表大会审查和批准

【答案】 ABC

【解析】 县级以上地方各级政府预算的调整方案必须提请本级人民代表大会常务委员会审查和批准。故选 ABC。

六、决算

(一)决算草案编制

编制决算草案,必须符合法律、行政法规,做到收支真实、数额准确、内容完整、报送及时。决算草案应当与预算相对应,按预算数、调整预算数、决算数分别列出。

(二)决算草案审批

国务院财政部门编制中央决算草案,经国务院审计部门审计后,报国务院审定,由国务院提请全国人民代表大会常务委员会审查和批准;县级以上地方各级政府财政部门编制本级决算草案,经本级政府审计部门审计后,报本级政府审定,由本级政府提请本级人民代表大会常务委员会审查和批准;乡、民族乡、镇政府编制本级决算草案,提请本级人民代表大会审查和批准。

表 4-1-8　　　　　　　　　决算草案审批权限汇总表

层次	编制机构	审计机构	审定机构	审查和批准机构
中央决算草案	国务院财政部门	国务院审计部门	国务院	全国人民代表大会常务委员会
县级以上决算草案	各级政府财政部门	本级政府审计部门	本级政府	本级人民代表大会常务委员会
乡、民族乡、镇政府决算草案	乡、民族乡、镇政府			本级人民代表大会

(三)决算草案批复

各级决算经批准后,财政部门应当在 20 日内向本级各部门批复决算。各部门应当在接到本级政府财政部门批复的本部门决算后 15 日内向所属单位批复决算。

【例 4-1-11·单选题】 国务院财政部门编制中央决算草案,报国务院审定后,由( )审查和批准。

A. 国务院　　　　　　　　　B. 全国人大常委会
C. 本级人民政府　　　　　　D. 本级人民政府财政部门

【答案】 B

【解析】 国务院财政部门编制中央决算草案,报国务院审定后,由国务院提请全国人大常委会审查和批准。

【例 4-1-12·单选题】 根据《预算法》的规定,下列各项中,( )负责对本级各部门决算草案进行审核。

A. 本级人民代表大会 B. 本级人民代表大会常务委员会
C. 本级政府财政部门 D. 本级政府审计部门

【答案】 C

【解析】 各部门对所属各单位的决算草案,应当审核并汇总编制本部门的决算草案,在规定的期限内报本级政府财政部门审核。

【牛刀小试·判断题】 决算草案由各级政府、各部门、各单位,在每一预算年度终了后按照国务院规定的时间编制。(   )

【答案】 √

【解析】 根据《预算法》第七十四条规定:"决算草案由各级政府、各部门、各单位,在每一预算年度终了后按照国务院规定的时间编制。编制决算草案的具体事项,由国务院财政部门部署。"

七、预决算的监督

预决算的监督包括:国家权力机关的监督、各级政府的监督、各级政府财政部门的监督和各级政府审计部门的监督。

1. 国家权力机关的监督

全国人民代表大会及其常务委员会对中央和地方预算、决算进行监督。县级以上地方各级人民代表大会及其常务委员会对本级和下级预算、决算进行监督。乡、民族乡、镇人民代表大会对本级预算、决算进行监督。

【友情提醒】 人大实行事前和事后监督。

2. 各级政府的监督

各级政府监督下级政府的预算执行;下级政府应当定期向上一级报告预算执行情况。

3. 政府财政部门的监督

各级政府财政部门负责监督检查本级各部门及其所属各单位预算的执行,并向本级政府和上级政府财政部门报告预算执行情况。

4. 各级政府审计部门的监督

各级政府审计部门对本级各部门、各单位和下级政府的预算执行和决算实行审计监督。

【例4-1-13·多选题】 下列有关预决算管理的监督表述正确的是(   )。
A. 全国人民代表大会及其常务委员会对中央和地方预算、决算进行监督
B. 县级以上地方各级人民代表大会及其常务委员会对本级和下级政府预算、决算进行监督
C. 乡、民族乡、镇人民代表大会对本级预算、决算进行监督
D. 各级政府审计部门对本级各部门、各单位和下级政府的预算执行、决算实行审计监督

【答案】 ABCD

【解析】 根据《预算法》规定,ABC选项属于权力机关的监督,选项D属于政府审计机关对预算的监督。故选ABCD。

【例4-1-14·单选题】 对本级各部门、各单位和下级政府的预算执行、决算实施审计监督的部门是(   )。

A. 各级政府财政部门　　　　B. 各级政府
C. 各级政府审计部门　　　　D. 上一级政府财政部门

【答案】　C

【解析】　对预算执行、决算实行审计监督的部门是本级政府审计机关。

【牛刀小试·多选题】　下列各项中,属于各级国家权力机关、政府及其财政审计部门对各级政府预决算进行监督的内容有(　　)。

A. 对预算编制的监管　　　　B. 对预算执行的监管
C. 对预算调整的监管　　　　D. 对决算的监管

【答案】　ABCD

【解析】　根据《预算法》规定,预决算的监督从其编制开始到决算全过程实施监督。故选 ABCD。

小结:

表 4-1-9　　　　　　　　　　预算管理职权

	级次	审查权	批准权	变更撤销权
各级人民代表大会	全国人大	中央和地方预算草案和预算执行情况报告	中央预算和预算执行情况报告	全国人大常委会预算决算不适当的决议
	县级人大	本级总预算草案和总预算执行情况报告	本级预算和预算执行情况报告	本级人大常委会及本级政府预算决算不适当的决议
	乡镇级人大	设立预算的乡、民族乡、镇,因不设立人大常委会,所以人大的职权中还包括由人大常委会行使的监督权等		

	级次	监督权	审批权	撤销权
各级人大常委会	全国人大常委会	中央和地方预算的执行	中央预算的调整方案、决算方案	国务院及省、自治区、直辖市人大及其常委会的决议
	县级人大常委会	本级总预算的执行	本级预算的调整方案、决算方案	本级政府和下一级人大及常委会的决议

	级次	编制权	执行权	提案权	报告权
各级财政部门	国务院财政部门	编制中央预算草案和决算草案	执行中央和地方预算	中央预算预备费动用方案	向国务院报告中央和预算的执行情况
	地方财政部门	编制本级预算草案和决算草案	执行本级预算	本级预算预备费动用方案	向本级政府和上一级财政部门报告中央和预算执行情况

各部门和各单位	编制、执行本部门、本单位预算、决算草案; 按照国家规定上缴预算收入,安排预算支出; 接受国家有关部门的监督,定期向本级政府财政部门报告执行情况

延伸阅读

请查阅 2014 年新修订的《预算法》,了解预决算的有关规定,完善权力机关、行政机关、各政府部门、部门和单位在整个预算流程中的权力和职责。

练一练

一、单选题

1. 《预算法》于( )起施行。
   A. 1994年3月22日　　　　　B. 1995年1月1日
   C. 1995年11月2日　　　　　D. 1995年11月22日
2. 经法定程序批准的国家年度财政收支计划称为( )。
   A. 地方预算　　B. 地区预算　　C. 国家预算　　D. 国家决算
3. 我国国家预算实行( )的原则。
   A. 一级政府一级预算　　　　B. 统一管理
   C. 分级领导　　　　　　　　D. 各级自行决定
4. 下列选项中,不属于我国地方预算组成的是( )。
   A. 省的总预算　　　　　　　B. 自治区总预算
   C. 中央直属单位预算　　　　D. 直辖市总预算
5. 全国人民代表大会的预算管理职权不包括( )。
   A. 审查中央和地方预算草案及中央和地方预算执行情况的报告
   B. 批准中央预算和中央预算执行情况的报告
   C. 改变或撤销全国人民代表大会常务委员会关于预算、决算的不适当的决议
   D. 监督中央预算和地方预算的执行
6. 根据我国《预算法》的规定,不属于国务院财政部门预算职权的是( )。
   A. 具体编制中央预算、决算草案　　B. 具体组织中央和地方预算的执行
   C. 监督中央和地方预算的执行　　　D. 具体编制中央预算的调整方案
7. 按照归属划分,我国的预算收入( )。
   A. 仅包括中央预算收入
   B. 仅包括中央预算收入和地方预算收入
   C. 仅包括中央和地方共享收入
   D. 包括中央预算收入、地方预算收入以其中央和地方预算共享收入
8. 以下不属于各部门、各单位编制年度预算草案依据的是( )。
   A. 上级政府对编制本年度预算草案的指示和要求
   B. 本级政府的指示和要求以及本级政府财政部门的部署
   C. 本部门、本单位的定员定标准
   D. 本部门、本单位上一年度预算执行情况和本年度预算收支变化因素
9. 财政部批复中央各部门预算的时间为全国人民代表大会批准中央预算之日起( )日内。
   A. 5　　　　　B. 10　　　　　C. 30　　　　　D. 60
10. 根据《预算法》的规定,下列各项中,负责接收县级以上地方各级政府接受返还或者补助款项有关情况报告的是( )。
    A. 本级人民代表大会　　　　B. 本级人民代表大会常委会

C. 本级审计部门　　　　　　　　D. 本级财政部门

二、多选题

1. 国家预算的作用有（　　）。
   A. 财力保证作用　B. 调节制约作用　　C. 反映监督作用　　D. 平衡收支作用
2. 下列关于国家预算的作用说法正确的有（　　）。
   A. 通过国家预算的编制和执行便于掌握国民经济的运行状况、发展趋势以及出现的问题，从而采取对策措施，促进国民经济稳定协调发展，体现的是反映监督作用
   B. 国家预算的收支规模可调节社会总供给和总需求的平衡，预算支出的结构可调节国民经济结构，体现的是反映监督作用
   C. 国家预算既是保障国家机器运转的物质条件，又是政府实施各项社会经济政策的有效保证，体现的是财力保证作用
   D. 通过国家预算的编制和执行便于掌握国民经济的运行状况、发展趋势以及出现的问题，从而采取对策措施，促进国民经济稳定协调地发展，体现的是调节制约作用
3. 下列关于国家预算的构成的说法中，正确的有（　　）。
   A. 中央预算由中央各部门预算和地方各级预算组成
   B. 地方预算由各省、自治区、直辖市总预算组成，包括下级政府向上级政府上缴的收入数额和上级政府对下级政府返还或者补助的数额
   C. 总预算由本级政府预算和汇总的下一级总预算组成
   D. 各部门预算由本部门所属各单位预算组成
4. 省级以上各级人民代表大会的预算管理职权包括（　　）。
   A. 审查本级总预算草案及本级总预算执行情况的报告
   B. 审查和批准本级预算的调整方案
   C. 撤销本级政府和下一级人民代表大会及其常务委员会关于预算、决算的不适当的决定、命令和决议
   D. 批准本级预算和本级预算执行情况的报告
5. 根据我国《预算法》的规定，属于国务院财政部门预算职权的有（　　）。
   A. 具体编制中央预算、决算草案　　B. 监督中央和地方预算的执行
   C. 审查和批准中央预算的调整方案　D. 具体编制中央预算的调整方案
6. 下列有关各部门预算管理职权的表述中，不正确的有（　　）。
   A. 编制本部门预算、决算草案
   B. 监督和组织本部门预算的执行
   C. 定期向上级政府财政部门报告预算的执行情况
   D. 按照国家规定上缴预算收入，安排预算支出，并接受国家有关部门的监督
7. 下列各项中，属于预算支出内容的有（　　）。
   A. 支持农业生产支出　　　　　　B. 业务费用支出
   C. 国防管理费用支出　　　　　　D. 公益性基本建设支出

8. 下列各项中,属于《预算法》规定的中央预算支出的有( )。
   A. 中央本级支出　　　　　　　　B. 地方各级支出
   C. 中央返还地方的支出　　　　　D. 中央补助地方的支出

9. 地方各级政府预算的编制内容包括( )。
   A. 本级预算收入和支出　　　　　B. 上一年度结余用于本年度安排的支出
   C. 上级返还或者补助的收入　　　D. 上解上级的支出

10. 下列关于预算审批的说法中,正确的有( )。
    A. 中央预算由全国人民代表大会审查和批准
    B. 地方各级政府预算由本级人民代表大会审查和批准
    C. 中央预算和地方各级政府预算均由全国人民代表大会审查和批准
    D. 中央预算和地方各级政府预算均由本级人民代表大会审查和批准

三、案例分析题

国家预算是实现财政职能的基本手段,预算组织程序包括预算的编制、审批、执行和调整。财政部门在预算组织协调和监督工作中,依照《预算法》的规定,将预算计划管理方式贯穿于预算资金筹集、分配和使用的始终,并通过预算管理工作内容来实现。根据以上资料,回答如下关于预算组织程序的问题:

1. 下列关于预算草案的叙述中,不正确的为( )。
   A. 预算草案是指各级政府、各部门、各单位编制的未经过法定程序审查和批准的预算收支计划
   B. 预算草案是指各级政府、各部门、各单位编制的已经过法定程序审查和批准的预算收支计划
   C. 预算草案专指各级政府财政部门编制的未经过法定程序审查和批准的预算收支
   D. 预算草案专指各级政府财政部门编制的已经过法定程序审查和批准的预算收支

2. 下列各项中,属于各级政府编制年度预算草案依据的为( )。
   A. 国民经济和社会发展计划、财政中长期计划以其有关的财政经济政策
   B. 本级政府的预算管理职权和财政管理体制确定的预算收支范围
   C. 上一年度预算执行情况和本年度预算收支变化因素
   D. 上级政府对编制本年度预算草案的指示和要求

3. 下列各项中,属于各部门、各单位编制年度预算草案依据的为( )。
   A. 法律、法规与本级政府的指示和要求以及本年政府财政部门的部署
   B. 本部门、本单位的职责、任务和事业发展计划
   C. 本部门、本单位的定员定额标准
   D. 本部门、本单位上一年度预算执行情况和本年度预算收支变化因素

4. 根据《预算法》的规定,负责审查和批准中央预算的为( )。
   A. 全国人民代表大会　　　　　　B. 全国人民代表大会常务委员会
   C. 国务院　　　　　　　　　　　D. 国务院财政部门

5. 根据《预算法》的规定,负责具体编制预算调整方案的为( )。
   A. 人民代表大会　　　　　　　　B. 人民代表大会常务委员会
   C. 政府税务部门　　　　　　　　D. 政府财政部门

任务二 政府采购法律制度

任务介绍

本任务从四个层次对我国政府采购法律制度作了讲述,要求根据所学知识,判定实际工作过程中应该如何解决有关问题。

任务实施

一、政府采购法律制度的构成

我国的政府采购法律制度由《中华人民共和国政府采购法》、国务院各部门特别是财政部颁布的一系列部门规章以及地方性法规和政府规章组成。

《中华人民共和国政府采购法》由中华人民共和国第九届全国人民代表大会常务委员会第二十八次会议于2002年6月29日通过,自2003年1月1日起施行。

【例4-2-1·单选题】 在我国政府采购法律制度中,法律效力最高的法律文件是( )。

A.《政府采购信息公告管理办法》
B.《政府采购货物和服务招标投标管理办法》
C.《浙江省省级政府采购预算管理办法》
D.《政府采购法》

【答案】 D

【解析】《政府采购法》是我国政府采购的主要法律依据。

【牛刀小试·多选题】 下列选项中,属于我国政府采购法律制度中部门规章的有( )。

A.《政府采购法》
B.《政府采购信息公告管理办法》
C.《政府采购货物和服务招标投标管理办法》
D.《广东省实施〈中华人民共和国政府采购法〉办法》

【答案】 BC

【解析】 选项A属于法律,选项D属于地方性法规。故选BC。

二、政府采购的概念与原则

(一)政府采购的概念

政府采购,是指各级国家机关、事业单位和团体组织,使用财政性资金采购依法制定的集中采购目录以内的或者采购限额标准以上的货物、工程和服务的行为。

【例4-2-2·单选题】 下列选项中,属于《政府采购法》主体范围的是( )。

A. 私营企业　　B. 有限合伙企业　　C. 人民检察院　　D. 一人有限责任公司

【答案】 C

【解析】 《政府采购法》规定:"在中华人民共和国境内进行的政府采购适用本法。"即各级国家机关、事业单位和团体组织在我国境内进行的,使用财政性资金采购依法制定的集中采购目录以内的或者采购限额标准以上的货物、工程和服务的行为适用《政府采购法》。

(二)政府采购的原则

政府采购应当遵循公开透明原则、公平竞争原则、公正原则和诚实信用原则。公平竞争是核心,公开透明是体现,公正和诚实信用是保障。

1. 公开透明原则

公开透明要求做到政府采购的法规和规章制度要公开,招标信息及中标或成交结果要公开,开标活动要公开,投诉处理结果或司法裁减决定等都要公开,使政府采购活动在完全透明的状态下运作,全面、广泛地接受监督。

2. 公平竞争原则

公平原则是市场经济运行的重要法则,是政府采购的基本规则。公平竞争要求在竞争的前提下公平地开展政府采购活动。

3. 公正原则

公正原则要求政府采购要按照事先约定的条件和程序进行,对所有供应商一视同仁,不得有歧视条件和行为,任何单位或个人无权干预采购活动的正常开展。

4. 诚实信用原则

诚实信用原则要求政府采购当事人在政府采购活动中,本着诚实、守信的态度履行各自的权利和义务,讲究信誉,兑现承诺,不得散布虚假信息,不得有欺诈、串通、隐瞒等行为,不得伪造、变造、隐匿、销毁需要依法保存的文件,不得规避法律法规,不得损害第三人的利益。

【例4-2-3·单选题】 《政府采购法》提出了评标委员会以及有关的小组人员必须要有一定数量的要求,要有各方面代表,而且人数必须为单数,相关人员要回避,同时规定了保护供应商合法权益及方式。这些规定都有利于实现( )。

A. 公开透明原则　　　　　　B. 公平竞争原则

C. 公正原则　　　　　　　　D. 诚实信用原则

【答案】 C

【解析】 《政府采购法》对评标委员会组成情况的一系列要求是出于公正原则要求。

【牛刀小试·多选题】 下列体现政府采购中"公平竞争原则"的有( )。

A. 实行优胜劣汰,让采购人通过优中选优的方式,获得价廉物美的货物、工程或者服务

B. 政府采购活动在完全透明的状态下运作

C. 不能设置妨碍充分竞争的不正当条件

D. 政府采购要按照事先约定的条件和程序进行,不得有歧视条件和行为

【答案】 AC

【解析】 选项B体现的是"公开透明原则";选项D体现的是"公正原则"。

三、政府采购的功能与执行模式

（一）政府采购的功能

（1）节约财政支出，提高采购资金的使用效益。
（2）强化宏观调控。
（3）活跃市场经济。
（4）推进反腐倡廉。
（5）保护民族产业。

【例4-2-4·多选题】 下列情形中，体现政府采购功能中的"节约财政支出，提高采购资金的使用效益"功能的有（　　）。

　　A. 优先采购国产的货物
　　B. 通过规范化的政府采购以避免暗箱操作
　　C. 实行政府集中采购
　　D. 将采购资金直接拨付给供应商，减少了资金流通环节

【答案】 CD
【解析】 选项A体现的是"保护民族产业"功能，选项B体现的是"推进反腐倡廉"功能。故选CD。

（二）政府采购的执行模式

政府采购的执行模式有集中采购和分散采购两种模式。

1. 集中采购

采购人采购纳入集中采购目录的政府采购项目，或者采购达到规定限额标准以上的采购项目应当实行集中采购。

集中采购目录、政府采购限额标准由省级以上人民政府确定并公布。

2. 分散采购

采购人采购集中采购目录之外且没有达到限额标准以上的采购项目，可以实行分散采购。

采购未纳入集中采购目录的政府采购项目，可以自行采购，也可以委托集中采购机构在委托的范围内代理采购。

采购人采购纳入集中采购目录的政府采购项目，必须委托集中采购机构（即采购代理机构）代理采购。

表4-2-1　　　　　　　　　　　　政府采购执行模式对比

项目	集中采购	分散采购
特点	（1）"设区的市、自治州以上的人民政府"根据本级政府采购项目组织集中采购的需要设立集中采购机构； （2）纳入"集中采购目录"的政府采购项目应当实行集中采购	（1）采取由各预算单位自行采购的模式； （2）采购未纳入集中采购目录的政府采购项目，可以自行采购，也可以委托集中采购机构在委托范围内代理采购

续表

项目	集中采购	分散采购
优点	取得规模效益,减低采购成本,保证采购质量,贯彻落实政府采购的政策导向,便于实施统一的管理和监督	有利于满足采购及时性和多样性的需求,手续简单
缺点	集中采购周期长、程序复杂难以满足用户多样化的需求,特别是无法满足紧急情况下的采购需要	失去了规模效益,加大了采购成本,也不便于实施统一的管理和监督

【例4-2-5·多选题】 下列实行集中采购的优点,说法正确的有( )。

A. 取得规模效益   B. 降低采购成本
C. 保证采购质量   D. 便于满足用户多样性需求

【答案】 ABC

【解析】 选项D属于分散采购的优点。故选ABC。

四、政府采购当事人

政府采购当事人是指在政府采购活动中享有权利和承担义务的各类主体,包括采购人、供应商和采购代理机构等。

(一)采购人

《政府采购法》第十五条规定:"采购人是指依法进行政府采购的国家机关、事业单位、团体组织。"

(二)采购代理机构

采购代理机构是指集中采购机构和集中采购机构以外的采购代理机构,是根据采购人的委托办理采购事宜的非营利事业法人。集中采购机构为采购代理机构,根据采购人的委托办理采购事宜。设区的市、自治州以上政府根据本级政府采购项目组织集中采购的需要设立集中采购机构。

集中采购机构进行政府采购活动,应当符合采购价格低于市场平均价格、采购效率更高、采购质量优良和服务良好的要求。

(三)供应商

供应商是指向采购人提供货物、工程或者服务的法人、其他组织或者自然人。

两个以上的自然人、法人或者其他组织可以组成一个联合体,以一个供应商的身份共同参加政府采购。联合体各方应当共同与采购人签订采购合同,就采购合同约定的事项对采购人承担连带责任。

【友情提醒】 采购人采购纳入集中采购目录的政府采购项目,必须委托集中采购机构代理采购;采购未纳入集中采购目录的政府采购项目,可以自行采购,也可以委托集中采购机构在委托的范围内代理采购。纳入集中采购目录属于通用的政府采购项目的,应当委托集中采购机构代理采购;属于本部门、本系统有特殊要求的项目,应当实行部门集中采购;属于本单位有特殊要求的项目,经省级以上人民政府批准,可以自行采购。

【例4-2-6·多选题】 根据规定,政府采购的采购人具有两个重要特征是指( )。

A. 采购人是依法进行政府采购的国家机关、事业单位和团体组织
B. 采购人是依法进行政府采购的国家机关、企事业单位和团体组织

C. 采购人的政府采购行为从筹划、决策到实施,都必须在《政府采购法》等法律法规的规范内进行

D. 采购人是政府采购中货物、工程和服务的直接使用者

【答案】 AC

【解析】 政府采购的采购人,一般具有两个重要特征:一是采纳人是依法进行政府采购的国家机关、事业单位和团体组织;二是采购人的政府采购行为从筹划、决策到实施,都必须在《政府采购法》等法律法规的规范内进行。

五、政府采购方式

(一) 公开招标采购

公开招标应作为政府采购的主要采购方式。采购人不得将应当以公开招标方式采购的货物或者服务化整为零或者以其他任何方式规避公开招标采购。

(二) 邀请招标采购

符合下列情形之一的,可以采取邀请招标方式采购:具有特殊性,只能从有限范围的供应商处采购的;采用公开招标方式的费用占政府采购项目总价值的比例过大的。

(三) 竞争性谈判采购

符合下列情形之一的,可以采取竞争性谈判方式采购:招标后没有供应商投标或者没有合格标的或者重新招标未能成立的;技术复杂或者性质特殊,不能确定相应规格或者具体要求的;采用招标所需时间不能满足用户紧急需要的;不能事先计算出价格总额。

该方式采用频率仅次于公开招标,常在公开招标失败后采用。

(四) 单一来源采购

符合下列情形之一的,可以采用单一来源方式采购:只能从唯一供应商处采购的;发生了不可预见的紧急情况,不能从其他供应商处采购的;必须保证原有采购项目的一致性或者服务配套的要求,需要继续从原供应处添购,且添购资金总额不超过原合同采购金额10%的。

(五) 询价采购

询价采购方式适用于采购的货物规格、标准统一,现货货源充足且价格变化幅度小的政府采购项目。

【例4-2-7·单选题】 根据《政府采购法》的有关规定,招标后没有供应商投标或者没有合格标的或者重新招标未能成立的,其适用的政府采购方式是( )。

A. 询价方式 B. 邀请招标方式 C. 公开招标方式 D. 竞争性谈判方式

【答案】 D

【解析】 竞争性谈判方式采购适用以下情形之一:(1)招标后没有供应商投标或者没有合格标的或者重新招标未能成立的;(2)技术复杂或者性质特殊,不能确定详细规格或者具体要求的;(3)采用招标所需时间不能满足用户紧急需要的;(4)不能事先计算出价格总额的。

【例4-2-8·判断题】 采购人不得将应当以公开招标方式采购的货物或者服务化整为零来规避公开招标采购。( )

【答案】 √

【解析】 采购人不得将应当以公开招标方式采购的货物或者服务化整为零或者以其他任何方式规避公开招标采购。

六、政府采购的监督检查

(一)政府采购监督管理部门的监督

政府采购监督管理部门应当加强对政府采购活动及集中采购机构的监督检查。

(二)集中采购机构的内部监督

集中采购机构应当建立健全内部监督管理制度。采购活动的决策和执行程序应当明确,并相互监督、相互制约。

(三)采购人的内部监督

采购人必须按照《政府采购法》规定的采购方式和采购程序进行采购。政府采购项目的采购标准和采购结果应当公开。

(四)政府其他有关部门的监督

依照法律、行政法规的规定对政府采购负有行政监督职责的政府部门,应当按照其职责分工,加强对政府采购活动的监督。

(五)政府采购活动的社会监督

任何单位和个人对政府采购活动中的违法行为,有权控告和检举,有关部门、机关依照各自职责及时处理。

【小结】

表4-2-2　　　　　　　　　　政府采购相关知识汇总表

项目		内　　容
相关法律		政府采购法、政府采购部门规章、政府采购地方性法规和政府规章(无行政法规)
概念		国家机关、事业单位和团体组织,使用财政性资金采购依法制定的集中采购目录以内的或者采购限额标准以上的货物、工程和服务的行为
主体范围		国家机关、事业单位和社会团体
资金		预算内资金+预算外资金+与财政资金相配套的单位自筹资金
集中采购目录		属于中央预算的政府采购项目——国务院确定并公布
		属于地方预算的政府采购项目——省、自治区、直辖市人民政府或者其授权的机构确定并公布
对象		货物、工程和服务
原则		公开透明原则、公平竞争原则、公正原则、诚实信用原则
功能		①节约财政支出,提高资金使用效益;②强化宏观调控;③活跃市场经济;④推进反腐倡廉;⑤保护民族产业
执行模式	集中采购	集中采购必须委托集中采购机构代理采购
		纳入集中采购目录的政府采购项目,应当实行集中采购
	分散采购	采购未纳入集中采购目录的政府采购项目,可以自行采购,也可以委托集中采购机构在委托范围内代理采购

续表

项目		内容
当事人	采购人	依法进行政府采购的国家机关、事业单位、团体组织
	供应商	指向采购人提供货物、工程或服务的法人、其他组织或自然人
		参加采购活动前三年内,经营活动中无重大违法记录
	采购代理机构	设区的市、自治州以上的人民政府根据需要设立集中采购代理机构
政府采购方式		公开招标、邀请招标、竞争性谈判、单一来源、询价
监督检查		政府采购监督管理部门不得设置集中采购机构,不得参与政府采购项目的采购活动

练一练

一、单选题

1. 根据《政府采购法》的规定,下列各项关于政府采购的表述中,不正确的是(　　)。
   A. 政府采购具有保护民族产业的功能
   B. 邀请招标是政府采购的主要采购方式
   C. 政府采购中采购人具有审查政府采购供应商资格的权利
   D. 政府采购中采购代理机构具有依法发布采购信息的义务

2. 下列各项中,不属于政府采购中采购人权利的是(　　)。
   A. 依法确定中标供应商的权利
   B. 自行选择采购代理机构的权利
   C. 审查政府采购供应商资格的权利
   D. 限制外地供应商进入本地区政府采购市场的权利

3. 根据《政府采购法》的规定,下列各项关于政府采购的表述中,正确的是(　　)。
   A. 政府采购只能采用公开招标方式
   B. 政府采购只能由集中采购机构代理
   C. 政府采购当事人只包括采购人和供应商
   D. 采购人进行政府采购使用的是财政性资金

4. 在不可预见的紧急情况发生时,对于不能从其他供应商处采购的货物或服务,可以采用的采购方式是(　　)。
   A. 公开招标　　B. 邀请招标　　C. 竞争性谈判　　D. 单一来源采购

5. 下列各项中,专门规范我国政府采购活动的根本性法律是(　　)。
   A.《中华人民共和国合同法》　　B.《中华人民共和国招标投标法》
   C.《中华人民共和国政府采购法》　　D.《中华人民共和国行政许可法》

二、多选题

1. 下列各项中,有权对政府采购活动进行监督的有(　　)。
   A. 采购人员　　B. 人民群众　　C. 政府部门　　D. 审计机构

2. 下列各项中,( )属于政府采购对象范围。
   A. 燃料　　　B. 工程　　　C. 服务　　　D. 设备
3. 下列各项中,( )属于政府采购主体范围。
   A. 国家机关　B. 事业单位　C. 社会团体　D. 国有企业
4. 下列选项中,不属于我国《政府采购法》适用范围的有( )。
   A. 我国境内事业单位使用财政性拨款采购限额标准以上的货物
   B. 因发生大地震所实施的紧急采购
   C. 军事采购
   D. 特别行政区的政府采购
5. 下列货物或者服务,可以采用邀请招标方式采购的有( )。
   A. 具有特殊性,只能从有限范围的供应商处采购的
   B. 技术复杂或者性质特殊,不能确定详细规格或者具体要求的
   C. 采购的货物规格、标准统一,现货货源充足且价格变化幅度小
   D. 采用公开招标方式的费用占政府采购项目总价值的比例过大的

三、判断题

1. 政府采购中,采购人采购未纳入集中采购目录的政府采购项目,可以自行采购,也可以委托集中采购机构在委托的范围内代理采购。( )
2. 集中采购机构的资格,必须由国务院有关部门或省级人民政府有关部门认定。( )
3. 政府采购当事人仅包括供应商和采购代理机构。( )
4. 政府集中采购目录和采购限额标准由各级财政部门确定并公布。( )
5. 政府采购方式中,邀请招标是指采购人或其委托的政府采购代理机构以招标公告的方式邀请不特定的供应商参加投标竞争,从中择优选择中标供应商的采购方式。( )

四、案例分析题

常兴特殊教育学校是实行国库集中支付的事业单位。2016年6月,常兴特殊教育学校通过询价方式采购一台办公仪器乙设备。常兴特殊教育学校对两家供应商进行了询价。其中供应商丙企业进行了两次报价。

根据以上资料,请回答如下问题:

1. 下列关于常兴特殊教育学校采购乙设备的说法中正确的有( )。
   A. 采用询价方式采购时,应向三家以上供应商发出询价单
   B. 采用询价方式采购时,可以向两家供应商发出询价单
   C. 采用询价方式采购时,可以向一家供应商发出询价单
   D. 采用询价方式采购时,允许一家供应商两次报价
2. 下列各项中,属于政府采购可以采用的采购方式的有( )。
   A. 公开招标　B. 询价采购　C. 邀请招标　D. 单一来源采购
3. 下列关于政府采购方式,适用询价采购的有( )。
   A. 货物规格、标准单一,现货货源充足而且价格变动幅度比较小的政府采购项目
   B. 只能从唯一采购处采购的
   C. 不能事先计算出价格总额的
   D. 具有特殊性,只能从有限的范围的供应商处采购的

4. 下列关于政府采购的说法正确的有（　　）。
   A. 政府采购的当事人包括采购人、供应商和采购代理机构
   B. 政府采购的主体包括国有企业
   C. 政府采购的资金来源是财政性资金
   D. 政府采购的对象是货物、工程和服务
5. 下列关于政府采购原则，说法正确的有（　　）。
   A. 公开透明原则　　　　　　B. 公平竞争原则
   C. 公正原则　　　　　　　　D. 诚实守信原则

任务三　国库集中收付制度

任务介绍

本任务要求学生了解国库集中收付制度的概念，掌握国库单一账户体系的构成及财政收支的方式

任务分析

本任务主要讲国库集中收付制度，要求从概念、国库单一账户体系和财政收支方式三方面来理解。

任务实施

一、国库集中收付制度

国库集中收付制度是指由财政部门代表政府设置国库单一账户体系，所有的财政性资金均纳入国库单一账户体系收缴、支付和管理的制度。

国库集中收付制度一般也称为国库单一账户制度，包括国库集中支付制度和收入收缴管理制度，是指由财政部门代表政府设置国库单一账户体系，所有的财政性资金均纳入国库单一账户体系收缴、支付和管理的制度。财政收入通过国库单一账户体系，直接缴入国库和财政专户；财政支出通过国库单一账户体系，以财政直接支付和财政授权支付的方式，将资金支付到商品和劳务供应者或用款单位，即预算单位使用资金但见不到资金；未支用的资金均保留在国库单一账户，由财政部门代表政府进行管理运作，降低政府筹资成本，为实施宏观调控政策提供可选择的手段。

国库集中收付制度的实施大大提高了财政资金收付管理的规范性、安全性、有效性，增加了透明度。实行国库集中收付制度后，支出单位的财政资金都集中存放在国库，有利于财政部门加强统一调度和管理，使库款调度更加灵活。同时，也将从根本上改变财政资金管理分散、各支出部门和支持单位多头开户、重复开户的混乱局面。财政部门内部实行预算的编

制、执行和监督相对分开,从机制上防止了营私舞弊。财政部门、支出单位、结算银行都持有可以相互核对的资金支付账册,预算执行规范透明,有利于加强对财政资金支出的管理,提高财政资金的使用效益。同时,还能有效地防止利用财政资金牟取私利等腐败现象的发生。

【例4-3-1·单选题】 国库集中收付制度也称为( )。
　　A. 国库集中支付制度　　　　B. 国库集中管理制度
　　C. 国库单一账户制度　　　　D. 国库收入收缴制度
【答案】 C
【解析】 国库集中收付制度一般也称为国库单一账户制度,包括国库集中支付制度和收入收缴管理制度。

【牛刀小试·多选题】 国库集中收付制度包括( )。
　　A. 国库集中支付制度　　　　B. 预算法律制度
　　C. 政府采购法律制度　　　　D. 收入收缴管理制度
【答案】 AD
【解析】 国库集中收付制度包括国库集中支付制度和收入收缴管理制度。

【牛刀小试·判断题】 国库是办理预算收入的收纳、划分、留解和库款支拨的专门机构,也称中央国库。( )
【答案】 ×
【解析】 国库是办理预算收入的收纳、划分、留解和库款支拨的专门机构,分为中央国库和地方国库。

二、国库单一账户体系

(一)国库单一账户体系的概念

国库单一账户体系是指以财政国库存款账户为核心的各类财政性资金账户的集合。所有财政性资金的收入、支付、存储及资金清算活动均在该账户体系中运行。

(二)国库单一账户体系的构成

国库单一账户体系包括:国库单一账户;财政部门零余额账户;预算单位零余额账户;预算外资金财政专户和特设专户。

1. 国库单一账户

财政部门在中国人民银行开设的国库单一账户,用于记录、核算和反映纳入预算管理的财政收入和财政支出活动,并与财政部门在商业银行开设的零余额账户进行清算,实现资金收缴入库和资金支付。

2. 财政部门零余额账户

财政部门按资金使用性质在商业银行开设的零余额账户(简称财政部门零余额账户),用于财政直接支付和与国库单一账户支出清算。该账户每日发生的支付,于当日营业终了前与国库单一账户清算;营业中每笔支付额5 000万元人民币以上的(含5 000万元),应当及时与国库单一账户清算。财政部门的零余额账户在国库会计中使用,行政单位和事业单位会计中不设置该账户。

3. 预算单位零余额账户

财政部门在商业银行为预算单位开设的零余额账户(简称预算单位零余额账户),在支出管理中,用于财政授权支付和与国库单一账户清算;在收入收缴管理中,财政汇缴专户作为零余额账户,用于非税收入收缴和资金清算。预算单位零余额账户可以办理转账、提取现金等结算业务,可以向本单位按账户管理规定保留的相应账户划拨工会经费、住房公积金及提租补贴,以及经财政部门批准的特殊款项,不得违反规定向本单位其他账户和上级主管单位、所属下级单位账户划拨资金。

4. 预算外资金财政专户

财政部门在商业银行开设的预算外资金财政专户,用于记录、核算和反映预算外资金的收入支出活动,并用于预算外资金的日常收支清算。

5. 特设专户

经国务院和省级人民政府批准或授权财政部门批准开设的特殊专户(简称特设专户),用于记录、核算和反映预算单位的特殊专项支出活动,并用于与国库单一账户清算。

【例4-3-2·多选题】 国库单一账户体系包括(   )。
　　A. 预算外资金财政专户　　　　B. 特设专户
　　C. 国库单一账户　　　　　　　D. 财政部门零余额账户
【答案】　ABCD
【解析】　ABCD四个选项均属于国库单一账户的构成范围,还有一个预算单位零余额账户。

【例4-3-3·多选题】 对某些需要通过政策性银行封闭运行的资金支出,还需要设置特殊专户管理,主要包括(   )。
　　A. 粮食风险基金　　　　　　　B. 住房基金
　　C. 预算外资金　　　　　　　　D. 社会保障基金
【答案】　ABD
【解析】　由于现阶段政策性支出项目还比较多,对某些需要通过政策性银行封闭运行的资金支出,还需要设置特殊专户管理,如粮食风险基金、社会保障基金、住房基金等。

【牛刀小试·单选题】 可以向单位的相应账户划拨工会经费、住房公积金及提租补贴,以及经财政部门批准的特殊款项的账户是(   )。
　　A. 财政部门零余额账户　　　　B. 预算单位零余额账户
　　C. 预算外资金财政专户　　　　D. 特设专户
【答案】　B
【解析】　预算单位零余额账户可以办理转账、提取现金等结算业务,可以向本单位按账户管理规定保留的相应账户划拨工会经费、住房公积金及提租补贴,以及经财政部门批准的特殊款项。

三、财政收入收缴方式和程序

财政收入收缴方式有直接缴库和集中汇缴两种方式。

(1)直接缴库,由预算单位或缴款人按规定,直接将收入缴入国库单一账户或者预算外资金财政专户。

(2)集中汇缴,由征收机关依法将所收的应缴收入汇总缴入国库单一账户或预算外资金财政专户。

财政收入的收缴程序也分直接缴库程序和集中汇缴程序两种。

四、财政支出支付方式和程序

（一）支付方式

（1）财政直接支付——通过国库单一账户体系,直接支付到收款人或用款单位账户。包括内容：工资支出、购买支出以及中央对地方的专项转移支付。

（2）财政授权支付——由预算单位根据财政授权支付实行财政授权支付的支出包括未实行财政直接支付的购买支出和零星支出。

（二）支付程序

1. 财政直接支付程序

（1）预算单位申请；（2）财政部门国库支付执行机构开具支付令；（3）代理银行划拨资金；（4）资金清算；（5）出具入账通知书；（6）会计处理。

2. 财政授权支付程序

（1）预算单位申请月度用款限额；（2）通知支付银行；（3）代理银行办理支付；（4）代理银行办理资金清算；（5）预算单位使用资金。

【例4-3-4·多选题】 财政支出支付方式中,由财政部向中国人民银行和代理银行签发支付指令,代理银行根据支付指令通过国库单一账户体系将资金直接支付到收款人或用款单位账户的方式称为( )。

A. 财政直接支付　B. 财政授权支付　C. 财政委托支付　D. 财政集中支付

【答案】 A

【解析】 财政直接支付是指由财政部向中国人民银行和代理银行签发支付指令,代理银行根据支付指令通过国库单一账户体系将资金直接支付到收款人或用款单位账户。

【牛刀小试·单选题】 预算单位按照财政部门的授权,自行向代理银行签发支付指令,代理银行根据支付指令,在财政部门批准的预算单位的用款额度内,通过国库单一账户体系将资金支付到收款人账户,这种支付方式称为( )。

A. 财政直接支付　　　　　　　B. 财政授权支付
C. 财政委托支付　　　　　　　D. 财政集中支付

【答案】 B

【解析】 财政性资金的支付方式实行财政直接支付和财政授权支付两种方式。本题题干描述的属于财政授权支付。

【小结】

表4-3-1　　　　　　　　　　　　国库单一账户体系

账户类型	开设单位	开设银行	作　用	备注
国库单一账户	财政部门	人民银行	用于记录、核算和反映纳入预算管理的财政收入和财政支出活动,并与财政部门在商业银行开设的零余额账户进行清算,实现资金收缴入库和资金支付	

续表

账户类型	开设单位	开设银行	作　用	备注
财政部门零余额账户	财政部门	商业银行	用于财政直接支付和与国库单一账户支出清算	国库会计中使用
预算单位零余额账户	财政部门	商业银行	在支出管理中,用于财政授权支付和与国库单一账户清算;在收入收缴管理中,财政汇缴专户作为零余额账户,用于非税收入收缴和资金清算	预算单位使用
预算外资金财政专户	财政部门	商业银行	用于记录、核算和反映预算外资金的收入支出活动,并用于预算外资金的日常收支清算	
特设专户	财政部门		用于记录、核算和反映预算单位的特殊专项支出活动,并用于与国库单一账户清算	

练一练

一、单选题

1. 财政收入缴款方式中,由缴款单位或缴款人按有关法律法规规定,直接将应缴收入缴入国库单一账户或预算外资金财政专户的方式是(　　)。

　　A. 直接缴库　　B. 分次汇缴　　C. 集中缴库　　D. 汇总缴库

2. (　　)是管理国库单一账户体系的职能部门,任何单位不得擅自设立、变更或撤销国库单一账户体系中的各类银行账户。

　　A. 国家税务总局　　　　　　B. 财政部
　　C. 银监会　　　　　　　　　D. 中国人民银行

3. 根据国库集中收付制度的规定,国库单一账户在(　　)中使用。

　　A. 国库会计　　　　　　　　B. 财政总预算会计
　　C. 行政单位会计　　　　　　D. 事业单位会计

4. 预算单位零余额账户用于财政授权支付和清算。该账户每日发生的支付,于当日营业终了前由代理银行在财政部批准的用款额度内与国库单一账户清算;营业中单笔支付额(　　)万元人民币以上的,应及时与国库单一账户清算。

　　A. 1 000　　B. 2 000　　C. 3 000　　D. 5 000

5. 将所有财政性资金全部集中到国库单一账户,并规定所有的支出必须由国库直接支付给商品或劳务供应者或用款单位,实行收支两条线管理的制度称为(　　)。

　　A. 国库集中收付制度　　　　B. 国库集中支付制度
　　C. 国库集中收入收缴管理制度　　D. 现金管理制度

6. 根据国库集中收付制度的规定,(　　)是持有和管理国库单一账户体系的职能部门。

　　A. 财政部门　　B. 中国人民银行　　C. 代理银行　　D. 各级地方人民政府

7. 下列国库单一账户体系中的银行账户中,用于记录、核算和反映纳入预算管理的财政收入和财政支出活动,并与财政部门零余额账户进行清算的账户是(　　)。

　　A. 国库单一账户　　　　　　B. 财政部门零余额账户
　　C. 特殊专户　　　　　　　　D. 预算单位零余额账户

8. 下列国库单一账户体系中的银行账户中,(   )用于记录、核算和反映预算单位的特殊专项支出活动,并用于与国库单一账户清算的账户。
   A. 国库单一账户   B. 财政部门零余额账户
   C. 预算外资金财政专户   D. 特设专户

9. 下列国库单一账户体系中的银行账户中,(   )可以办理预算单位转账、提取现金等结算业务,并可向本单位相应账户划拨工会经费、住房公积金及提租补贴的账户。
   A. 国库单一账户   B. 财政部门零余额账户
   C. 预算单位零余额账户   D. 预算外资金财政专户

10. 下列银行账户中,不构成国库单一账户体系的是(   )。
    A. 财政部门按资金使用性质在商业银行开设的零余额账户
    B. 财政部门在商业银行为预算单位开设的零余额账户
    C. 预算单位在商业银行为本单位开设的基本账户
    D. 财政部门在中国人民银行开设的国库单一账户

二、多选题

1. 下列各项中,构成国库单一账户体系的有(   )。
   A. 国库单一账户
   B. 财政部门零余额账户
   C. 预算单位零余额账户
   D. 经国务院和省级人民政府批准或授权财政部门批准开设的特殊专户

2. 下列各项中,(   )属于国库集中支付方式。
   A. 财政直接支付   B. 财政授权支付
   C. 财政直接缴库   D. 财政集中汇缴

3. 下列关于实行国库集中收付制度作用的表述中,正确的有(   )。
   A. 有利于提高财政资金的拨付效率和规范化运作程度
   B. 有利于加强对收入缴库和支出拨付过程的监管
   C. 有利于预算单位用款及时和便利
   D. 有利于增强财政资金收付过程的透明度

4. 关于国库单一账户体系中各类账户的功能,下列说法正确的是(   )。
   A. 财政部门的零余额账户,用于财政直接支付和与国库单一账户支出清算;预算单位的零余额账户用于财政授权支付和清算
   B. 小额现金账户,用于记录、核算和反映预算单位的零星支出活动,并用于与国库单一账户清算
   C. 特设专户,用于记录、核算和反映预算单位的特殊专项支出活动,并用于与国库单一账户清算
   D. 预算外资金财政专户,用于记录、核算和反映预算外资金的收入和支出活动,并用于预算外资金日常收支清算

5. 国库单一账户体系是实行财政国库集中支付后,用于所有财政性资金收支核算管理的账户体系,这个账户体系主要由(   )构成。
   A. 国库单一账户   B. 预算单位零余额账户

C. 财政部门零余额账户　　　　D. 特设专户

三、判断题

1. 直接缴库，是指由征税机关（有关法定单位）按有关法律规定，将所收的应缴收入汇总、缴入国库单一账户或预算外资金财政专户。（　　）

2. 国库单一账户在财政总预算会计中使用，行政单位和事业单位会计中不设置该账户。（　　）

3. 财政部门零余额账户用于财政直接支付，该账户每日发生的支付，于当日营业终了前与国库单一账户清算；营业中单笔支付额5 000万元人民币以上的（含5 000万元），应当及时与国库单一账户清算。财政部门零余额账户在国库会计中使用。（　　）

4. 国库单一账户是在中国人民银行开设的国库存款账户，它与财政零余额账户、单位预算内零余额账户和特设专户进行清算，实现财政国库集中支付。（　　）

5. 特设专户是用于记录、核算和反映预算单位的特殊专项支出活动，并用于与国库单一账户清算。（　　）

四、案例分析题

甲行政单位执行国库集中收付制度，5月份代政府收取属于预算外资金的养路费100万元；购买单件物品8万元；收到政府拨付的救灾款50万元。回答下列问题：

1. 养路费上缴的账户为（　　）。
　　A. 国库单一账户　　　　　　B. 财政专户
　　C. 特设专户　　　　　　　　D. 先存入单位银行账户，再上缴财政

2. 关于购买单件物品8万元，下列说法正确的是（　　）。
　　A. 财政直接支付　　　　　　B. 财政授权支付
　　C. 通过财政零余额账户进行支付　　D. 通过单位零余额账户进行支付

3. 该单位收到政府拨付的救灾款50万元应存入的账户为（　　）。
　　A. 该行政单位的基本存款账户
　　B. 特设专户
　　C. 经批准为该行政单位在商业银行开设的特殊专户
　　D. 以财政的名义在商业银行开的账户

4. 以下属于财政授权支付方式包括的内容有（　　）。
　　A. 工资　　　　　　　　　　B. 单件物品15万元
　　C. 单项服务6万元　　　　　D. 特别紧急支出

5. 以下以单位名义开的账户有（　　）。
　　A. 财政零余额账户　　　　　B. 单位零余额账户
　　C. 财政专户　　　　　　　　D. 特设专户

项目五

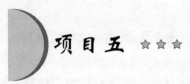

会计职业道德

项目目标

1. 了解会计职业道德的功能;
2. 熟悉会计职业道德的含义;
3. 熟悉加强会计职业道德教育的途径;
4. 掌握会计职业道德规范的主要内容。

任务一 职业道德与会计职业道德

任务介绍

本任务主要是掌握和领会会计职业道德的内涵、特征,以及会计职业道德与会计法律制度的区别联系。

任务实施

一、职业道德

(一)职业道德的概念

广义的职业道德是指从业人员在职业活动中应该遵循的行为准则,涵盖了从业人员与服务对象、职业与职工、职业与职业之间的关系。狭义的职业道德是指在一定职业活动中应遵循的、体现一定职业特征的、调整一定职业关系的职业行为准则和规范。

 拓展提高

道德分为社会公德、家庭美德和职业道德。

(二)职业道德的特征

(1)职业性(行业性);(2)实践性;(3)继承性;(4)多样性。

(三)职业道德的作用

(1)促进职业活动的有序进行;

(2)对社会道德风尚产生积极的影响。

【例5-1-1·单选题】 下列各项中,决定职业道德的本质的是( )。

A.社会实践　　B.经济基础　　C.社会经济关系　　D.上层建筑

【答案】 C

【解析】 职业道德是社会经济关系所决定的社会意识形态。职业道德不是人主观自生的,也不是天生的意志,其本质是社会经济关系所决定的社会意识形态,社会经济关系的类型决定着职业道德的性质。

【例5-1-2·单选题】 职业道德除具有职业性、继承性、多样性的特征外,还具有的特征是( )。

A.强制性　　B.实践性　　C.合法性　　D.不变性

【答案】 B

【解析】 职业道德具有职业性、实践性、继承性、多样性的特征。

【友情提醒】 1.爱岗敬业是职业道德的基础;2.诚实守信是职业道德的精髓。

【牛刀小试·判断题】 职业道德是指在一定职业活动中应遵循的、体现一定职业特征的、调整一定职业关系的职业行为准则和规范。( )

【答案】 √

【解析】 本题考核的是职业道德的概念。

延伸阅读

医生的职业道德是救死扶伤、治病救人、实行人道主义;法官的职业道德是清正廉洁、刚正不阿;商人的职业道德是买卖公平、童叟无欺;教师的职业道德是为人师表、教书育人;军人的职业道德是服从命令、不怕牺牲。

二、会计职业道德

(一)会计职业道德的概念

会计职业道德是指在会计职业活动中应当遵循的、体现会计职业特征的、调整会计职业关系的职业行为准则和规范。其内涵为:

(1)会计职业道德是调整会计职业活动中各种利益关系的手段。

(2)会计职业道德具有相对稳定性。

(3)会计职业道德具有广泛的社会性。

(二)特征

1.具有一定的强制性

一般的职业道德通常只对那些最低限度的要求赋予强制性。而会计因其服务对象广泛,提供的会计信息是公共产品,会计职业道德必具有广泛的社会性,是旨在维护社会经济秩序的职业规范,会计职业道德大量通过《会计法》《会计基础工作规范》等形式和其他规章制度被固定下来,从而使会计职业道德也具有法律约束力。某一会计现象可能既属于道德调整的范围,又属于法律调整的范围。

2. 较多关注公众利益

在会计职业活动中,发生道德冲突时要坚持准则,把社会公众利益放在第一位。

【例5-1-3·判断题】 当单位利益与社会公共利益发生冲突时,会计人员应首先考虑单位利益,然后再考虑社会公众利益。( )

【答案】 ×

【解析】 当单位利益与社会公共利益发生冲突时,会计人员应首先考虑社会公众利益,而不是单位利益。

【例5-1-4·多选题】 下列关于会计职业道德的表述中,正确的有( )。
A. 会计职业道德是指在会计职业活动中应当遵循的、体现会计职业特征的、调整会计职业关系的职业行为准则和规范
B. 会计职业道德不允许通过损害国家和社会公众利益而获取违法利益,但允许个人和各经济主体获取合法的自身利益
C. 在会计职业活动中,发生道德冲突时要坚持准则,把社会公众利益放在第一位
D. 会计职业道德不具有强制性

【答案】 ABC

【解析】 本题考查会计职业道德。

三、会计职业道德的功能与作用

(一) 功能

(1) 指导功能——作出或不作出;
(2) 评价功能——褒扬和谴责;
(3) 教化功能——自觉性。

【例5-1-5·单选题】 会计人员整体与钱财物质打交道,心中稍有杂念,就会陷入金钱的泥沼,走向邪恶的道路,这就要求会计职业道德具有( )功能,对会计行为提出相应要求,引导、规范、约束会计人员树立正确的职业观念,遵循职业道德要求,达到规范其会计行为的目的。
A. 教化　　　B. 指导　　　C. 评价　　　D. 规范

【答案】 B

【解析】 会计职业道德指导功能是指会计职业道德指导会计人员行为的功能。

延伸阅读

会计职业道德的教化功能是对会计人员内在起到积极的教育和引导作用,另一方面也对会计人员思想、感情和行为产生一种潜移默化的感化作用。

【例5-1-6·单选题】 会计职业道德对会计人员具有教育和感化的功能是( )。
　　A. 评价功能　　B. 指导功能　　C. 教化功能　　D. 规范功能
【答案】 C
【解析】 本题考核会计职业道德的功能。会计职业道德对会计人员具有的教育和感化功能是教化功能。

(二) 作用
(1) 是规范会计行为的基础;
(2) 是实现会计目标的重要保证;
(3) 是对会计法律的补充;
(4) 是提高会计人员职业素养的要求。

四、会计职业道德与会计法律制度

(一) 联系
会计职业道德、会计法律制度有着共同的目标、相同的调整对象,承担着同样的职责,两者联系密切。
(1) 两者在作用上相互补充、协调;
(2) 两者在内容上相互借鉴、吸收。
会计法律制度中含有会计职业道德规范的内容,同时,会计职业道德规范中也包含会计法律制度的某些条款。

【友情提醒】 会计法律制度是会计职业道德的"最低"要求。

(二) 区别

1. 性质不同
(1) 会计法律制度通过国家机器强制执行,具有很强的他律性;
(2) 会计职业道德主要依靠会计从业人员的自觉性,具有很强的自律性。

2. 作用范围不同
(1) 会计法律制度侧重于调整会计人员的外在行为和结果的合法化,具有较强的客观性;
(2) 会计职业道德则不仅要求调整会计人员的外在行为,还要调整会计人员内在的精神世界,具有较强的主观性。

3. 表现形式不同
(1) 会计法律制度是通过一定的程序由国家立法部门或行政管理部门制定、颁布和修改的,其表现形式是具体的、明确的、正式形成文字的成文条例。
(2) 会计职业道德出自于会计人员的职业生活和职业实践,日积月累,约定俗成。其表现形式既有明确的成文规定,也有不成文的规范,较高层次的职业道德,存在于人们的意识和信念之中。

4. 实施保障机制不同
(1) 会计法律制度由国家强制力保障实施;
(2) 会计职业道德既有国家法律的要求,又需要会计人员的自觉遵守。

5. 评价标准不同

(1) 会计法律是以会计人员享有的权利和义务为标准来判定其行为是否违法;

(2) 会计职业道德则以善恶为标准来判定人们的行为是否违背道德规范。

【例5-1-7·多选题】 以下关于会计职业道德的描述中,不正确的有( )。

  A. 会计职业道德涵盖了人与人、人与社会、人与自然之间的关系

  B. 会计职业道德与会计法律制度两者在性质上一样

  C. 会计职业道德规范的全部内容归纳起来就是廉洁自律与强化服务

  D. 会计职业道德不调整会计人员的外在行为

【答案】 ABCD

【解析】 A选项,道德的涵盖内容;B选项,两者的性质是不同的,一个是自律性,一个是他律性;C选项,会计职业道德规范的内容有八条;D选项,道德既注重外在行为又注重内在世界。

【例5-1-8·多选题】 下列关于会计职业道德和会计法律制度二者关系的观点中,正确的有( )。

  A. 两者在实施过程中相互作用

  B. 会计法律制度是会计职业道德的最低要求

  C. 违反会计法律制度一定违反会计职业道德

  D. 违反会计职业道德也一定违反会计法律制度

【答案】 ABC

【解析】 会计法律制度是会计职业道德的最低要求,违反会计法律制度一定违反会计职业道德,违反会计职业道德不一定违反会计法律制度。

【牛刀小试·判断题】 会计职业道德与会计法律制度两者有着共同的目标和相同的调整对象。( )

【答案】 √

【解析】 本题考核会计职业道德与会计法律制度的联系。

【小结】

表5-1-1   职业道德与会计职业道德对比表

项目	职业道德	会计职业道德
特征	(1) 职业性 (2) 实践性 (3) 继承性 (4) 多样性	(1) 具有一定的强制性 (2) 较多关注公众利益
作用	(1) 促进职业活动的有序进行; (2) 对社会道德风尚产生积极的影响	(1) 是规范会计行为的基础; (2) 是实现会计目标的重要保证; (3) 是以会计法律的补充; (4) 是提高会计人员职素养的要求

项目五 会计职业道德

表 5-1-2　　　　　　　　　会计职业道德与会计法律对比表

项　目		会计职业道德	会计法律
联系		1. 两者作用上相互补充、协调；2. 两者内容上相互借鉴、吸收	
区别	性质	会计职业道德主要依靠会计从业人员的自觉性，具有很强的自律性	会计法律制度通过国家机器强制执行，具有很强的他律性
	作用范围	会计职业道德则不仅要求调整会计人员的外在行为，还要调整会计人员内在的精神世界，具有较强的主观性	会计法律制度侧重于调整会计人员的外在行为和结果的合法化，具有较强的客观性
	表现形式	会计职业道德出自于会计人员的职业生活和职业实践，日积月累，约定俗成。其表现形式既有明确的成文规定，也有不成文的规范，较高层次的职业道德，存在于人们的意识和信念之中	会计法律制度是通过一定的程序由国家立法部门或行政管理部门制定、颁布和修改的，其表现形式是具体的、明确的、正式形成文字的成文条例
	实施保障机制	会计职业道德既有国家法律的要求，又需要会计人员的自觉遵守	会计法律制度由国家强制力保障实施
	评价标准	会计职业道德则以善恶为标准来判定人们的行为是否违背道德规范	会计法律是以会计人员享有的权利和义务为标准来判定其行为是否违法

练一练

一、选择题

1. 下列关于会计职业道德与会计法律制度的联系的说法中，不正确的是(　　)。
   A. 两者有共同的目标、相同的调整对象，承担着同样的职责
   B. 两者在内容上相互借鉴、相互吸收
   C. 两者在形式上都是具体的、明确的和成文的
   D. 两者在作用上是相互补充、相互协调

2. 下列关于会计职业道德与会计法律制度主要区别的说法中，正确的是(　　)。
   A. 调整对象不同　　　　　　　　B. 承担的责任不同
   C. 目标不同　　　　　　　　　　D. 作用范围不同

3. 会计职业道德与会计法律制度存在很大的区别，下列表述错误的有(　　)。
   A. 会计职业道德不仅要求调整会计人员的外在行为，还要求调整会计人员内在的精神世界
   B. 会计职业道德主要依靠会计人员的自觉性
   C. 会计法律制度既有成文的规定，也有不成文的规定
   D. 会计职业道德侧重于调整会计人员的外在行为和结果的合法化

4. 下列对会计职业道德与会计法律制度联系的表述中，正确的有(　　)。
   A. 会计职业道德是会计法律制度正常运行的社会和思想基础
   B. 会计法律制度是促进会计职业道德规范形成和遵守的重要保障

C. 会计职业道德与会计法律制度有着不同的目标、不同的职责,调整着不同的对象
D. 会计职业的道德规范是柔性规范,缺乏强制力,需要会计法律制度等刚性规范来支持

5. 下列情形中,既违反会计法律制度,又违背会计职业道德规范的有(　　)。
A. 出纳员小刘利用职务便利挪用公款炒股
B. 会计人员小李平时喜欢吃喝应酬,不爱学校钻研会计业务
C. 会计人员小王上班经常迟到,工作拖沓敷衍
D. 会计机构负责人吴某按照单位领导授意,销毁有效期内的会计档案

二、判断题

1. 会计职业道德教育的核心内容应当是会计职业道德规范的教育。(　　)
2. 会计职业道德应当靠会计人员自觉遵守,对违反会计职业道德的行为,不能进行惩罚。(　　)
3. 会计法律制度强制规范了基本的会计行为,但有些无法或者不宜用会计法律制度进行规范的行为,可通过会计职业道德规范来实现。(　　)
4. 会计职业道德是从会计法律制度中逐渐提炼形成的。(　　)
5. 会计职业道德与会计法律制度相互借鉴、相互吸收,会计人员违反会计职业道德要求的行为必然也是违反会计法律制度的行为。(　　)
6. 会计法律制度是会计职业道德的最低要求。(　　)

任务二　会计职业道德规范的主要内容

任务介绍

本任务主要介绍会计职业道德的内容以及内容间的关系。

任务实施

会计人员在会计工作中应遵循的基本准则:爱岗敬业、诚实守信、廉洁自律、客观公正、坚持准则、提高技能、参与管理和强化服务。

一、爱岗敬业——基础

(一) 含义

爱岗敬业指的是忠于职守的事业精神,这是会计职业道德的"基础"。

爱岗:指会计人员热爱本职工作,安心本职岗位,并为做好本职工作尽心尽力、尽职尽责。

敬业:指人们对其所从事的会计职业或行业的正确认识和恭敬态度,并用这种严肃恭敬的态度,认真地对待本职工作,将身心与本职工作融为一体。

【友情提醒】 "爱岗"是"敬业"的基石,"敬业"是"爱岗"的升华。

(二) 基本要求

(1) 正确认识会计职业,树立职业荣誉感。
(2) 热爱会计工作,敬重会计职业,树立"干一行,爱一行"的思想。
(3) 安心工作,任劳任怨,切忌"这山望见那山高"。
(4) 严肃认真,一丝不苟。

要把好关、守好口,绝不能有"都是熟人不会错"的麻痹思想和"马马虎虎"的工作作风。

(5) 忠于职守,尽职尽责。

忠于职守主要表现为三个方面,即忠实于服务主体、忠实于社会公众、忠实于国家。

【例5-2-1·单选题】 会计人员在工作中"懒"、"拖"的不良习惯,违背了会计职业道德规范中的( )的具体内容。

  A. 爱岗敬业 B. 诚实守信 C. 坚持准则 D. 客观公正

【答案】 A

【解析】 会计人员在工作中"懒"、"拖"的不良习惯,违背了爱岗敬业的具体内容。爱岗敬业指的是忠于职守的事业精神,这是会计职业道德的基础。

【例5-2-2·多选题】 下列各项中,体现会计职业道德关于"爱岗敬业"要求的有( )。

  A. 工作一丝不苟   B. 工作尽职尽责
  C. 工作精益求精   D. 工作兢兢业业

【答案】 ABCD

【解析】 本题考核爱岗敬业的要求。

【牛刀小试·判断题】 爱岗敬业是会计职业道德的精髓。( )

【答案】 ×

【解析】 爱岗敬业是会计职业道德的基础。

二、诚实守信——根本和精髓

(一) 含义

诚实:言行跟内心思想一致,不弄虚作假、不欺上瞒下,做老实人、说老实话、办老实事。
守信:遵守自己所作出的承诺,讲信用,重信用,信守诺言,保守秘密。

【友情提醒】 诚实守信是做人的基本准则,是最"根本"的道德规范,也是会计职业道德的"精髓"。

延伸阅读

中国现代会计学之父潘序伦先生认为,"诚信"是会计职业道德的重要内容。他终身倡导:"信以立志,信以守身,信以处事,信以待人,毋忘'立信',当必有成。"

江泽民同志指出:"没有信用,就没有秩序,市场经济就不能健康发展。"

朱镕基同志在2001年视察北京国家会计学院时,为北京国家会计学院题词:"诚信为本,操守为重,坚持准则,不做假账。"

(二) 基本要求

(1) 做老实人,说老实话,办老实事,不搞虚假。
(2) 保密守信,不为利益所诱惑。

 拓展提高

> 秘密包括:国家秘密、商业秘密、个人隐私。

(3) 执业谨慎,信誉至上。

【牛刀小试·判断题】 除法律规定和单位负责人同意外,会计人员不能私自向外界提供或者泄露单位的会计信息。( )

【答案】 √

【解析】 本题考核诚实守信的基本要求。保密守信、不为利益所诱惑是诚实守信的基本要求之一。这里的秘密主要有国家秘密、商业秘密和个人隐私等,所以这句话的说法是正确的。

【例5-2-3·判断题】 会计人员不能私自向外界提供或者泄露单位的会计信息,但可以与家人讨论。( )

【答案】 ×

【解析】 会计人员不能私自向外界提供或者泄露单位的会计信息,也不能与家人讨论。

【例5-2-4·单选题】 中国现代会计学之父潘序伦先生倡导:"信以立志,信以守身,信以处事,信以待人,毋忘'立信',当必有成。"这句话体现的会计职业道德是( )。

　　A. 坚持准则　　B. 客观公正　　C. 诚实守信　　D. 廉洁自律

【答案】 C

【解析】 "信以立志,信以守身,信以处事,信以待人,毋忘'立信',当必有成"这句话体现了诚实守信。

【例5-2-5·多选题】 朱镕基同志在2001年视察北京国家会计学院时,为北京国家会计学院题词的内容包括( )。

　　A. 诚信为本　　B. 操守为重　　C. 坚持准则　　D. 不做假账

【答案】 ABCD

【解析】 朱镕基同志在2001年视察北京国家会计学院时,为北京国家会计学院题词:"诚信为本,操守为重,坚持准则,不做假账。"

三、廉洁自律——前提和内在要求

(一) 含义

廉洁:不收受贿赂,不贪污钱财,保持清白。
自律:自我约束、自我控制、自觉地抵制自己的不良欲望。

 **拓展提高**

> 廉洁是自律的基础,自律是廉洁的保证。

【友情提醒】 廉洁自律是会计职业道德的"前提",是会计职业道德的"内在要求",是会计职业声誉的"试金石"。

(二) 基本要求

(1) 树立正确的人生观和价值观。自觉抵制享乐主义、个人主义、拜金主义等错误的思想。

(2) 公私分明,不贪不占。

【友情提醒】 公私分明,是指严格划分公私界线,公是公,私是私,要做到"常在河边走,就是不湿鞋"。

不贪不占,是指会计人员不贪、不占、不收礼、不同流合污。"打铁需要自身硬","理万金分文不沾"。

(3) 遵纪守法,一身正气。

【例5-2-6·单选题】 "理万金分文不沾"、"常在河边走,就是不湿鞋",这两句话体现的会计职业道德是( )。

  A. 参与管理 B. 廉洁自律 C. 提高技能 D. 强化服务

【答案】 B

【解析】 廉洁是指不收受贿赂,不贪污钱财,保持清白。自律是指自我约束、自我控制、自觉地抵制自己的不良欲望。本题中的两句话都体现了廉洁自律。

【例5-2-7·单选题】 "宁可清贫自乐,不可浊富多忧"体现在会计工作中的职业道德是( )。

  A. 客观公正 B. 廉洁自律 C. 爱岗敬业 D. 坚持准则

【答案】 B

【解析】 廉洁是指不收受贿赂,不贪污钱财,保持清白。自律是指自我约束、自我控制、自觉地抵制自己的不良欲望。本题中这句话体现了廉洁自律。

【牛刀小试·判断题】 小王是公司的会计,凭借职位方便,经常临时借用公司现金,但一般都及时归还了,小王认为这种临时借用的行为不会影响公司的日常经营活动,所以不违反会计职业道德。( )

【答案】 ×

【解析】 小王的行为属于挪用公款,是不廉洁的体现。

四、客观公正——理想目标

(一) 含义

客观公正贯穿于会计活动的整个过程:一是会计核算过程的客观公正;二是最终结果公正。

客观：按事物的本来面目去反映，不掺杂个人主观意愿，也不为他人意见所左右。
公正：平等、公平正直，没有偏失。

 拓展提高

> 客观主要体现在两个方面：一是真实性，即以客观事实为依据，真实地记录和反映实际经济业务事项；二是可靠性，即会计核算要准确，记录要可靠，凭据要合法。
> 公正具体要求是会计人员在履行会计职能时，摒弃单位、个人私利，公平公正、不偏不倚地对待相关利益的各方。

【友情提醒】 客观是公正的基础，公正是客观的反映。客观公正是会计职业道德追求的"理想目标"。

（二）基本要求

（1）依法办事——会计工作保证客观公正的前提。
（2）实事求是。
（3）如实反映

【例5-2-8·多选题】 下列有关会计职业道德"客观公正"的表述中，正确的有（ ）。

  A. 依法律办事是会计工作保证客观公正的前提
  B. 扎实的理论功底和较高的专业技能是做到客观公正的重要条件
  C. 在会计工作中客观是公正的基础，公正是客观的反映
  D. 会计活动的整个过程保持独立

【答案】 ABCD
【解析】 本题考核客观公正。

【例5-2-9·单选题】 会计职业道德"客观公正"的基本要求有（ ）。

  A. 依法办事 B. 实事求是 C. 廉洁自律 D. 如实反映

【答案】 ABD
【解析】 客观公正的基本要求是：依法办事、实事求是和如实反映。

【牛刀小试·判断题】 "吃了人家的嘴软，拿了人家的手短"从反面说明了会计职业道德中客观公正的重要性。（ ）

【答案】 A
【解析】 本题考核廉洁自律的基本要求。树立科学的人生观和价值观，自觉抵制享乐主义、个人主义、拜金主义等错误的思想，这是在会计工作中做到廉洁自律的思想基础。

五、坚持准则——核心

（一）含义

坚持准则指会计人员在处理业务过程中，严格按照会计法律制度办事，不为主观或他人意志所左右。

【友情提醒】 这里所说的"准则"不仅指会计准则,而且包括会计法律、国家统一的会计制度以及与会计工作相关的法律制度。坚持准则是会计职业道德的"核心"。

拓展提高

> 在企业的经营活动中,当国家利益、集体利益与单位、部门以及个人利益时常发生冲突时,会计人员要以国家法律法规、制度准则为准绳,依法履行会计监督职责,发生道德冲突时,应坚持准则,对法律负责,对国家和社会公众负责,敢于同违反会计法律法规和财务制度的现象作斗争,确保会计信息的真实性和完整性。

延伸阅读

国际会计师联合会发布的《职业会计师道德守则》为会计人员在日常工作中当单位、社会公众和国家利益发生冲突时的处理提供了方法:

(1)遇到的职业道德问题时,职业会计师首先应遵循所在组织的已有政策加以解决;如果这些政策不能解决道德冲突时,则可以私下向独立的咨询师或会计师职业团体寻求建议,以便采取可能的行动步骤。

(2)若自己无法独立解决,可与最直接的上级一起研究解决这种冲突的办法。

(3)若仍无法解决,则在通知直接上级的情况下,请教更高一级的管理层。

(4)如果在经过内部所有各级审议之后道德冲突仍然存在,那么对于一些重大问题,如舞弊,职业会计师可能没有其他选择,作为最后手段,只能诉诸辞职,并向该组织的适当代表提交一份信息备忘录。

(二)基本要求

(1)熟悉准则。

(2)遵循准则。

(3)敢于同违法行为作斗争。

【友情提醒】 只有先熟悉准则才能遵循准则,才能运用准则。

【例5-2-10·单选题】 坚持依法办理会计事项,体现(　　)方面的会计职业道德。

　　A. 坚持准则　　B. 提高技能　　C. 参与管理　　D. 廉洁自律

【答案】 A

【解析】 本题考核的是坚持准则。

【例5-2-11·多选题】 会计职业道德的内容中有"坚持准则"一项,这里的"准则"是指(　　)。

　　A. 会计准则　　　　　　　　B. 会计法律

　　C. 会计行政法规　　　　　　D. 与会计相关的法律制度

【答案】 ABCD

【解析】 这里所说的"准则"不仅指会计准则,而且包括会计法律、国家统一的会计制度以及与会计工作相关的法律制度。

【牛刀小试·判断题】 坚持准则的基本要求包括：熟悉准则、遵循准则和执行准则。（　　）

【答案】 ×

【解析】 坚持准则的基本要求包括：熟悉准则、遵循准则和坚持准则。

六、提高技能

(一) 含义

提高技能指会计人员通过学习、培训和实践等途径，持续提高会计职业技能，以达到和维持足够的专业胜任能力的活动。

提高技能是会计人员的义务，也是在执业活动中"做到客观公正、坚持准则的基础"，是"参与管理的前提"。

【友情提醒】 会计职业技能包括：会计理论水平、会计实务能力、职业判断能力、自动更新知识能力、提供会计信息的能力、沟通交流能力以及职业经验等。

(二) 基本要求

(1) 要求具有不断提高会计专业技能的意识和愿望，要有"危机感、紧迫感"。

(2) 要求具有勤学苦练的精神和科学的学习方法，做到"活到老学到老"、"书山有路勤为径，学海无涯苦作舟"。

【例5-2-12·多选题】 根据会计职业道德要求，下列各项中，有利于会计人员提高技能的有(　　)。

A. 参加财政部门组织的会计法规制度培训
B. 参加会计国际研讨会
C. 参加单位组织的业务比赛和经验交流
D. 参加会计专业技术资格考试

【答案】 ABCD

【解析】 本题考核的是提高技能。提高技能是指会计人员通过学习、培训和实践等途径，持续提高会计职业技能，以达到和维持足够的专业胜任能力的活动。

【例5-2-13·多选题】 下列各项中，属于会计技能的有(　　)。

A. 提供会计信息能力　　　　B. 会计实务操作能力
C. 职业判断能力　　　　　　D. 沟通交流能力

【答案】 ABCD

【解析】 会计职业技能包括：会计理论水平、会计实务能力、职业判断能力、自动更新知识能力、提供会计信息的能力、沟通交流能力以及职业经验等。

【例5-2-14·单选题】 "活到老学到老"是会计职业道德(　　)的要求。

A. 坚持准则　　B. 提高技能　　C. 参与管理　　D. 廉洁自律

【答案】 B

【解析】 本题考核的是提高技能。只有不断提高会计专业技能的意识和愿望，才能不断进取，主动求知。

【牛刀小试·判断题】 就会计职业而言，提高技能不仅包括会计理论水平、会计实务

能力等正面技能,还包括如何逃税、如何隐瞒收入的反面技能。( )

【答案】 ×

【解析】 逃税是不合法的,不是会计职业道德提高技能的内容。

七、参与管理

(一)含义

参与管理,简单地说就是"间接"参加管理活动,为管理者当参谋,为管理活动服务。

 拓展提高

> 会计人员特别是会计部门负责人,必须强化自己参与管理、当好参谋的角色意识和责任意识。

(二)基本要求

(1)努力钻研业务,熟悉财经法规和相关制度,提高业务技能,为参与管理打下坚实的基础。

(2)熟悉服务对象的经营活动和业务流程,使参与管理的决策更具针对性和有效性。

 拓展提高

> 会计人员要了解本单位整体情况,特别是要熟悉本单位生产经营、业务流程和管理情况,掌握单位的生产经营能力、技术设备条件、产品市场及资源状况等情况,只有这样才能在参与管理活动中有针对性地拟订可行性方案,从而提高经营决策的合理性和科学性。

【例5-2-14·判断题】 会计人员遵循参与管理的职业道德原则,就是要积极主动参与到企业管理工作中,对企业经营活动作出决策。( )

【答案】 ×

【解析】 参与管理是间接的参与。

【例5-2-15·多选题】 下列各项中,符合会计职业道德"参与管理"的行为有( )。

A. 对公司财务会计报告进行综合分析并提交风险预警报告
B. 参加公司重大投资项目的可行性研究和投资效益论证
C. 分析坏账形成原因,提出加强授信管理、加快货款回收的建议
D. 分析企业盈利能力,查找存在的问题,提出多记费用减少纳税的措施

【答案】 ABC

【解析】 减少纳税是不合法的,不是参与管理的内容。

【牛刀小试·判断题】 会计人员陈某认为,会计工作只是记记账、算算账,与单位经营决策关系不大,没有必要要求会计人员参加管理。( )

【答案】 ×

【解析】 陈某的观点是错误的。企业管理如果没有会计人员的积极参与,企业的经营管理就会出现问题,决策就可能出现失误。

八、强化服务——归宿

(一) 含义

强化服务要求会计人员具有文明的服务态度、强烈的服务意识和优良的服务质量。

会计职业强化服务的结果,就是奉献社会。爱岗敬业是会计职业道德的出发点,强化服务、奉献社会就是会计职业道德的"归宿"点。

【友情提醒】 先有文明的服务态度,再有强烈的服务意识,才会有优良的服务质量。

(二) 基本要求

(1) 强化服务意识。

拓展提高

> 会计人员既要对管理者服务,又要为所有者、社会公众和人民服务。

(2) 提高服务质量。

拓展提高

> 质量上乘,并非是无原则地满足服务主体的需要,而是在坚持原则、坚持会计准则的基础上尽量满足用户或服务主体的需要。会计人员要充分运用会计理论、会计方法、会计数据,为单位决策层、政府部门、投资人、债权人及社会公众提供真实、可靠、相关的会计信息。

【例5-2-16·多选题】 刘某系某代理记账公司提供专业服务的会计人员,为了遵循会计职业道德强化服务的要求,李某为客户提供的下列服务中,正确的有( )。

　　A. 向委托单位提出改进内部控制的建议和意见

　　B. 利用专业知识和委托单位提出税收筹划的建议

　　C. 在委托单位举办财会知识培训班,宣讲会计法律制度,帮助树立依法理财观念

　　D. 为帮助委托单位负责人完成业绩考核任务,提出将银行借款利息挂账处理建议

【答案】 ABC

【解析】 本题考核的是强化服务。D项是不合法的。质量上乘,并非是无原则地满足服务主体的需要,而是在坚持原则、坚持会计准则的基础上尽量满足用户或服务主体的需要。

【例5-2-17·多选题】 张某为某单位的会计人员,平时工作努力,钻研业务,积极提供合理化建议,这体现了张某具有( )的职业道德。

　　A. 爱岗敬业　　B. 客观公正　　C. 提高技能　　D. 参与管理

【答案】 ACD

【解析】 平时工作努力为爱岗敬业,钻研业务为提高技能,积极提供合理化建议为参与管理。

【例5-2-18·多选题】 下列情形中,既违反会计法律制度,又违背会计职业道德规范的有( )。

A. 会计机构负责人按照单位领导人授意,销毁在有效期内的会计档案
B. 出纳员利用职务便利,用公款炒股
C. 会计人员小李平时喜欢吃喝应酬,不精心钻研会计业务
D. 会计人员小王工作拖沓敷衍

【答案】 AB

【解析】 选项CD,只违反了会计职业道德,没有违反会计法律制度。

【牛刀小试·案例分析】 丁公司2016年工作中存在以下情况:

(1) 财务部经理张某努力学习理论知识,抓住公司经营管理中的薄弱环节,以强化成本核算和管理为突破口,将成本逐层分解至各部门并实行过程控制,大大降低成本,提高了经济效益。

(2) 为帮助各部门及时反映成本费用,落实成本控制指标,会计人员徐某精心设计核算表格,并对相关人员进行核算业务指导,提高了该项工作的质量。

(3) 公司处理一批报废汽车收入15 000元,公司领导要求不在公司收入账上反映,指定会计人员李某另行保管,以便经理室应酬所用。会计人员李某遵照办理。

(4) 新兴公司财务经理找到丁公司王某,以给5 000元好处费为诱饵,希望王某促成丁公司为新兴公司银行贷款作担保,遭到王某拒绝。

(5) 会计人员孙某利用工作之便将公司研发新产品的资料泄露给其朋友,取得了2万元的好处费,给公司带来一定经济损失。

根据上述情况,回答下列问题:

① 张某的行为体现的会计职业道德要求有( )。
A. 廉洁自律   B. 坚持准则   C. 提高技能   D. 参与管理

② 徐某的行为体现的会计职业道德要求有( )。
A. 参与管理   B. 客观公正   C. 强化服务   D. 坚持准则

③ 李某的行为违反的会计职业道德要求有( )。
A. 客观公正   B. 诚实守信   C. 坚持准则   D. 提高技能

④ 王某的行为直接体现的会计职业道德要求是( )。
A. 廉洁自律   B. 坚持准则   C. 提高技能   D. 爱岗敬业

⑤ 孙某的行为违反的会计职业道德要求有( )。
A. 客观公正   B. 诚实守信   C. 廉洁自律   D. 强化服务

① 答案:CD
解析:张某努力学习理论知识,体现了提高技能;抓住公司经营管理中的薄弱环节,以强化成本核算和管理为突破口,将成本逐层分解至各部门并实行过程控制,大大降低成本,提高了经济效益,体现了参与管理。

② 答案:C

解析：徐某提高了工作的质量,体现的是强化服务。

③ 答案：ABC

解析：本题主要是针对诚实守信来说明。

④ 答案：A

解析：王某拒绝了好处费,做到了不贪不占,体现了廉洁自律。

⑤ 答案：BC

解析：孙某将秘密泄露给朋友,取得了2万元的好处费,违反了诚实守信和廉洁自律。

【牛刀小试·判断题】 在会计工作中一定要提供上乘的服务质量,不管服务主体提出什么样的要求,会计人员都要尽量满足服务主体的需要。（　　）

【答案】 ×

【解析】 质量上乘,并非是无原则地满足服务主体的需要,而是在坚持原则、坚持会计准则的基础上尽量满足用户或服务主体的需要。

【小结】

表5-2-1　　　　　　　　　　　　会计职业道德

会计职业道德	地　位	基本要求
爱岗敬业	爱岗敬业是会计从业人员做好本职工作的基础和条件,是最基本的道德素质,是所有职业道德规范的共同要求	(1)热爱会计工作,敬重会计职业,安心本职岗位;(2)严肃认真,一丝不苟地处理每一笔经济业务;(3)忠于职守,尽职尽责
诚实守信	会计职业道德的精髓是诚实守信	(1)做老实人,说老实话,办老实事;(2)实事求是,如实反映;(3)保守秘密,不为利益所诱惑;(4)执业谨慎,信誉至上
廉洁自律	会计职业道德的灵魂是廉洁自律	(1)树立正确的人生观和价值观;(2)公私分明,不贪不占;(3)遵纪守法,清正廉洁
客观公正	会计职业道德所追求的理想目标是客观公正	(1)依法办事;(2)实事求是,不偏不倚;(3)保持应有的独立性
坚持准则	会计职业道德的核心是坚持准则	(1)熟悉准则;(2)遵循准则;(3)坚持准则
提高技能	内容主要包括：会计及相关专业理论水平、会计实务操作能力、沟通交流能力、职业判断能力	(1)增强提高专业技能的自觉性和紧迫感;(2)勤学苦练,刻苦钻研;(3)开拓进取,不断提高业务水平
参与管理	提高技能是会计人员在职业活动中做到客观公正、坚持准则的基础,是参与管理的前提	(1)努力钻研业务,熟悉财经法规和相关制度,提高业务技能,为参与管理打下基础;(2)熟悉服务对象的经营活动和业务流程,使参与管理的决策更具有针对性和有效性
强化服务	强化服务、奉献社会就是会计职业道德的归宿点	(1)强化服务意识;(2)提高服务质量;(3)努力维护和提升会计职业良好的社会形象

练一练

一、单选题

1. 熟悉企业的生产经营、业务流程和管理情况,是( )会计职业道德的要求。
   A. 爱岗敬业   B. 提高技能   C. 参与管理   D. 强化服务
2. "都是熟人不会错"的麻痹思想和马虎作风,违反了( )职业道德规范的要求。
   A. 廉洁自律   B. 强化服务   C. 诚实守信   D. 爱岗敬业
3. "曲不离口,拳不离手"、"活到老学到老"所体现的会计职业道德是( )。
   A. 坚持准则   B. 爱岗敬业   C. 参与管理   D. 提高技能
4. "忠于职守、敬职敬责"是( )的具体内容。
   A. 办事公道   B. 客观公正   C. 爱岗敬业   D. 坚持准则
5. ( )是职业道德的出发点和归宿。
   A. 爱岗敬业   B. 诚实守信   C. 办事公道   D. 奉献社会
6. "常在河边走,就是不湿鞋"这句话体现的会计职业道德是( )。
   A. 爱岗敬业   B. 客观公正   C. 廉洁自律   D. 强化服务
7. "做老实人,说老实话,办老实事",这句话体现的会计职业道德规范内容是( )。
   A. 参与管理   B. 诚实守信   C. 爱岗敬业   D. 提高技能
8. 苦学苦练、不断进取体现的会计职业道德要求是( )。
   A. 参与管理   B. 强化服务   C. 廉洁自律   D. 提高技能
9. "坚持好制度胜于做好事,制度大于天,人情薄如烟",这句话体现的会计职业道德内容要求是( )。
   A. 参与管理   B. 提高技能   C. 坚持准则   D. 强化服务

二、多选题

1. 李某为某单位的会计人员,平时工作努力,钻研业务,积极提供合理化建议,这体现了李某具有( )的职业道德。
   A. 爱岗敬业   B. 客观公正   C. 提高技能   D. 参与管理
2. 某公司会计人员甲、乙、丙、丁在一次会计工作研讨会上对会计职业道德的概念、会计职业道德与会计法律制度的关系、会计职业道德规范的内容、会计职业道德教育及组织实施等问题进行了激烈的讨论。四个人对五个问题的主要观点摘录在下面的选项中,请根据所学知识选择最符合题意的选项。关于会计职业道德的概念表述正确的有( )。
   A. 甲认为,会计职业道德是会计人员在社会交往和公共生活中应当遵循的行为准则
   B. 乙认为,会计职业道德是体现会计职业特征,调整会计职业关系的职业行为准则和规范
   C. 丙认为,会计职业道德是会计人员在会计职业活动中应遵循的行为准则
   D. 丁认为,会计职业道德涵盖了人与人、人与社会、人与自然之间的关系

三、判断题

1. 廉洁自律是会计职业道德的内在要求和行为准则,也是会计职业道德的灵魂。( )

2. 诚实守信是会计人员在职业活动中做到客观公正、坚持准则的基础,是参与管理的前提。(　)

3. 会计人员应当熟练掌握《会计法》、国家统一的会计准则制度及会计相关的法律制度,这是坚持准则、遵循准则的前提。(　)

4. 在会计工作中一定要提供上乘的服务质量,不管服务主体提出什么样的要求,会计人员都要尽量满足服务主体的需要。(　)

任务三　会计职业道德教育

任务介绍

本任务主要是学习了解会计职道德教育的形式、内容及途径。

任务实施

一、会计职业道德的形式

（1）接受教育（外在教育）；
（2）自我修养（内在教育）。

延伸阅读

会计人员通过自我学习、自我改造、自身道德修养的行为逐渐将外在学习的会计职业道德内化为职业道德情感、职业道德意志和职业道德信念。

二、会计职业道德教育的内容

1. 职业道德观念教育

会计职业道德的主要任务是帮助和引导会计人员培养会计职业道德情感,逐步形成对自己所从事职业的光荣感、自豪感和幸福感。树立会计职业道德信念,严守会计职业道德节操（会计人员不畏压力,不为利诱,在任何时候、任何情况下都要诚信为本,坚持准则,廉洁自律,严格把关,尽职尽责,一尘不染。）

2. 职业道德规范教育

职业道德规范教育是指对会计人员开展"以会计职业道德规范为内容"的教育,是会计职业道德的教育的"核心",应贯穿于会计职业道德教育的始终。

3. 职业道德警示教育——增强法律意识和道德观念

4. 其他教育

其他与会计职业道德相关的教育包括：形势教育、品德教育、法制教育等。

【例5-3-1·单选题】 会计职业道德教育的形式是(　　)。
　　A. 接受教育和自我教育　　　　B. 正规学历教育和单位培训
　　C. 岗位轮换和技能培训　　　　D. 岗位转换和自我学习
【答案】 A
【解析】 本题考核会计职业道德教育的形式。从会计人员的角度讲,会计职业道德教育的主要形式包括接受教育和自我教育两种。

【例5-3-2·多选题】 下列关于会计职业道德教育内容说法错误的有(　　)。
　　A. 职业道德观念教育是会计职业道德教育的核心
　　B. 会计职业道德规范教育是指对会计人员开展以会计法律制度、会计职业规范为主要内容的教育
　　C. 会计职业道德规范教育应贯穿于会计职业道德教育的始终
　　D. 会计职业道德警示教育是为了提高会计人员的法律意识和会计职业道德观念
【答案】 AB
【解析】 职业道德规范教育是指对会计人员开展以会计职业道德规范为内容教育,是会计职业道德的教育的核心。

【牛刀小试·判断题】 会计职业道德教育可以同社会教育、学校教育、家庭教育相结合,采取广播电视、报纸杂志等媒介普及会计职业道德知识,形成会计人员遵守职业道德光荣、不遵守职业道德可耻的社会氛围。(　　)
【答案】 √
【解析】 本题考核会计职业道德教育。

三、会计职业道德教育的途径

1. 接受教育途径
(1) 岗前职业道德教育。包括:
① 会计学历教育中的职业道德教育。
② 获取会计从业资格中的职业道德教育。
(2) 岗位职业道德继续教育。
【友情提醒】 会计职业道德教育应贯穿于整个会计人员继续教育的始终。

延伸阅读

　　财政部印发的《会计人员继续教育规定》中明确了会计职业道德教育是会计人员继续教育的一项重要内容,会计人员继续教育强化会计职业道德教育的有效形式。
　　中国注册会计师协会印发的《注册会计师职业后续教育基本准则》中明确了注册会计师职业后续教育应当贯穿于注册会计师的整个执业生涯。

2. 自我修养的途径
(1) 慎独慎欲。
① 慎独:在独立工作、无人监督的情况下仍能坚持自觉地按照道德准则去办事。
慎独既是一种道德修养方法,又是一种很高的道德境界。

② 慎欲：用正当的手段获得物质利益。

（2）慎省慎微。

慎省：通过自我反思、自我解剖、自我总结而发扬长处、克服短处，不断地自我升华、自我超越。

慎微：在微处、小处自律，从微处小处着眼，积小善成大德。

（3）自警自励。

自警：随时警醒、告诫自己，要警钟长鸣，防止各种不良思想对自己的侵袭。

自励：以崇高的会计职业道德理想、信念激励自己、教育自己。

【例5-3-3·多选题】 会计职业道德自我修养的方法是(　　)。
  A. 不断地进行"内省"　　　　B. 要提倡"慎独"精神
  C. 社会实践活动　　　　　　D. 虚心向先进人物学习

【答案】 ABCD

【解析】 本题考核会计职业道德修养的方法。自我修养的方法有：慎独慎欲，慎省慎微，自警自励。同时，我们所说的"修养"，是指在社会实践中的自我锻炼。

【例5-3-4·多选题】 会计职业道德教育的途径有(　　)。
  A. 在学历教育中进行职业道德教育
  B. 在会计继续教育中进行职业道德教育
  C. 利用国家强力实施会计职业道德教育
  D. 参加会计师职称与考试

【答案】 AB

【解析】 本题考核会计职业道德教育的途径。我国会计职业道德教育途径包括两个方面：（1）岗前职业道德教育。主要有：① 会计学历教育中的职业道德教育。② 获取会计从业资格证中的职业道德教育。（2）岗位职业道德继续教育。

【牛刀小试·判断题】 通过开展对违法会计行为典型案例的讨论，给会计人员以启发和警示，指的是会计职业道德规范教育。(　　)

【答案】 ×

【解析】 职业道德警示教育是指通过开展对违法会计行为典型案例的讨论，给会计人员以启发和警示。

【小结】

表5-3-1　　　　　　　　　　会计职业道德教育的途径和内容

会计职业道德教育的途径	接受教育
	自我教育
会计职业道德教育的内容	职业道德观念教育
	职业道德规范教育
	职业道德警示教育
	其他

练一练

一、单选题

1. 对会计人员进行会计职业道德教育的内容,一般不包括( )。
   A. 品德教育 B. 技能教育 C. 观念教育 D. 法制教育
2. 会计职业道德警示教育的主要内容和形式是( )。
   A. 理论教育和自我教育 B. 实际情况讨论和分析
   C. 典型案例讨论 D. 理论教育和课堂教育
3. 下列各项中属于会计职业道德其他教育内容的是( )。
   A. 广播教育 B. 法制教育 C. 接受教育 D. 自我修养
4. 下列各项中,作为会计职业道德教育的核心内容,贯穿于会计职业道德教育始终的是( )。
   A. 会计职业道德观念教育 B. 会计职业道德规范教育
   C. 会计职业道德警示教育 D. 其他相关教育
5. ( )在会计职业道德教育中起基础性作用。
   A. 岗位继续教育中的职业道德教育
   B. 获取会计从业资格中的职业道德教育
   C. 会计专业学历教育中的职业道德教育
   D. 自我教育中的职业道德教育
6. 会计人员继续教育中,有关会计职业道德教育内容,一般不包括( )。
   A. 形势教育 B. 技能教育 C. 品德教育 D. 法制教育

二、多选题

1. 下列关于会计职业道德教育的表述,正确的有( )。
   A. 从"不敢为"到"不屑为",是职业道德从他律走向自律的标志
   B. 会计职业道德教育是有目的、有组织、有计划的道德教育活动
   C. 只有提高会计职业道德水平,会计信息才有可能真实可靠
   D. 会计职业道德教育是一种教育性道德影响活动,具有道德作用的他律性
2. 岗前职业道德教育包括( )。
   A. 会计专业学历教育
   B. 形势教育
   C. 获取会计从业资格中的职业道德教育
   D. 法制教育

三、判断题

1. 会计职业道德规范教育是会计职业道德教育的核心内容。( )
2. 慎独是会计职业道德修养的传统方法,也是一种很高的道德境界。( )

任务四　会计职业道德建设组织与实施

任务介绍

本任务主要是学习了解会计职道德建设与实施。

任务实施

一、财政部门的组织推动

财政部门作为会计工作的主管部门,应当意识到会计职业道德建设是会计管理工作的重要组成部分,应当把会计职业道德建设列入财政部门管理会计工作的重要议事日程。

首先,各级财政部门应充分认识到新形势下加强会计职业道德建设的紧迫性、艰巨性和长期性,把会计职业道德建设作为新时期会计管理工作的一项十分重要的任务来抓。

其次,各级财政部门要从思想上高度重视会计职业道德的建设,转变观念,改进工作作风,提高服务意识,求真务实,依法办事,廉洁奉公,勤政为民,率先垂范,以身作则,创造性地开展会计职业道德建设工作。

最后,各级财政部门要实事求是,因地制宜,积极探索会计职业道德建设的有效实现形式,加大宣传力度,制定切实可行的宣传方案,采取灵活多样的宣传形式,积极发挥思想文化阵地在职业道德建设中的作用,牢牢把握正确的舆论导向,唱响主旋律,营造会计职业道德建设的良好氛围。

拓展提高

各级财政部门可采用会计职业道德演讲、论坛、竞赛、有奖征文等形式宣传会计职业道德。

【例5-4-1·单选题】 各级(　　)应负起组织和推动本地区会计职业道德建设的责任。

A. 税务部门　　B. 工商部门　　C. 财政部门　　D. 审计部门

【答案】 C

【解析】 本题考核会计职业道德建设。各级财政部门应负起组织和推动本地区会计职业道德建设的责任。

【例5-4-2·多选题】 财政部门组织推动会计职业道德建设可以采用的宣传形式有(　　)。

A. 演讲　　B. 论坛　　C. 竞赛　　D. 有奖征文

【答案】 ABCD

【解析】 各级财政部门要充分结合本地区的实际情况,加大宣传力度,制定切实可行的宣传方案,采取灵活多样的宣传形式,如举办会计职业道德演讲、论坛、竞赛、有奖征文等活动。

二、会计行业的自律

会计职业组织起着联系会员与政府的桥梁作用,应充分发挥协会等会计职业组织的作用,改革和完善会计职业组织自律机制,有效发挥自律机制在会计职业道德建设中的促进作用。

应在注册会计师协会、会计学会、总会计师协会等职业组织中设立职业道德委员会,专司职业道德规范的制定、解释、修订和实施之职。各省辖区内涉及职业道德的案件由各省职业道德委员会负责处理,全国性的、跨省的及重大案件交由中国会计学会职业道德委员会处理。对于省会计学会职业道德委员会的处理存有异议者,可向中国会计学会职业道德委员会申请复议。

会计职业组织实施职业道德惩戒时,第一,要调查、分析和确认事实;第二,在确认事实的基础上,确定适用何种规则条款;第三,就是作出决定,包含具体处罚类型,受处分的注册会计师名单或会计人员名单、所属会计师事务所或所属单位、地址、事由等;第四,执行决定,并检查执行效果。

【友情提醒】 会计职业行业组织目前主要有:中国注册会计师协会、中国会计学会、中国会计师协会。

 拓展提高

> 中国注册会计师协会是注册会计师行业的自律组织,对提高注册会计师职业道德水平发挥了很重要的作用。先后发布了《中国注册会计师职业道德基本准则》《中国注册会计师职业道德规范指导意见》《注册会计师、注册资产评估师行业诚信建设实施纲要》等。
>
> 中国注册会计师协会正在研究建立调查委员会、技术鉴定委员会、惩戒委员会等行业自律性决策组织。

【例5-4-3·单选题】 搞好会计职业道德建设的关键在于( )。
  A. 加强和改善会计职业道德建设的组织和领导
  B. 制定完善的会计法律体系
  C. 对违反会计职业道德的行为进行严厉制裁
  D. 社会舆论监督,形成良好的社会氛围

【答案】 A

【解析】 本题考核会计职业道德建设的关键。搞好会计职业道德建设的关键在于加强和改善会计职业道德建设的组织和领导。

【例5-4-4·多选题】 下列各项中属于会计职业组织作用的有( )。
A. 联系会员与政府的桥梁作用
B. 充分发挥协会等会计职业组织的作用
C. 改革和完善会计职业组织自律机制作用
D. 有效发挥自律机制在会计职业道德建设中的促进作用

【答案】 ABCD

【解析】 会计职业组织起着联系会员与政府的桥梁作用,应充分发挥协会等会计职业组织的作用,改革和完善会计职业组织自律机制,有效发挥自律机制在会计职业道德建设中的促进作用。

【牛刀小试·判断题】 会计职业组织起着联系会员与政府的桥梁作用,会计职业组织主要通过他律形式实现对会员的职业道德约束。( )

【答案】 ×

【解析】 会计职业组织主要通过"自律"形式实现对会员的职业道德约束。

三、企事业单位的内部监督

单位负责人是单位会计人员职业道德建设的主体责任人。

拓展提高

> 在任用会计人员时,应当审查会计人员的职业记录和诚信档案,选择业务素质高、职业道德好的会计人员;
> 在日常工作中,应注意开展对会计人员的道德和纪律教育,并加强检查,督促会计人员坚持原则,诚实守信;
> 在制度建设上,要重视内部控制制度建设,完善内部约束机制,依法开展会计工作,为会计人员遵守会计职业道德提供良好的执业环境,从而有效防范舞弊和经营风险,规避道德失范。
> 单位负责人要做遵纪守法表率,支持会计人员依法开展工作。

【友情提醒】 各企事业单位必须任用具有会计从业资格的人员从事会计工作。

【例5-4-5·单选题】 会计职业道德建设应实行( )方式。
A. 考试   B. 评审
C. 聘用   D. 与会计专业技术资格考评、聘用相结合

【答案】 D

【解析】 会计职业道德建设应实行与会计专业技术资格考评、聘用相结合的方式。

四、社会各界的监督配合

会计职业道德建设,是一项基础性工作,也是一项复杂的社会工程。不仅是一个单位、某一个部门的任务,也是各地区、各部门、各单位的共同责任。

只有重视和加强各级组织、广大群众和新闻媒体的作用,齐抓共管,形成合力,才能有效搞好会计职业道德建设。

【例5-4-5·多选题】 会计职业道德建设的组织与实施应依靠( )。

A. 财政部门的组织与推动
B. 会计职业组织的行业自律
C. 社会舆论监督形成良好的社会氛围
D. 公安局的监督检查

【答案】 ABC

【解析】 公安局是针对触犯法律的行为。

小结:会计职业道德建设过程中,财政部门起组织推动作用,会计行业起自律作用,企事业单位内部监督、社会各界监督配合,才能把会计职业道德建设好。

练一练

一、不定项选择题

1. 下列各项中,属于对会计职业道德进行自律管理的机构是( )。
   A. 财政部门   B. 会计行业组织
   C. 工商行政管理部门 D. 其他组织

2. 下列有关会计职业道德建设组织和实施手段的描述中,正确的有( )。
   A. 财政部门的组织推动   B. 会计行业的自律
   C. 社会各界的监督和配合 D. 企事业单位的内部监督

3. ( )对会计职业道德建设的组织和实施须健全制度和机制,齐抓共管,保证会计职业道德建设的各项任务和要求落到实处。
   A. 各级财政部门 B. 会计职业团体
   C. 机关   D. 企业事业单位

4. 会计职业道德建设的组织与实施方式有( )。
   A. 会计职业组织的行业自律 B. 财政部门的组织推动
   C. 社会各界齐抓共管   D. 会计法律制度的约束

5. 下列关于会计职业道德建设的组织与实施的单位有( )
   A. 财政部门 B. 会计职业团体 C. 会计学术团体 D. 企事业单位

6. 下列有关会计职业道德建设组织和实施手段的描述中,正确的有( )。
   A. 财政部门的组织推动   B. 会计行业的自律
   C. 社会各界的监督和配合 D. 企事业单位的内部监督

二、判断题

1. 会计行业组织以诚信建设为主线,以"服务、监督、管理、协调"为职责,发挥协会在行业自律管理和服务等方面的专业优势,对整个会计行业的会计行为进行自我约束、自我控制。( )

2. 会计职业道德建设既是一项基础性工作,也是一项复杂的社会系统工程。( )

项目五 会计职业道德的检查与奖惩

任务介绍

本任务主要是学习了解会计职道德检查与奖惩的意义以及机制如何建立。

任务实施

一、会计职业道德检查与奖惩的意义

(1) 促使会计人员遵守职业道德规范。

【友情提醒】 奖惩机制能把会计职业道德要求与个人利益相结合,体现了义利统一的原则。

(2) 对会计人员具有深刻的教育作用,使广大会计人员生动而直接地感受到道德的价值分量。

拓展提高

> 会计人员哪些行为是对的,哪些行为是不对的,均可通过会计职业道德检查与奖惩作出裁决,因此会计职业道德检查与奖惩起着道德法庭的作用。

(3) 有利于形成抑恶扬善的社会环境。

通过倡导、赞扬、鼓励自觉遵守会计职业道德规范行为,贬抑、鞭挞、谴责、查处会计造假等不良行为,有助于树立良好的社会风气。

【例5-5-1·多选题】 会计职业道德奖惩机制包括的内容有(   )。
  A. 对遵守职业道德规范的会计人员给予奖励、褒扬
  B. 对违背职业道德规范的会计人员给予惩处、贬抑
  C. 对违法的会计人员给予行政处罚
  D. 对违法的会计人员给予刑事处罚
【答案】 AB
【解析】 违法行为应由会计法律制度的规定处理。

【例5-5-2·多选题】 建立会计职业道德奖惩机制的目的是(   )。
  A. 督促会计人员遵守职业道德   B. 培养会计人员良好的道德情感
  C. 引导会计人员健康的道德行为   D. 防范会计人员不良的道德行为
【答案】 ABCD
【解析】 略

【例5-5-3·多选题】 开展会计职业道德检查与奖惩有着很重要的现实意义,包括( )。

A. 能促使会计人员遵守职业道德规范
B. 对会计人员具有深刻的教育作用
C. 有利于形成抑恶扬善的社会环境
D. 有利于提高企业经济效益

【答案】 ABC
【解析】 开展会计职业道德检查与奖惩有着很重要的现实意义,包括:① 具有促使会计人员遵守职业道德规范的作用;② 可以对各种会计行为进行裁决,对会计人员具有深刻的教育作用;③ 有利于形成抑恶扬善的社会环境。

二、会计职业道德检查与奖惩机制

(一)财政部门的监督检查

1. 执法检查与会计职业道德检查相结合

财政部门作为《会计法》的执法主体,可以依法对社会各单位执行《会计法》及国家统一的会计制度的情况进行检查或抽查。

拓展提高

> 会计人员有违反《会计法》的行为,同时也一定是违反了会计职业道德要求的行为。不仅要承担《会计法》规定的法律责任,受到行政处罚或刑事处罚,同时还必须接受相应的道德制裁。

【友情提醒】 法律惩罚和道德惩罚两者是并行不悖、不可替代的,应同时并举。所以,开展《会计法》执法检查,同时也是对会计人员是否遵守会计职业道德规范情况进行检查。

以国家的强制力为保障的健全的会计法规是形成良好的会计职业道德环境的基本保证。

【例5-5-4·多选题】 对于会计人员违法职业道德的行为,可以采取的道德制裁措施有( )。

A. 在会计行业范围内通报批评　　B. 责令其参加一定学时的继续教育课程
C. 暂停从业资格　　　　　　　　D. 在行业内部的刊物上予以曝光

【答案】 ABCD
【解析】 本题考核会计职业道德检查与奖惩。
【牛刀小试·判断题】 会计职业道德检查与奖惩机制主要是指财政部门的监督检查。
【答案】 ×
【解析】 会计职业道德检查与奖惩机制的建立是一项复杂的系统工程,需要政府部门、行业组织、有关单位的积极参与,并运用经济、法律、行政、自律等综合治理手段。

2. 会计从业资格证书注册登记制、验证与换证制与会计职业道德检查相结合

会计从业资格证书实行注册登记制度,凡取得会计从业资格的人员,应按照会计从业资格管理部门规定的时间到会计从业资格管理部门进行注册登记。

【友情提醒】 会计从业资格证书实行定期验证和换证制度。

拓展提高

> 将会计从业资格证书注册登记、验证和换证制度与会计职业道德检查结合起来,有制度基础和保证,有利于强化对会计人员行为的约束,强制引导会计人员遵守会计职业道德。

延伸阅读

《会计基础工作规范》第二十四条规定:"财政部门、业务主管部门和各单位应当定期检查会计人员遵守职业道德的情况,并作为会计人员晋升、晋级、聘任专业职务、表彰奖励的重要考核依据。会计人员违反职业道德的,由所在单位进行处罚;情节严重的,由会计从业资格证书管理机构吊销其会计从业资格证书。"

【牛刀小试·判断题】 目前我国会计从业资格证书实行10年定期换证制度。

【答案】 ×

【解析】 我国会计从业资格证书实行6年定期换证制度。

【例5-5-5·单选题】 持有会计从业资格证书的人员填写定期换证登记表,持有效身份证件原件和会计从业资格证书,到所属会计从业资格管理机构办理换证手续,应当在会计从业资格证书到期前(   )。

    A. 一年内   B. 6个月内   C. 3个月内   D. 一个月内

【答案】 B

【解析】 会计从业资格到期前6个月内办理换证手续。

3. 会计专业技术资格考评、聘用与会计职业道德检查相结合

《会计专业技术资格考试暂行规定》中明确规定会计专业技术资格考试管理机构在组织报名时,应对报名人员的会计职业道德进行检查,对有不遵守会计职业道德记录的,应取消其报名资格。

【友情提醒】 将会计职业道德奖惩与会计专业技术资格考评、聘用联系起来,必将使广大会计人员像重视自己专业技术职称一样重视自己的职业道德形象,不断提高自身的职业道德修养。

延伸阅读

高级会计师资格的取得是采用考试与评审相结合的方式,因此在考试与评审过程中要

对其会计职业道德进行检查与考核。
(1) 在考试内容上增加会计职业道德的相关内容。
(2) 在评审方面对报考人员会计职业道德情况进行严格审查。
(3) 对有违反会计职业道德记录的应实行一票否决制。

 拓展提高

> 在表彰会计人员时不仅要考察其工作业绩,还要考察其会计职业道德遵守情况。

【例5-5-6·单选题】 会计人员违反职业道德,情节严重的,由( )吊销其会计从业资格证书。
 A. 工商行政管理部门　　B. 人事管理部门
 C. 财政部门　　　　　　D. 会计行业组织
【答案】 C
【解析】 会计人员违反职业道德,情节严重的,由财政部门吊销其会计从业资格证书。

4. 会计人员表彰奖励制度与会计职业道德检查相结合

(二) 会计行业组织的自律管理与约束

在会计行业自律组织比较健全的情况下,对违反会计职业道德规范的行为,可以由职业团体通过自律性监管,根据情节轻重程度采取通报批评、罚款、支付费用、取消其会员资格、警告、退回向客户收取的费用、参加后续教育等方式,进行相应的惩罚。

在我国必须建立健全会计职业团体自律性监管机制。

【例5-5-7·单选题】 会计职业组织对发现违反会计职业道德规范的行为进行惩戒的方式中不包括( )。
 A. 通报批评　B. 参加继续教育　C. 取消会员资格　D. 处以罚金
【答案】 D
【解析】 处以罚金是刑罚措施。

(三) 依据《会计法》等法律法规,建立激励机制

《会计法》规定:"对认真执行本法,忠于职守,坚持原则,作出显著成绩的会计人员,给予精神的或者物质的奖励。"

从我国会计人员表彰制度的形成和发展看,始终突出对会计职业道德的弘扬。受到表彰的会计人员都有很高的职业道德素养和思想境界,表彰是社会各界对他们的职业道德风尚的高度评价和充分肯定。会计职业道德激励机制应当继承、发扬会计人员表彰制度,以起到弘扬正气、激励先进、鞭策后进的作用。

【友情提醒】 对会计职业道德检查中涌现出的先进人物事迹进行表彰奖励,应注意将"物质奖励和精神奖励相结合"。

【例5-5-8·单选题】 建立激励机制,对会计人员遵守会计职业道德规范的情况进行考核和奖惩的主要依据是( )。

A. 会计职业道德准则和规范　　B. 会计法等法律、法规
C. 单位内部工作纪律　　　　　D. 会计行业组织的有关规定

【答案】　B
【解析】　依据会计法等法律法规,建立会计职业道德激励机制。
【小结】　会计职业道德的检查与奖惩要从财政管理部门、会计行业、社会几方面来共同推进。

表 5-5-1　　　　　　　　　　　会计职业道德的检查与奖惩

财政部门	会计行业	社　会
1. 执法检查与会计职业道德检查相结合。 2. 会计从业资格证书注册登记制、验证与换证制和会计职业道德检查相结合。 3. 会计专业技术资格考评、聘用与会计职业道德检查相结合。 4. 会计人员表彰奖励制度与会计职业道德检查相结合。	自律管理与约束	对认真执行本法,忠于职守,坚持原则,作出显著成绩的会计人员,给予精神的或者物质的奖励

练一练

一、单选题

1. 下列各项中,不属于会计行业自律管理制度应发挥的作用的是(　　)。
　A. 督促会计人员依法开展会计工作　　B. 替代会计行政管理制度
　C. 促进行业的发展　　　　　　　　　D. 树立良好的行业风气

2. 对会计人员遵守职业道德情况进行检查和奖惩的主要依据是(　　)。
　A. 会计法等法律、法规　　　　　　　B. 会计职业道德准则和规范
　C. 会计行业组织有关规定　　　　　　D. 单位内部工作纪律

3. 下列各会计法律规范中,规定对忠于职守、坚持准则、做出显著成绩的会计人员给予精神或者物质奖励的是(　　)。
　A.《会计法》　　　　　　　　　　　B.《注册会计师法》
　C.《会计从业资格管理办法》　　　　D.《会计基础工作规范》

二、多选题

1. 会计职业自律包括(　　)
　A. 单位领导自律　　　　　　　　　　B. 会计主管人员自律
　C. 会计人员自律　　　　　　　　　　D. 会计行业自律

2. 下列各项中,属于会计职业道德检查与奖惩意义的主要有(　　)。
　A. 提高会计人员专业技能　　　　　　B. 促使会计人员遵守职业道德规范
　C. 裁决与教育作用　　　　　　　　　D. 形成抑恶扬善的社会环境

3. 财政部门对会计职业道德监督督查的主要措施有(　　)。
　A.《会计法》执法检查与会计职业道德检查相结合

B. 会计从业资格证书注册登记和年检与会计职业道德检查相结合
C. 会计专业技术资格考评、聘用与会计职业道德检查相结合
D. 与会计人员表彰奖励制度相结合

4. 我国会计行业自律组织主要有（　　）。
　　A. 中国审计学会　　　　　　B. 中国财政学会
　　C. 中国注册会计师协会　　　D. 中国会计学会

三、判断题

1. 会计行业的自律机制和会计职业道德的惩戒制度是由财政部门组织建立的。（　　）
2. 法律惩罚和道德惩罚并行不悖，不可替代，不可并举。（　　）
3. "财政部门、业务主管部门和各单位应当定期检查会计人员遵守职业道德的情况，并作为会计人员晋升、晋级、聘任专业职务、表彰奖励的重要考核依据"体现的是将会计从业资格证书注册登记制度、验证与换证制度和会计职业道德检查相结合的措施。（　　）